21世纪哲学系列教材

哲学导论

孙正聿　著

中国人民大学出版社

21世纪哲学系列教材

目　录

CONTENTS

第一章 哲学是什么

学习或研究哲学，人们首先就会提出一个问题：哲学究竟是什么？

“哲学”这个词源于古希腊文的“philosophia”，意思是“追求”（philem）和“智慧”（sophia），即爱智。在汉语中，“哲”是聪明、智慧的意思，以“哲学”翻译和表达“philosophia”，往往使人把“哲学”视为“聪明之学”和“智慧之学”，亦即把“哲学”当做智慧的总汇或关于智慧的学问。然而，人类所创造的常识、宗教、艺术、伦理和科学，不都是人类智慧吗？由这些智慧所构成的人的常识世界、宗教世界、艺术世界、伦理世界和科学世界，不都是人类智慧的结晶吗？由人类智慧所创建的物质文明和精神文明及其相互融合而形成的人类文明史，不也可以说是人类智慧的发展史吗？由此可见，哲学是智慧，但智慧并不就是哲学，仅仅把哲学视为智慧的代名词，显而易见是不恰当的。我们应当按照哲学的“爱智”的原义去思考哲学。

爱智，虽然它也是智慧的表现，但却不是通常意义的智慧，而是对待全部智慧的一种态度。这种态度，就是对智慧本身的真挚、强烈、忘我之爱，也就是“爱智之忧”。

爱智的哲学，不是回答和解决各种具体问题的“小智慧”和“小聪明”，而是关于人类生存发展和安身立命的“大智慧”和“大聪明”。它是理解和协调人与自然、人与社会、人与历史、人与他人、人与自我的关系的智慧，所以它是“世界观”、“历史观”、“人生观”和“价值观”，它要为人类的生存和发展提供“安身立命之本”和“最高的支撑点”。

爱智的哲学，不是既定的知识，不是现成的结论，不是实例的解说，不是枯燥的条文，而是追究生活信念的前提，探寻经验常识的根据，反思历史进步的尺度，探索评价真善美的标准。哲学智慧反对人们对流行的生活态度、思维方式、价值观念、审美情趣等等采取现成接受的态度，反对人们躺在无人质疑、因循守旧的温床上睡大觉。哲学智慧是反思的智慧、批判的智慧、变革的智慧。它启迪、激发和引导人们在社会生活的一切领域永远敞开自我反思和自我批判的空间，促进社会的观念更新、科学发现、技术发明、工艺改进和艺术创新，从而实现人类的自我超越和自我发展。

爱智的哲学，它要激发人们的想象力、批判力和创造力，它要弘扬人们的主体意识、反思态度和探索精神。学习哲学，需要高举远慕的心态、慎思明辨的理性、体会真切的情感、执著专注的意志和洒脱通达的境界，需要不断地激发自己的理论兴趣、拓宽自己的理论视野、撞击自己的理论思维和提升自己的理论境界。

一 作为世界观理论的哲学

人们通常是把哲学称做“世界观理论”或“理论化的世界观”，并试图通过这个定义来明确哲学的理论性质，确认哲学的研究对象，显示哲学的社会功能。然而，在对“世界观理论”的理解和解释中，却存在下述亟待回答的问题：其一，怎样理解“世界观理论”是以“整个世界”为对象，并从而为人们提供关于“整个世界”的“普遍规律”的？其二，“世界观理论”与哲学的“基本问题”是何关系？能否离开“思维和存在的关系问题”去回答“世界观”问题？其三，“世界观”是人站在“世界”之外“观”世界，还是人把自己同世界的关系作为对象而进行“反思”？其四，“世界观”同“认识论”、“方法论”是何关系？为什么说哲学是世界观，也是方法论？为什么说世界观、认识论、方法论是统一的？其五，“世界观”同“历史观”是何关系？能否把“世界观”同“历史观”分割开来，离开“历史观”而谈论“世界观”？其六，“世界观”同“价值观”是何关系？人对世界的认知关系、审美关系和价值关系是不是统一的？对这些问题的思考，表现了当代哲学对智慧的强烈而真挚的忘我之爱。

这里我们讨论“世界观理论”与“普遍规律说”的关系。作为一种通行的哲学观，“普遍规律说”认为，各门科学只是研究世界的各种“特殊领域”，并提供关于这些领域的“特殊规律”；而哲学则以“整个世界”为对象，并提供关于整个世界的运动与发展的“普遍规律”；因此，哲学是关于世界的根本看法的世界观理论。

这种“普遍规律说”的哲学观，具有深远的哲学史背景。在哲学的发展史上，从古希腊哲学“寻取最高原因的基本原理”，到德国古典哲学寻求“全部知识的基础”和提供“一切科学的逻辑”，就其深层实质而言，都是把哲学定位为对“普遍规律”的寻求。

这种“普遍规律说”的哲学观，具有深刻的人类思维的根基。人类思维面对千姿百态、千变万化的世界，总是力图在最深刻的层次上把握其内在的统一性，并以这种“统一性”去解释世界上的一切现象，以及关于这些现象的全部知识。思维的这种追求以理论的形态表现出来，就构成了古往今来的追寻“普遍规律”的“哲学”。

这种“普遍规律说”的哲学观，更具有深切的人类实践的根基。人类的实践活动，是以人类关于世界的规律性的认识为前提，并以人类自己的目的性要求为动力去改造世界，把世界变成对人来说是真善美相统一的世界。没有关于世界的规律性的认识，人类就无法成功地改造世界以造福人类自身。因此，人类在自己的历史性的实践活动中，总是不满足于对世界的不同领域、不同侧面、不同层次的认识，而总是渴求获得关于“整个世界”的“普遍规律”的认识。寻求“普遍规律”的渴望，激发起一代又一代人的哲学思考。

这种“普遍规律说”的哲学观，直接地与近代以来的科学发展密切相关。近代以来的科学，不仅分门别类地研究了自然界的各个领域，而且逐步分门别类地研究了人类社会历史的各个侧面和各个领域，特别是随着现代自然科学、社会科学和思维科学的蓬勃发展，“自然”、“社会”和“思维”这“三大领域”，日益成为科学的直接的研究对象。正是在这种背景下，人们从哲学与科学的关系出发，或者致力于区分二者的“对象”，或者强调划清二者的“领地”，或者探寻剥离二者的“职能”等，并由此提出，哲学以“整个世界”为对象，并从而提供关于

“整个世界”的“普遍规律”。

然而，在对哲学的这种通常理解中，却存在两个值得认真思考的重要问题：

其一，这种通行的“普遍规律说”，只是从“哲学”与“科学”的二元关系（二者关系）中去理解哲学，而没有从“哲学”与常识、科学、宗教、艺术、伦理等等的多元关系中去理解哲学，因而无法解释和说明哲学的多重性质和多重功能。对此，哲学家罗素曾经提出，哲学是某种“介乎神学与科学之间的东西”，“它和神学一样，包含着人类对于那些迄今仍为确切的知识所不能肯定的事物的思考；但又像科学一样是诉之于人类的理性而不是诉之于权威的，不管是传统的权威还是启示的权威”①。由此，我们可以进一步追问：哲学不是宗教，为什么它也给予人以信仰？哲学不是科学，为什么它也赋予人以真理？哲学不是道德，为什么它也启发人向善？哲学不是艺术，为什么它也给予人以美感？难道哲学什么都是又什么都不是吗？这又启发我们，在对哲学的现代理解中，需要从人类把握世界的多种基本方式的相互关系中，重新理解哲学。

其二，在把哲学解释为关于“普遍规律”的学说时，常常是离开哲学的基本问题——思维和存在的关系问题——去看待哲学对“普遍规律”的寻求，把哲学当成经验常识或实证科学的“延伸”或“变形”，其结果往往把哲学理论混同为其他的实证知识。由此我们可以进一步追问：哲学如何研究“世界”？哲学是为人们提供某种关于“世界”的“知识”吗？为什么说哲学是“爱智”和“反思”？“反思”的哲学是以“世界”为对象，还是以关于“世界”的“思想”为对象？这就启发我们，在对哲学的现代理解中，需要从哲学的基本问题即“思维和存在的关系问题”出发，重新理解这种“普遍规律说”的哲学观。

二 世界观理论与哲学的基本问题

哲学如何研究“世界”，并形成怎样的“世界观理论”，是同哲学的“基本问题”密不可分的。恩格斯在总结哲学史的基础上提出，全部哲学，特别是近代哲学的重大的基本问题，是思维和存在的关系问题。从哲学的基本问题出发重新理解作为“世界观理论”的哲学，是十分重要的。

在探讨哲学基本问题的理论内涵和真实意义之前，我们有必要首先概述对哲

① ［英］罗素：《西方哲学史》上卷，11页，北京，商务印书馆，1963。

学基本问题的通常解释。这种通常解释主要包括以下基本内容：

其一，认为“思维和存在”的关系问题也就是“精神和物质”的关系问题，因而实际上是以“精神和物质”的关系去概括和解释哲学的“基本问题”。

其二，由于把“思维和存在”的关系问题归结为“精神和物质”的关系问题，因而把哲学的基本问题分解为两个方面：一是思维和存在、精神和物质“谁为第一性”的问题，也就是精神和物质谁为“本原”、谁为“派生”的问题；二是思维和存在、精神和物质“有无同一性”的问题，也就是精神能否认识物质的问题。通常把前一方面称做“本体论”问题，而把后一方面称做“认识论”问题。

其三，由于对精神和物质“谁为第一性”问题的截然相反的回答，构成了贯穿哲学史始终的唯物主义与唯心主义的对立与斗争。凡是认为物质是第一性的而精神是第二性的，即认为物质是“本原”的存在而精神是“派生”的存在的哲学属于唯物主义；与此相反，凡是认为精神是第一性的而物质是第二性的，即认为精神是“本原”的存在而物质是“派生”的存在的哲学属于唯心主义。由于唯物主义和唯心主义都认为世界只有一个“本原”（物质或精神），因而是哲学的“一元论”。在哲学史上，还有主张精神和物质同为“本原”的哲学学说，这就是哲学“二元论”。但是，由于这种所谓的“二元论”往往需要设想一个凌驾于精神和物质之上的“上帝”的存在，所以总是最终导致哲学唯心主义。

其四，由于对精神和物质“有无同一性”问题的迥然相反的回答，又可以把各种不同的哲学派别区分为“可知论”与“不可知论”。凡是认为思维和存在具有“同一性”、精神能够认识物质的哲学学说均属于“可知论”，反之则属于“不可知论”。

其五，承认物质第一性、精神第二性的唯物主义哲学，在哲学发展史上经历了三个基本发展阶段并构成了三种基本理论形态。这就是：古代的朴素唯物主义；近代的形而上学唯物主义；马克思主义的辩证唯物主义和历史唯物主义。在哲学史上，唯心主义有过许多派别，但归结起来有两种基本形式，这就是主观唯心主义和客观唯心主义。

其六，在哲学思想的发展过程中，除了存在唯物主义与唯心主义的矛盾和斗争之外，还同时交织着辩证法与形而上学的矛盾和斗争。辩证法和形而上学都有唯物主义与唯心主义之分；唯物主义与唯心主义也有辩证法与形而上学之别。

应当承认，关于哲学基本问题的通常解释，对人们理解哲学基本问题的基本内涵和把握哲学基本问题的基本内容，是必要的和重要的；同时，人们也只有在熟习这种通常解释的基础上，才有可能进一步地思考各种哲学问题。但是，我们必须看到，在这种关于哲学基本问题的通常解释中，隐含着一系列需要认真思考和深刻反省的理论问题：

首先，关于哲学的基本问题，恩格斯的论断非常明确：全部哲学，特别是近代哲学的重大的基本问题，是思维和存在的关系问题。这个论断非常明确地告诉我们：哲学的重大的基本问题是“思维和存在”的“关系问题”，而不是“思维”和“存在”的问题。这就是说：哲学不是以“思维”和“存在”为研究对象，去形成关于“思维”和“存在”的某种知识，而是把“思维和存在的关系”作为“问题”来研究，考察和追究“思维和存在的关系”。这种区别的意义是十分重大的。它直接地决定着人们能否以哲学的思维方式去思考哲学，或者说，它直接地决定着人们能否形成哲学的思维方式。

在通常的关于哲学及其基本问题的解释中，或者把哲学界说为“关于整个世界的学说”，或者把哲学归结为“关于思维规律的科学”，这正是把“存在”或“思维”视为哲学的对象，并把研究“思维”和“存在”当成哲学的基本问题。这种理解的结果，就把哲学归结为关于“整个世界”的知识了。

与此相反，恩格斯强调指出的是，哲学的基本问题是“思维和存在的关系问题”。为了使人们深刻地理解这个问题，恩格斯还作出重要的提示：作为哲学基本问题的“思维和存在的关系问题”，“只是”在近代哲学中才被“十分清楚”地提了出来并获得了“完全的意义”。这就告诉人们，考察近代哲学如何提出和探讨“思维和存在的关系问题”，是理解“哲学的重大的基本问题”的必要前提。而只要人们了解了近代哲学，就会懂得，被称为“认识论转向”的近代哲学，它的突出特征就是从人的认识出发去反省“思维和存在的关系问题”。这种“认识论转向”的近代哲学，既不是提供某种关于“存在”的知识，也不是提供某种关于“思维”的知识，而是为人类确立了关于思维与存在之间的矛盾关系的自我意识，也就是为人类提供了一种不断深化的辩证的思维方式。

其次，哲学的基本问题是“思维和存在”的关系问题，不能把它简单地、直接地归结为或等同于“精神和物质”的关系问题。理解这一点，对于哲学的自我理解，对于掌握哲学的思维方式，对于解释哲学发展的历史与逻辑，都是非常重要的。

从哲学的发展史上看，“思维和存在的关系问题”，是在对“精神和物质”的关系的再抽象的基础上发展起来的，因此两者既有着密不可分的历史联系，又有着重要的原则性区别。恩格斯说，作为哲学基本问题的思维和存在的关系问题，在远古时代就以“灵魂对外部世界的关系”而萌发了；在“中世纪的经院哲学”中，思维和存在的关系问题则表现为什么是本原的，是精神，还是自然界？世界是神创造的呢，还是从来就有的？而在近代哲学中，则不仅“十分清楚”地提出了“思维和存在的关系问题”，而且使之获得了“完全的意义”。

“精神和物质”的关系，从根本上说，是一种何者为“本原”、何者为“派生”、何者为“第一性”、何者为“第二性”的“时间先在性”问题。在“时间先在性”的意义上，精神和物质的对立是僵硬的，其先后顺序是不能颠倒的，即：先有物质，后有精神；物质是第一性的，精神是第二性的；物质是精神的“本原”，精神则是物质的“派生物”。

应当看到，强调“精神和物质”的关系问题在“思维和存在”的关系问题中的重大意义，是十分重要的。这有助于人们鲜明地区分哲学的唯物主义和唯心主义。但是，简单地把“思维和存在”的关系问题归结为“精神和物质”的关系问题，却会导致对哲学的简单化、经验化的理解，以至于丢弃哲学的“反思”的思维方式。

“思维和存在”的关系较之“精神和物质”的关系，其重要特征在于，其不仅具有“精神和物质”关系的“时间先在性”问题，而且具有超越“精神和物质”关系的“逻辑先在性”问题。这是二者的重大区别。在“精神和物质”的“时间先在性”问题中，精神和物质二者的关系是不可变易的，即“物质”是“本原性”的存在。而在“思维和存在”的“逻辑”关系中，则表现出极为丰富和极为复杂的矛盾关系。

显而易见，“存在”这个范畴不等同于“物质”这个范畴，它不仅包括“物质”的存在，也包括“精神”的存在。用近代哲学的方式说，“存在”不仅是“意识外的存在”，而且是“意识界的存在”。与这种“存在”范畴相对应，“思维和存在”的关系，至少就应当包括“精神和物质（意识外的存在）”的关系，也包括“精神和精神（意识界的存在）”的关系。

同样，“思维”这个范畴也不等同于“精神”或“意识”。从狭义上看，“思维”似乎只是“精神”或“意识”的一部分，但在哲学（特别是近代哲学）的意义上，“思维”就不仅是指“意识的内容”，而且也指“意识的形式”；不仅是指关于思维对象的“对象意识”，而且也指构成、把握、统摄和反省“对象意识”的“自我意识”；不仅是指“思想的内容”，而且也指“思想的活动”。

这表明，在哲学（特别是近代哲学）所自觉到的“思维和存在”的“关系问题”中，不仅“存在”范畴具有相对性和多义性，与之相对应的“思维”范畴也具有相对性和多义性。正是这种“思维和存在”的相对性和多义性，构成了“思维和存在”之间的极为错综复杂的矛盾关系，并从而形成了哲学的极其丰富多彩的理论内容。如果把作为哲学基本问题的“思维和存在的关系问题”简单地、直接地归结为和等同于“精神和物质的关系问题”，就会忽视甚至无视“思维和存在”之间的极其错综复杂的矛盾关系，因而也就会忽视甚至是丢弃哲学自身的极其丰富多彩的理论内容。

再次，在对哲学基本问题的理解中，不能把“辩证法”问题排斥在外，而把哲学基本问题仅仅归结为“本体论”问题和“认识论”问题。

正如人们所熟知的，在对哲学基本问题的通常解释中，是把辩证法排斥于“思维和存在的关系问题”之外的。按照通常解释，哲学基本问题被分解为关于思维和存在“谁为第一性”（何者为本原）的“本体论”问题，以及思维和存在“有无同一性”（思维能否认识存在）的“认识论”问题。辩证法则变成与哲学基本问题无关的另一类问题。

作为这种理解的逻辑延伸，辩证法被分别地解释为与“本体论”和“认识论”相联系的理论形态和理论内容：其一，与“本体论”相联系的辩证法，即关于客观世界矛盾运动的“客观辩证法”（包括“自然辩证法”和“历史辩证法”）；其二，与“认识论”相联系的辩证法，即关于人类认识和人类思维矛盾运动的“主观辩证法”（包括“认识辩证法”和“思维辩证法”）；其三，作为“客观辩证法”和“主观辩证法”的总和，辩证法则被解释为关于自然、社会和思维的发展的“普遍规律”的学说。

对此，我们应当提出的问题是：(1) 能否把“客观辩证法”视为离开“思维和存在的关系问题”的关于“存在”的辩证法？(2) 能否把“主观辩证法”视为离开“思维和存在的关系问题”的关于“思维”的辩证法？(3) 能否把“关于普遍规律的学说”视为离开“思维和存在的关系问题”的关于“整个世界”的辩证法？

在《哲学笔记》中，列宁曾经尖锐地提出，如果一切都发展着，那么这是否也同思维的最一般的概念和范畴有关？如果无关，那就是说，思维同存在没有联系。如果有关，那就是说，存在着具有客观意义的概念辩证法和认识辩证法。列宁认为，这里所提出的问题，就是关于辩证法及其客观意义的问题。① 在批评普列汉诺夫把辩证法“当做实例的总和……而不是当做认识的规律（以及客观世界的规律）”时，列宁又进一步明确地提出，辩证法也就是（黑格尔和）马克思主义的认识论。因此，我们必须把辩证法同哲学基本问题统一起来，从思维和存在的关系问题去定义和解释辩证法理论，真正揭示辩证法理论的世界观、认识论和方法论的统一。

最后，在对哲学基本问题的理解中，我们还必须思考一个特别重要的问题：

---

① 参见《列宁全集》，中文2版，第55卷，215页，北京，人民出版社，1990。

为什么“思维和存在的关系问题”只是哲学的重大的基本问题，而不是人类全部活动的“基本问题”？

作为哲学基本问题的“思维和存在的关系问题”，存在于人类活动的一切领域，贯穿于人类存在的全部过程。人类的认识活动是在“观念”中实现“思维和存在”的统一，人类的实践活动是在“行动”中实现“思维和存在”的统一。对于人类来说，“思维和存在的关系问题”真可以说是“无处不在”、“无时不有”。

仅就科学而言，自然科学是以思维规律去表述自然的规律，社会科学是以思维规律去表述社会的规律，思维科学则是以思维规律去表述作为研究对象的思维的规律，一言以蔽之，全部科学都是以思维规律去描述存在（自然存在、社会存在和思维存在）的规律。因而，“思维和存在的关系”是作为贯穿于全部科学活动之中的根本问题而存在的。哲学把“思维和存在的关系”作为自己的“重大的基本问题”来研究，就使得全部科学都成为自己反思的对象。

扩而言之，不仅科学是以思维的规律描述存在的规律，从而实现“思维和存在”在规律层次上的统一，而且人类把握世界的全部方式都是实现“思维和存在”的统一，即使是以宗教的幻化的方式、艺术的想象的方式、常识的经验的方式，也都是以自己的独特方式去实现“思维和存在”的统一。因此，我们又可以说，“思维和存在的关系”是作为贯穿于人类把握世界的各种方式的根本问题而存在的。哲学把“思维和存在的关系”作为自己的“重大的基本问题”来研究，就使得人类把握世界的各种方式及其成果都成为自己反思的对象。

由此我们应当提出一个更加尖锐的问题：既然“思维和存在的关系问题”存在于人类活动的一切领域，并贯穿于人类存在的全部过程，为什么不把它称做人类活动的基本问题，而专门地把它称做哲学的基本问题？具体地说，任何一门科学都是以思维的规律去描述存在的规律，从而实现思维与存在在规律层次上的统一，为什么不把“思维和存在的关系问题”称做科学的基本问题，而特殊地把它确定为哲学的基本问题？这是因为，除哲学以外的各门科学以及人类把握世界的各种方式，都是把“思维和存在”的统一当做“不自觉的和无条件的前提”，现实地在观念上或实践中实现“思维和存在”的统一；与此相反，哲学作为人类把握世界的一种特殊方式，它不是现实地、具体地实现“思维和存在”的统一，而是把“思维和存在的关系”当做“问题”而予以“反思”。这就是说，虽然“思维和存在的关系问题”存在于人类的科学活动以及其他全部活动之中，但是，人类在这些活动中都不是“反思”“思维和存在的关系问题”；惟有“哲学”，它在人类的全部活动中扮演了一种特殊的角色，就是对“思维和存在的关系问题”进行“反思”的角色。在这种“反思”中所形成的“世界观理论”，就不是像科学那样去表述自然、社会和思维的规律，而是关于理解和协调人与世界相互关系的“哲学智慧”。如何理解哲学的“反思”的智慧，就是我们在整部《哲学导论》中、甚至是在整个学习和研究哲学的过程中探索的根本性问题。

三　世界观与人和世界的关系

“世界观”并不是人站在世界之外去“观世界”，并从而形成关于“整个世界”的知识。如果是这样，哲学就不是以“思维和存在的关系问题”作为自己的“重大的基本问题”，而是以“世界”本身的存在及其运动规律作为自己的研究对象和基本问题。如果这样理解作为“世界观理论”的哲学，就会混淆哲学与科学这两种方式之间的相互关系，就会把哲学视为一种具有最高的普遍性和最大的普适性的“科学”，乃至总是把哲学当成凌驾于科学之上的“科学的科学”。

“世界观”是人对自己与世界的关系的理解，“世界观理论”是理解和协调人与世界之间关系的理论。正因如此，哲学不同于科学，它不是把“整个世界”作为自己的对象，而是把“思维和存在的关系问题”作为自己反思的对象；它不是为人们提供关于世界的知识，而是为人们提供理解和协调人与自然、人与社会、人与历史、人与他人、人与自我“相互关系”的“大智慧”和“大聪明”。为了深入地思考这个问题，在对“世界观理论”的理解中，我们需要提出和分析三个重要概念及其相互关系，即“自在世界”、“世界图景”和“人类把握世界的基本方式”及其相互关系。

所谓“自在世界”，就是自然而然地存在着的世界，处于生生不息地运动和变化中的世界。把它称做“自在世界”，不仅仅是指它外在于人而存在，不以人的意志为转移而存在，而且主要是强调“自在世界”这种提法本身就意味着还没有从人对世界的关系出发去看世界。一旦从人对世界的关系出发去看世界，世界就成了人的“对象世界”，世界就成了人的“世界图景”。

所谓“世界图景”，就是人以自己把握世界的各种方式为中介而形成的关于“世界”的“图景”。这种解释表明了“世界图景”的不可或缺的二重内涵：其一，世界图景是关于世界本身的图景，是关于人与世界关系的图景，而不是某种与人或世界无关的图景，即使是宗教的幻化的世界图景，也只能是以幻化的方式所构成的关于人与世界关系的图景；其二，关于世界本身的图景，关于人与世界关系的图景，不是自在的世界，不是自在的人与世界的关系，而是人以自己把握世界的多种方式为中介而构成的图景，这样的“世界图景”离不开人类把握世界的基本方式。因此，作为“世界观”理论的哲学，就不是直接地以“世界”为对象而形成关于“世界”的种种“思想”，而是从“思维和存在的关系问题”出发，以人类把握世界的各种方式，特别是科学方式所形成的关于“世界”的“思想”为对象，去反思“思想”与“世界”的关系、“人”与“世界”的关系，从而形成关于人与世界相互关系的“世界观”理论。由此，就凸现了“人类把握世界的基本方式”在“世界观理论”中的地位与作用。

所谓“人类把握世界的基本方式”，简捷地说，就是人类把“自在的世界”变成自己的“世界图景”的方式。人类在其漫长的形成和演进的过程中，逐渐地形成了人与世界之间的特殊关系，即：人类不仅是以其自然器官与世界发生自然的“关系”，而且特殊地以自己的“文化”为“中介”而与世界发生“属人”的“关系”。常识、宗教、艺术、伦理、科学和哲学等等，就是人类在实践活动的基础上所形成的与世界发生真实关系的“中介”，也就是人类“把握”世界的“基本方式”。

人类以自己“把握”世界的基本方式为“中介”而与世界发生关系，这表明人是历史的、文化的存在，人的“世界图景”是与人的历史性的存在与发展密不可分的，因此，不能从“纯自然”的观点去看待人与世界的关系，而必须从历史的、文化的观点去看待人与世界的关系。合理的“世界观理论”只能是从“现实的人及其历史发展”出发而构成的哲学理论。因此，在对“自在世界”、“世界图景”和“人类把握世界的基本方式”这三个重要概念及其相互关系的分析中，重新理解与阐释作为“世界观理论”的“哲学”，这本身正是意味着一种理解人与世界关系的真正的“世界观理论”。

人类把握世界的各种基本方式，在其直接性上，首先是为人类提供了丰富多彩的“世界图景”，即宗教的、艺术的、常识的、科学的和哲学的“世界图景”；而它们之所以能够提供各种各样的“世界图景”，则在于它们本身是人类把握世界的不同方式，即宗教的、艺术的、常识的、科学的和哲学的“基本方式”；这些基本方式不仅为人们提供各种各样的“世界图景”，而且为人们的思想和行为提供各自的“思维方式”和“价值规范”，即宗教的、艺术的、常识的、科学的和哲学的思维方式和价值规范。这样，人类把握世界的各种基本方式，就以“世界图景”、“思维方式”和“价值规范”的三重内涵而构成哲学反思的对象，并由此而形成了哲学作为世界观、认识论、方法论、历史观、人生观和价值观的极其丰富的理论内容。

四　世界观与认识论

人对世界的理解，人对人与世界关系的理解，是同人类的“认识”密不可分的，因此在讨论人对世界的理解之前，应当首先反思人类自己的认识。在现代哲学中，“认识论”不仅是哲学理论的重要组成部分，而且是对哲学的一种理解和解释方式，这就是作为哲学观的“认识论说”。了解这种哲学观，对于理解哲学本身是十分重要的。

从哲学史上看，作为一种哲学观的“认识论说”，是在反思“普遍规律说”的过程中形成的。这种“认识论说”的哲学观认为：哲学的研究对象不是“整个世界”，而是作为哲学基本问题的“思维和存在的关系问题”；哲学关于“普遍规律”的认识，不是通过研究“整个世界”而获得，而是以辩证法、认识论和逻辑学三者统一的方式来实现。

这种“认识论说”的哲学观，同“普遍规律说”一样，也具有深厚的哲学史背景。人们通常把西方哲学的发展史概括为古代的本体论哲学、近代的认识论哲学和现代的语言哲学，并把近代哲学的变革称做“认识论转向”。对此，有的西方学者作出这样的解释：“首先，哲学家们思考这个世界，接着，他们反思认识这个世界的方式，最后，他们转向注意表达这种认识的媒介。这似乎就是哲学从形而上学，经过认识论，再到语言哲学的自然进程”①。这种解释告诉人们：在哲学还没有从“思维和存在的关系”提出问题的时候，只能是直接地“思考这个世界”，并试图直接地揭示世界的“普遍规律”；当哲学开始“反思认识这个世界的方式”的时候，就出现了所谓的“认识论转向”，从“思维和存在的关系”提出问题，去寻求思维和存在所服从的同一规律，并把这个“同一规律”作为真正的“普遍规律”。

作为哲学基本问题的“思维和存在的关系问题”，之所以能够在近代哲学中“被十分清楚地提了出来”并获得了它的“完全的意义”，从哲学发展的历史与逻辑上看，就在于近代哲学实现了“认识论转向”。近代以前的哲学还没有自觉到“思维和存在的关系问题”，而是离开思维对存在的关系，直接地寻求和断言某种经验的或超验的“存在”，并把这种经验的或超验的“存在”归结为“万物的本

① ［美］斯鲁格：《弗雷格》，10页，北京，中国社会科学出版社，1989。

原”，用这种经验的或超验的“存在”去解释全部的经验世界以及关于经验世界的全部知识。“认识论转向”，从根本上说，就是自觉到了“思维与存在”之间的矛盾，把“思维与存在的关系”当做最重要、最基本的哲学“问题”来进行研究，从而使研究思维与存在、主观与客观、主体与客体矛盾关系的“认识论”问题成为哲学的根本问题。

在这种“认识论转向”中，近代哲学以探寻思想的客观性为聚焦点，不仅研究了外在的世界与人的观念之间的关系，而且特别深入地考察了人的观念内部的诸种关系问题。对此，恩格斯曾经指出，我们的主观的思维和客观的世界服从于同样的规律，因而两者在其结果中最终不能互相矛盾，而必须彼此一致，这个事实绝对地支配着我们的整个理论思维。这个事实是我们的理论思维的本能的和无条件的前提。18 世纪的唯物主义，由于其本质上的形而上学性质，只是从内容方面去研究这个前提。它只限于证明一切思维和知识的内容都应当来源于感性的经验，并且重新提出下面这个命题：感觉中未曾有过的东西，理智中也不存在。只有现代的唯心主义的，同时也是辩证的哲学，特别是黑格尔，才又从形式方面研究了这个前提。[①] 在这里，恩格斯在提出理论思维的“前提”问题的基础上，指出 18 世纪的旧唯物主义和辩证的唯心主义分别地研究了这个“前提”的“内容”与“形式”。恩格斯的这个论断对于我们理解世界观、认识论和方法论的统一是十分重要的。

围绕着“思维和存在”的关系问题，近代哲学主要是提出和研究了“客观世界与意识内容”、“意识内容与意识形式”、“对象意识与自我意识”、“外延逻辑与内涵逻辑”、“知性思维与辩证思维”、“分析判断与综合判断”、“思维规律与存在规律”、“理论理性与实践理性”等一系列关于“思维和存在”的“关系问题”。通过探索这些“关系问题”，近代哲学揭示出对象与经验、经验与知觉、知觉与表象、表象与观念、观念与思维、思维与想象、想象与情感、情感与意志、意志与自我、小我与大我、理论与实践等极为错综复杂的矛盾关系，从而使“思维和存在的关系问题”获得了“完全的意义”，并表现了世界观、认识论和方法论的统一。

作为整个近代哲学的理论总结，18 世纪末到 19 世纪初的德国古典哲学，进一步丰富和升华了“思维和存在的关系问题”。德国古典哲学的奠基人康德，从认识主体与认识对象的矛盾，以及认识内容与认识形式的矛盾去探索“思维和存在的关系问题”，集中地考察了主体的认识能力问题。德国古典哲学的集大成者

---

① 参见《马克思恩格斯选集》，2 版，第 4 卷，364 页，北京，人民出版社，1995。

黑格尔，则从思维的矛盾运动中去论证思维与存在的统一性，又从思维的建构与反思的对立统一中去展现思维的矛盾运动，力图在辩证法的“本体论”、“认识论”和“逻辑学”的统一中去解决“思维和存在的关系问题”。费尔巴哈在批判黑格尔的唯心主义的过程中，则把“思维和存在”的关系归结为思维与“感性存在”的关系。这就是马克思主义哲学以前的西方近代哲学所达到的关于哲学基本问题的认识水平，也就是西方近代哲学在“认识论”的意义上使哲学基本问题获得的“完全的意义”。

马克思主义哲学的产生是哲学发展史上的伟大革命。马克思和恩格斯从现实的人及其历史发展出发，以实践论的思维方式去回答作为哲学基本问题的思维和存在的关系问题，从而实现了世界观、认识论和方法论的统一。对此，我们在这里可以简要地作出这样的概括：由于马克思主义哲学所揭示的思维自觉反映存在运动的规律凝聚着、积淀着人类在其前进的发展中所创建的全部科学反映世界的认识成果，是“对世界的认识的历史的总计、总和、结论”，因此，在其客观内容和普遍意义上说，马克思主义哲学就是关于自然、社会和思维发展的普遍规律的理论，即哲学世界观；由于马克思主义哲学从认识和实践的主体与客体交互作用的丰富关系及其历史发展来研究思维自觉反映存在运动的规律，为人类的全部历史活动提供认识基础，因此，就其研究对象和理论性质上看，它就是关于思维与存在统一规律的理论，即哲学认识论；由于马克思主义哲学所揭示的思维自觉反映存在运动的规律，既是对思维的历史和成就的总结，又是思维自觉地向存在接近和逼近的方法，因此，就其理论价值和社会功能上看，它又是人类认识世界和改造世界的伟大工具，即哲学方法论。这就是我们从世界观、认识论和方法论的统一中对马克思主义哲学的理解和解释。

20 世纪五六十年代以来，苏联的凯德洛夫、柯普宁和伊里因科夫等哲学家，以恩格斯关于哲学基本问题的论述和列宁关于辩证法、认识论和逻辑学三者一致的观点为出发点，以西方近代哲学的认识论转向为背景，比较系统地提出了“认识论说”的哲学观，并以这种哲学观重新解释马克思主义哲学。自 80 年代以来，“认识论说”的哲学观在我国哲学界产生了重要影响。许多学者试图以列宁《哲学笔记》中关于辩证法就是认识论，辩证法、认识论和逻辑学三者一致，哲学唯心主义的认识论根源，哲学与哲学史的统一，辩证法和认识论的基本知识领域等重要论述，去反思“普遍规律说”的哲学观。从总体上说，人们已经认识到，需要从辩证法、认识论和逻辑学的统一中去理解作为世界观理论的哲学。

五　世界观与历史观

哲学世界观是关于人与世界相互关系的理论，因而也是人们理解和协调人与世界相互关系的理论。在人与世界的相互关系中，人究竟是怎样的存在，这是一个最具根本性的理论问题。古往今来的哲学，正是由于对“人”的不同理解，从而导致了对人与世界相互关系的不同理解，并进而构成了不同的世界观理论。因此，“人”的问题在哲学中占有特殊的重要地位。

人是社会历史的主体，历史不过是追求着自己的目的的人的活动而已。在这个意义上，历史表现为人们自己创造自己的历史，表现为人的活动过程。但是，人们创造历史的活动又不是随心所欲的，不是在他们选定的条件下进行的，而是在既有的、给定的、别无选择的历史条件下进行的。在这个意义上，历史又表现为不以人的意志为转移的历史过程，表现为制约和规范人们的创造活动的历史规律。这表明，人与历史是不可分割的。人是历史性的存在，对“人”的理解，本质上是对“历史”的理解，“历史观”同作为“世界观”理论的哲学是息息相关的。

在历史观中，一个自古以来争论不休的根本问题就是人的创造历史的活动与历史的客观规律的关系问题，它具体地表现为“人决定环境”还是“环境决定人”、“英雄造时势”还是“时势造英雄”等问题。在哲学的发展史上，马克思从人的现实存在及其历史发展出发，合理地回答和解决了这个困扰哲学家们的历史观的“二律背反”问题，从而创立了唯物史观，实现了哲学发展史上的革命性变革。

马克思提出，人的存在是有机生命所经历的前一个过程的结果。只是在这个过程的一定阶段上，人才成为人。但是一旦人已经存在，人，作为人类历史的经常前提，也是人类历史的经常的产物和结果，而人只有作为自己本身的产物和结果才成为前提。① 人作为“历史的经常前提”，总是“前一个过程的结果”，他们的历史活动总是决定于在他们以前已经存在、不是由他们创立而是由前一代人创立的历史条件。因此，人们的历史活动并不是“随心所欲”的，人们的历史活动的结果表现为不以人们的意志为转移的历史发展规律。人作为“人类历史的经常

① 参见《马克思恩格斯全集》第26卷Ⅲ，545页，北京，人民出版社，1974。

的产物和结果”，他获得了创造历史的现实条件和现实力量，并凭借这种现实条件和现实力量去改变自己和自己的生存环境，实现社会历史的进步，为自己的下一代创造新的历史条件。因此，人们又是自己创造自己的历史，历史就是追求自己的目的的人的活动过程。现实的人既是历史的前提又是历史的结果。他作为历史的结果构成新的历史前提，他作为历史的前提又构成新的历史结果。人作为历史的前提与结果的辩证运动，就是人及其历史的辩证法。人们只有自觉到人作为历史的“前提”与“结果”的辩证发展，才能历史地、辩证地理解和解释人与世界的关系，并合理地形成哲学的“世界观理论”。

在哲学发展史上，马克思主义哲学以前的全部哲学的根本问题，就在于“非历史”、“超历史”地看待人以及人与世界之间的关系。作为马克思主义哲学的直接理论来源的德国古典哲学，也仍然是以“非历史”、“超历史”的观点去解决“思维和存在的关系问题”。在黑格尔那里，“思维和存在的关系”是马克思所批评的“概念规定”与“无人身的理性”的关系；在费尔巴哈那里，“思维和存在的关系”是马克思所批评的“感性对象”与人的“感性存在”的关系，“人”和“世界”在这样的关系中都是“非历史”、“超历史”的“抽象的存在”。与此相反，马克思主义哲学所理解的“思维和存在的关系”是以人的实践活动及其历史发展为基础的。“人”是从事实践活动的历史性的存在，“人”所面对的“世界”则是人类实践活动的对象，“人”与“世界”的关系是在人类的实践活动及其历史发展中形成和演化的，因此，必须“历史地”理解和解释人与世界、思维与存在的关系。这就是马克思主义哲学的世界观与历史观的统一。

关于马克思创立的历史唯物主义，我们在这里着重地提示两个问题。其一，马克思从现实的人及其历史发展出发，抛弃了关于合乎“人的本性”的社会条件的议论，而去考察和揭示人类历史的现实基础，从而在社会有机体众多因素的交互作用中，在社会形态曲折发展的历史进程中，在社会意识相对独立的历史更替中，发现了生产力的最终的决定作用，揭示了人类社会发展的客观规律。其二，马克思从宏观的历史视野，把人类存在的历史形态概括为“人的依赖关系”、“以物的依赖性为基础的人的独立性”和“以个人全面发展为基础的自由个性”。[①]在“人的依赖关系”的历史形态中，个人依附于群体，个人不具有独立性，只不过是“一定的狭隘人群的附属物”。在“以物的依赖性为基础的人的独立性”的历史形态中，个人摆脱了人身依附关系而获得了“独立性”，但这种“独立性”却是“以物的依赖性为基础”的。人依赖于物，人受物的统治，人与人的关系受

① 参见《马克思恩格斯全集》第46卷上，104页，北京，人民出版社，1979。

制于物与物的关系，人在对“物的依赖性”中“再度丧失了自己”。于是，对“神”的崇拜变成对“物”的崇拜。马克思的哲学，就是指引人们超越“人的依赖关系”和“以物的依赖性为基础的人的独立性”，实现“以个人全面发展为基础的自由个性”的哲学，也就是争取人类解放的哲学。

六 世界观与价值论

作为世界观理论的哲学，并不仅仅是解释人与世界关系的理论，从根本上说，它是改变人与世界关系的理论，即启迪、激励和指导人们以实践的方式改变人与世界的关系、从而让世界满足人的需求的理论。因此，哲学对人与世界的关系、思维与存在的关系的探索，在根本的意义上说，是为人的思想和行为提供根据、标准和尺度，也就是为人的思想和行为提供“安身立命之本”和“最高的支撑点”。这表明，哲学作为世界观理论，它最为关注的乃是人自身的幸福与发展，如何看待人与世界的关系、怎样评价人与世界的关系，这才是激发人们进行哲学思考的深层理论问题。这就是“价值论”问题。

人与世界的关系，是一种超越“自然”关系或“自在”关系的“自为”关系和“价值”关系。这就是说，人不是作为纯粹自然的存在而与自然的世界相统一，恰好相反，人是作为超越自然的存在，以实践的方式即否定世界的现存状态的方式而实现与世界的统一。世界不会满足人，人用自己的行动让世界满足自己。这就是人对世界的价值关系。

人对世界的价值关系，是一种目的性要求与对象性活动相统一的实践关系。人的生命活动，是一种创造生活意义的目的性、对象性活动。在人的目的性要求和对象性活动中，人是实现自己的目的性要求并诉诸自己的对象性活动的主体，而世界则是人的目的性要求和对象性活动的客体。这表明，人以自己的目的性要求和对象性活动为中介而构成的人与世界之间的实践关系，本质上是一种价值关系。

价值普遍地存在于人的各种活动之中，并制约人的活动的性质和方向，人的各种目的归根到底都是价值目的，是发现、创造、追求价值的目的。当人通过劳动实现了由“物种”到“人类”的提升，以改变世界的方式来维持和发展自身之后，价值就贯穿于人类的全部活动之中，作为目的性要求制约着人的全部活动，并使人与世界的关系成为一种真正的价值关系。

人类的实践活动，是把“自在的世界”变成“属人的世界”的过程，也就是把“自然界”变成“价值界”的过程。这种“属人的世界”或“价值界”，才是人的现实的“生活世界”。人在现实的“生活世界”中与世界发生的价值关系，才是现实的人与世界之间的关系。这表明，作为“世界观理论”的哲学，不能离开人与世界之间的价值关系，孤立地从认知关系去理解和解释人与世界之间的关系。进一步说，人对世界的认知关系，本身就蕴含着人对世界的价值关系。人们总是运用一定的方法去认识世界，而“方法”本身就是服从有效与无效、有利与不利、方便与麻烦等价值范畴的。价值观本身是作为如何看待人与世界之间的价值关系的方法而起作用的，就此而言，价值观与方法论是统一的：方法论是价值观，价值观也是方法论。

价值观既是如何看待人与世界关系的理论与方法，更是怎样评价人与世界关系的理论与方法。价值观的深层意义，在于它是对人的思想和行为的根据、尺度和标准的哲学反思。人的生命活动是创造意义的生活活动，然而，究竟什么是“有意义”的、什么是“无意义”的？怎样做是“有意义”的、怎样做是“无意义”的？区分“有意义”与“无意义”的根据是什么？评价“有意义”与“无意义”的标准是什么？在理想与现实、个体与社会、进步与代价、历史的“大尺度”与“小尺度”的诸种矛盾中，如何确立评价的标准和选择的根据？在当代，日益严峻的“全球问题”构成哲学反思的当务之急。“治理环境污染”，“保护生态平衡”，“与大自然交朋友”之声不绝于耳。然而，生态危机的根源，却在于人的利益与心态。倘若以局部利益牺牲整体利益，以眼前利益牺牲长远利益，以一己私利牺牲人类利益，则生态问题只能日趋严重。早在20世纪50年代，我国哲学家梁漱溟就曾感慨万千地指出：“科学发达至于今日，既穷极原子、电子种种之幽渺，复能以腾游天际，且即攀登星月，其有所认识于物，从而利用乎物者，不可谓无术矣。顾大地之上人祸方亟，竟自无术以弥之。是盖：以言主宰乎物，似若能之；以言人之自主于行止进退之间，殆未能也。”① 毋庸讳言，梁先生是把“物质文明”、“科学技术”的“负效应”看得过头了。然而，在人类准备“跨世纪”的今天，环顾当下的世界，思考人类的未来，积极地协调个人之间、群体之间、阶层之间、民族之间、国家之间的“利益”与“心态”，不正是人类实现和平与发展的当务之急和长远之计吗？这表明，从价值论与世界观的统一中去理解哲学的“世界观理论”，不仅具有深刻的理论意义，也具有显著的现实意义。

① 梁漱溟：《人心与人生》，1页，北京，学林出版社，1984。

价值论在现代哲学中得到了越来越广泛和越来越强烈的关注。现代哲学的价值论不仅一般性地探索价值的本质、起源和评价等问题，而且越来越具体地探索了价值与事实、价值与需要、价值与利益、价值与创造、价值与选择、价值与评价、价值导向与价值取向、价值规范与价值认同等问题。尤为重要的是，现代哲学的价值论是在与哲学的世界观、历史观和认识论的相互制约和相互渗透中发展的，这不仅实现了价值论本身的深化，而且有力地推进了哲学的全部理论内容的发展。

第二章
哲学的研究领域

哲学作为世界观理论，它是世界观、认识论、历史观和价值观的统一，具有极为丰富的理论内容。哲学的理论内容不仅表现为通常所说的“哲学原理”，而且表现在哲学的全部研究领域之中。

人类通过把握世界的各种方式而形成关于“世界”的“思想”，而人类把握世界的全部方式及其所形成的关于“世界”的全部“思想”则又成为哲学“反思”的对象。这表明，哲学的研究领域是极其广阔的，由此而形成的哲学理论也是极其丰富的。经过哲学的长期发展，现代哲学逐步地形成了自己的较为稳定的研究领域，并构成了哲学界普遍认同的“二级学科”。了解这些“二级学科”的内容与特点，对于把握哲学的研究领域、理论内容和深化哲学的自我理解是十分必要的。

所谓“二级学科”，就是包括于某个“一级学科”之中的一系列既相互独立又彼此相关的分支学科。当代中国的专业分类，是把哲学、经济学、法学、教育学、文学、历史学、理学、工学、农学、医学、军事学和管理学作为十二个“学科门类”；在这些“学科门类”中，又具体地区分为一系列的“一级学科”，其中，人文社会科学的“一级学科”包括哲学、理论经济学、应用经济学、法学、政治学、社会学、民族学、教育学、心理学、体育学、中国语言文学、外国语言文学、新闻传播学、艺术学和历史学；在这些“一级学科”中，则进一步更为具体地区分为一系列的“二级学科”，其中，哲学的“二级学科”包括马克思主义哲学、中国哲学、外国哲学、逻辑学、伦理学、美学、宗教学和科学技术哲学（自然辩证法）这样八个学科。

应当明确，这种“二级学科”的划分，是同哲学的研究领域和理论内容相互交叉的，而不是一一对应的。这就是说，有些二级学科是从研究领域的角度划分的，有些二级学科是从理论内容的角度划分的，而有些二级学科则是同当代中国的研究状况、研究内容和研究方式密切相关的。具体地说，这些“二级学科”主要是涵盖了下述内容：(1) 哲学原理，即包括世界观、认识论、历史观和价值论等在内的哲学基本理论；(2) 哲学史，即关于哲学自身的萌芽、产生、发展过程及其规律的学说，其中包括关于不同国家和民族的哲学的理论与历史的学说；(3) 伦理学，即关于伦理道德的学说；(4) 逻辑学，即关于思维形式和思维工具、规则的学说；(5) 美学，即关于美、审美和艺术活动的本质及其规律的学说；(6) 宗教学，即关于宗教的起源、发展、本质和社会作用的学说；(7) 科学技术哲学，即关于科学技术的发展规律及其所表现的人与自然界的关系的学说。

在了解和掌握这些“二级学科”时，我们必须注意，它们作为“哲学”的二级学科，都具有哲学的性质，因而都是以“思维和存在的关系问题”作为其“重大的基本问题”。如果离开哲学的基本问题，把这些二级学科当做是关于各个不同领域的知识，就会使它们失去自身的哲学性质。这是关系到我们能否在哲学层面学习和探索哲学的极为关键的重大问题。

一　马克思主义哲学

诞生于19世纪中叶的马克思主义哲学，是由卡尔·马克思和弗里德里希·恩格斯共同创立，并以马克思的名字命名的。马克思主义哲学的诞生，是哲学史上的一次最伟大的革命变革，标志着人类哲学思维的发展进入了一个崭新阶段。

任何一种真正的哲学，既是同它的创建者的个人智慧和追求目标密不可分的，又是同这种哲学赖以产生的历史条件和时代要求息息相关的。马克思和恩格斯为之奋斗终生的崇高目标是人类自身的解放，他们所创建的马克思主义是关于人类解放的学说。马克思和恩格斯的崇高目标及其所创建的学说，是人类文明史的必然产物，也是时代精神的集中体现。

19世纪40年代，欧洲资本主义已进入了成熟阶段，并以其成熟的资本主义生产方式而孕育了成熟的无产阶级，因而为人类追求和实现自身解放提供了现实条件。与此同时，18世纪末到19世纪初的自然科学已经从分门别类地"搜集材料"的科学而发展为系统地"整理材料"的科学，从而为辩证地理解自然、历史和思维的运动过程提供了科学前提。而且，当时已获得的哲学社会科学成果，又为马克思主义哲学的诞生提供了理论前提。作为反映资本主义生产关系的理论的英国古典政治经济学，英、法两国思想家所提出的空想社会主义学说，尤其是18世纪末到19世纪初的德国古典哲学，其中最为重要的是黑格尔的辩证法和费尔巴哈的唯物主义，构成了马克思主义哲学的理论来源。

关于马克思主义哲学，人们通常是以"辩证唯物主义和历史唯物主义"予以表述，并在通常的哲学原理教科书中把它叙述为唯物论、辩证法、认识论和历史观四个方面的理论内容。在这种表述中，主要包含两层含义：其一，马克思主义哲学是"辩证唯物主义"，既不是唯心主义哲学（包括辩证唯心主义哲学），也不是旧唯物主义哲学。在这种理解中，既是从唯物主义的历史发展来界说马克思主义哲学，也是从辩证法的历史发展来界说马克思主义哲学。就唯物主义的历史发展说，马克思主义哲学是超越了古代的素朴的唯物主义和近代的形而上学唯物主义的"辩证唯物主义"；就辩证法的历史发展说，马克思主义哲学是超越了古代的素朴辩证法和近代的唯心主义辩证法的"辩证唯物主义"。其二，"历史唯物主义"是"辩证唯物主义"在社会历史领域的"推广和应用"，也就是运用辩证唯物主义的基本原理去解释和说明社会历史。在这种理解中，既要求人们以唯物主义的观点去解释历史，也就是以社会存在去解释社会意识；又要求人们用辩证法的观点去解释历史，也就是辩证地看待社会存在与社会意识、历史发展过程与人的创造活动等等的相互关系。

近些年来，哲学界又提出以"实践唯物主义"来表述马克思主义哲学。这个提法源于马克思恩格斯在《德意志意识形态》中的一段论述：对实践的唯物主义者，即共产主义者说来，全部问题都在于使现存世界革命化，实际地反对和改变事物的现状。对此，学术界有不同的理解。一种理解认为，马克思恩格斯在这里把他们所创立的哲学概括为"实践唯物主义"；另一种理解则认为，马克思恩格斯在这里所讲的是"实践的唯物主义者"，而不是"实践唯物主义"；还有一种理解认为，用"实践唯物主义"来概括和称谓马克思主义哲学，是对马克思恩格斯关于“实践的唯物主义者”思想的正确引申，符合马克思主义哲学的基本观点。

实践唯物主义首先是突出了马克思主义哲学的根本特性即实践性。实践观贯穿于马克思主义哲学的各个环节，离开了实践观，就无法理解马克思和恩格斯在哲学史上所实现的革命性变革。马克思写于1845年春的《关于费尔巴哈的提纲》，被恩格斯称为包含天才世界观萌芽的第一个宝贵文件。它凝聚着马克思对全部哲学史的高度概括性总结，熔铸着马克思对哲学本身的深切反思，表达了马克思对全部旧哲学的根本性批评，显露出马克思的哲学革命的标志性特征——“实践的转向”。

马克思的这个哲学论纲是从批判全部旧哲学——旧唯物主义和唯心主义——出发的。马克思说，从前的一切唯物主义（包括费尔巴哈的唯物主义）的主要缺点是：对对象、现实、感性，只是从客体的或者直观的形式去理解，而不是把它们当做感性的人的活动，当做实践去理解，不是从主体方面去理解。因此，和唯物主义相反，能动的方面却被唯心主义抽象地发展了，唯心主义是不知道现实的、感性的活动本身的。① 当然，在这段简洁精辟的文字中，马克思既尖锐地指出了旧唯物主义的“主要缺点”，又深刻地揭露了唯心主义“抽象地发展了”能动的方面的本质。而这二者的共同之处，则在于其都不懂得“革命的”、“实践批判的”意义。

在《关于费尔巴哈的提纲》中，马克思从下述几个方面明确地区分了新唯物主义与旧唯物主义（直接的是费尔巴哈的唯物主义）：费尔巴哈致力于把宗教世界归结于它的世俗基础，新唯物主义则致力于在实践中使世俗基础革命化；费尔巴哈不满意抽象的思维而诉诸感性的直观，新唯物主义则把“感性”理解为实践的、人类感性的活动；费尔巴哈把人看做是单个人所固有的抽象物，新唯物主义则把“人”理解为属于一定社会形式的、进行实践活动的人；旧唯物主义的立脚点是“市民”社会，新唯物主义的立脚点则是“人类社会”或“社会化了的人类”；包括旧唯物主义在内的全部旧哲学只是用不同的方式解释世界，新唯物主义的历史使命则是改变世界。以上的对比可以使我们非常清楚地看到，从实践的观点去理解人及其与世界的关系，并通过人的实践现实地改变世界，是马克思的哲学论纲的精髓，也是马克思在哲学史上所实现的“实践的转向”。

在当代中国，马克思主义哲学既是人们学习和研究哲学的最重要的、最基本的理论内容，也是人们学习和研究各种哲学的最重要的、最基本的指导思想，因此，如何理解马克思主义哲学，是当代中国哲学的最重大的理论问题。自1978

---

① 参见《马克思恩格斯选集》，2版，第1卷，54页，北京，人民出版社，1995。

年以来，在改革开放的进程中，中国的经济生活、政治生活、文化生活和整个社会生活，发生了举世瞩目的重大变革。作为这种重大变革的理论表征，当代中国的哲学承担起推进社会的解放思想和实现自身的思想解放的双重使命，已经和正在经历着自身的变革。

当代中国的哲学改革，首先是在哲学原理内部形成了以变革通行几十年的哲学教科书体系为基本指向和主要任务的哲学改革的潮流。这场哲学改革的出发点和归宿点，是重新理解和重新建构马克思主义哲学体系。这场哲学改革的理论重点，是以实践为核心范畴，重新理解人与世界、思维与存在、主体与客体、主观性与客观性、自由与必然、历史规律与人的历史活动等哲学所探索的一系列重大的关系问题，并以这些重新理解的重大问题为基础去重构马克思主义哲学体系。这场哲学改革的现实基础，在于当代人类的社会实践、特别是当代中国改革开放的社会实践，已经和正在变革人们的思维方式、价值观念和审美意识，它要求哲学理论地表征这种时代性的变革，并理想性地塑造和引导这种时代性的变革。

在哲学原理方面实现教科书体系改革的同时，包括中外哲学史在内的各个哲学分支学科也出现了自身的改革，并从而深化了哲学原理的教科书改革。西方哲学领域在翻译和评述现代西方哲学论著的基础上，逐步地从研究对象自身出发，把一系列新的哲学范畴、新的哲学问题和新的哲学提问方式渗透到哲学理论探索之中，展开了马克思主义哲学与现代西方哲学的对话。中国哲学领域以介绍和评论现代新儒学为突破口，对中国传统哲学乃至整个传统文化的利弊得失进行反思，探索“返本开新”、“融会中西”的途径与意义，展开了马克思主义哲学与中国传统哲学的对话。

80年代的哲学改革，从其根本的指向性上看，是以新的教科书体系取代旧的教科书体系，也就是重构教科书体系。进入90年代的中国哲学界，则在理论探索中出现了较为明显的转向。这突出地表现在，不是以争论教科书的利弊得失和如何重构教科书体系为研究的出发点，而是把教科书作为某种退入背景的理论框架，从现实生活或现代哲学中提出问题，形成了由“体系意识”到“问题意识”的转换，“元哲学问题”、“人的存在方式问题”、“社会发展问题”、“两大思潮问题”、“中西文化问题”成为90年代中国哲学研究的主要问题。这些源于现代社会生活的哲学问题，不断地开拓了哲学基本理论研究的新领域，从而为马克思主义哲学的当代研究注入了生机和活力。

在80年代以前，哲学的各个学科处于界限分明、壁垒森严、互不介入的状态。在80年代反思教科书的哲学改革过程中，这种状况虽有所改变，但仍然是以各自的“研究领域”为对象。进入90年代，某些共同的“问题”开始成为哲学研究的出发点，从而形成了一种双向融合的趋向：一是哲学原理在探索现代社会生活和现代哲学提出的重大理论问题的过程中，显著地拓宽了自己的研究视野和背景知识，不仅注重于史论结合，以及哲学原理与具体科学的结合，而且注重于从文化哲学、科学哲学、语言哲学、逻辑哲学以及伦理学、心理学、宗教学、逻辑学和美学等多重视角去讨论问题，并且融入了这些学科的研究成果，从而改变了哲学原理的研究方式和自身形象。二是哲学史和哲学的各个分支学科强化了自身的“原理意识”，在探索某些共同问题的过程中，力求在“原理”的意义上形成某种哲学思想。这在中国哲学和西方哲学的研究领域中，以中西哲学比较研究的方式，表现得尤为突出。

在突破哲学各分支学科壁垒森严状况的进程中，当代中国的哲学研究还出现了“专门化”的趋向。这主要是表现在：一是注重研究人类文化的某个成分或某个侧面，并从这种研究中寻求当代哲学的生长点。这种研究趋向的突出特征，是在汲取现代西方哲学积极成果的基础上，通过对语言、逻辑、观念、科学、技术、艺术、宗教、伦理、政治、法律、经济等的哲学探索，形成马克思主义的语言哲学、逻辑哲学、科学哲学、艺术哲学、政治哲学、经济哲学和法哲学等等。二是注重研究现代哲学的各种流派及其所提供的理论成果，其中主要是深化了对胡塞尔的现象学、索绪尔的结构主义、海德格尔的存在主义、维特根斯坦的日常语言分析、伽达默尔的解释学、罗蒂的新实用主义和德里达的解构主义的研究。哲学研究的“专门化”，强化了哲学研究的职业化和技术化，从而突出了各种“具体问题”在哲学研究中的地位。这种“专门化哲学”的兴起，为中国哲学界走出简单、抽象、空洞的哲学论争，在坚实的哲学研究的基础上形成更富于创造性和启发性的世界观理论，提供了必要的理论准备。

二　中国哲学

中国哲学是独立于欧洲及其他文明国家自行发展的，形成了中国哲学的独特风格和特有的概念体系与表达方式，因而与西方哲学和印度哲学并称为世界哲学的三大体系。

中国哲学大致产生于夏商周三代，成形于春秋末期，战国时期已出现百家争鸣的繁荣局面。在中国哲学的历史发展中，大致可以区分为先秦子学、两汉经学、魏晋玄学、隋唐佛学、宋明理学、明清实学、近代新学等主要阶段。"五四"运动以来的中国，马克思主义哲学以其不可遏止的生机而传播于中国，形形色色的西方哲学思潮如放闸之水而流行于学界，中国传统哲学则在时代的巨变中而被重新阐释、提倡。社会生活的空前震荡，国家民族的救亡图存，中西文化的猛烈撞击，新旧学术的砥砺契合，由此便构成了思路各异、学派纷呈、各具规模、论战迭起的现代中国哲学。80 年代以来，在当代中国改革开放、建设有中国特色的社会主义的伟大历史进程中，当代中国哲学承担起了推进社会的解放思想与实现哲学的思想解放的双重使命，实现了当代中国哲学的繁荣与发展。

中华民族是富于哲学智慧的民族。日本学者西周译西名"爱智"（philosophia）为"哲学"，显然是利用了中国表达智慧的"哲"字。然而，"哲学"虽为"爱智"之学的译名，"中国哲学"的"哲学"却不能完全从西方的"爱智"的原义上去理解。中国哲学亦称形而上学，"形而上学"语出《易·系辞》"形而上者谓之道，形而下者谓之器"，由此区分了形上与形下，道与器。就《易传》而言，形而上学乃天地、阴阳、动静之学，亦即宇宙万物之道。道是中国哲学的终极性范畴，也是中国人所追求的终极境界。中国哲学以"究天人之际"为要务，是以天人关系来表达思存、主客这一哲学主题的。但天人问题并不等同于思存、主客问题，它具有丰富的内涵和独特的理论意义，因而没有造成思存、主客的分裂与对峙。哲学以宇宙人生为主要对象，中外哲学概莫能外。而中国哲学却着力于人生的探索。但中国哲学不是孤立地研究人，而是在天人之际追寻人之为人的根据，所以人孤立起来看并不是哲学范畴，要想使人进入哲学的思考系，必须使之升华，追寻人人之人，非个人之人。中国哲学讲求"身以载道"，他自身就是他的哲学的实践者，不论儒、道、释所追求的仁、道、真如有何不同，皆能与道同体，达一最高境界。因而中国哲学之本体，不是脱离人生的孤立自存的抽象物，乃人生道德修炼之所得。①

关于中国哲学，著名哲学家冯友兰先生有过多方面的系统论述。探索这些论述，可以帮助我们体会"中国哲学的精神"。

冯友兰认为，"哲学在中国文化中所占的地位，历来可以与宗教在其他文化中的地位相比"②，因而哲学一直是中国人的"安身立命之本"。他具体地指出，中国人"不是宗教的，因为他们都是哲学的。他们在哲学里满足了他们对超乎现世的追求。他们也在哲学里表达了、欣赏了超道德价值，而按照哲学去生活，也

---

① 参见陈庆坤主编：《中国哲学史通》，1～2、14 页，长春，吉林大学出版社，1999。

② 冯友兰：《中国哲学简史》，2 版，1 页，北京，北京大学出版社，1996。

就体验了这些超道德价值”①。由此他还进一步提出：“通过哲学而熟悉的更高价值，比通过宗教而获得的更高价值，甚至要纯粹得多，因为后者混杂着想象和迷信。在未来的世界，人类将要以哲学代宗教，这是与中国传统相合的。人不一定应当是宗教的，但是他一定应当是哲学的。”②

对于这种人所应是的“哲学”，冯友兰解释说：“照中国的传统，研究哲学不是一种职业。每个人都要学哲学，正像西方人都要进教堂。学哲学的目的，是使人作为人能够成为人，而不是成为某种人。其他的学习（不是学哲学）是使人能够成为某种人，即有一定职业的人。”③ 在这里，冯友兰提出了关于哲学（实际上不只是中国哲学）的一种极为重要的理解，即学哲学的目的是“使人作为人能够成为人”，而其他的学习则是“使人能够成为某种人”。

正是基于哲学是“使人作为人能够成为人”的理解，冯友兰提出，哲学的主题是内圣外王之道，所以学哲学不单是要获得这种知识，而且要养成这种人格。为此，他引证另一位著名哲学家金岳霖的话说，中国的哲学家必须是“知识和德行在他身上统一而不可分。他的哲学需要他生活于其中；他自己以身载道。遵守他的哲学信念而生活，这是他的哲学组成部分。……对于他，哲学从来就不只是为人类认识摆设的观念模式，而是内在于他的行动的箴言体系；在极端的情况下，他的哲学简直可以说是他的传记”④。

冯友兰认为，这种与人生合而为一的哲学，是既入世而又出世，最理想主义的，同时又是最现实主义的；它是很实用的，但是并不肤浅。入世与出世是对立的，正如现实主义与理想主义也是对立的。中国哲学的任务，就是把这些反命题统一成一个合命题。正是基于上述理解，冯友兰提出，他所说的“哲学”，就是对于人生的有系统的反思的思想；而宇宙论的产生，是因为宇宙是人生的背景，是人生戏剧演出的舞台。知识论的出现，是因为思想本身就是知识。由此他进一步提出，按照中国哲学的传统，它的任务不是增加关于实际的积极的知识，而是提高人的精神境界。他具体地提出和论述了人生的“自然境界”、“功利境界”、“道德境界”和“天地境界”，认为哲学的任务是帮助人达到道德境界和天地境界，特别是天地境界。由此他乐观地展望了中国哲学的前景：随着未来的科学进步，我相信，宗教及其教条和迷信，必将让位于科学；可是人的对于超越人生的

① 冯友兰：《中国哲学简史》，4页。
② 同上书，5页。
③ 同上书，10页。
④ 同上书，9～10页。

渴望，必将由未来的哲学来满足。未来的哲学很可能是既入世而又出世的。在这方面，中国哲学可能有所贡献。①

三 外国哲学

外国哲学主要是研究西方哲学和东方哲学在历史上的产生、形成、演变的过程以及现状和发展趋势的一门学科。其中，西方哲学的研究范围主要包括古希腊罗马哲学、中世纪哲学、近代哲学、德国古典哲学和现代西方哲学，东方哲学则主要是对印度哲学、日本哲学、朝鲜哲学、阿拉伯哲学等东方国家哲学的研究。根据当代中国普通高校哲学专业所学内容，我们在这里主要是简略地阐述一下外国哲学中的西方哲学。

“西方”一词并不是一个单纯的地域概念，而是一个具有丰厚内涵的文化概念。西方哲学产生于公元前 7 世纪前后，迄今已有两千多年的历史。在西方哲学思想的发展史上，曾经出现过几次转向性的变化，其中最为重要的是近代哲学的“认识论转向”以及现代哲学的“实践转向”和“语言转向”。所谓“认识论转向”，就是近代哲学在明确地提出作为哲学基本问题的“思维和存在的关系问题”之后，使哲学从本体论转向了认识论。所谓“实践转向”和“语言转向”，则是指现代哲学在解决传统哲学主—客二元对立的过程中所出现的哲学转向性变化。“实践转向”是用以标志和说明马克思主义哲学所实现的哲学革命，“语言转向”则是用以标志和说明现代西方哲学的特征与趋向。在学习西方哲学的过程中认真思考这些“转向”，会帮助我们在历史与逻辑的统一中深化对西方哲学的理解，并进而在中、西哲学的比较研究中深化对“哲学”本身的理解。

按照西方哲学的历史分期，我们可以对其各主要阶段的哲学作出如下的概括与提示：

古希腊哲学是西方哲学的源泉。在一千多年的时间里，古希腊哲学经历了三个时期：公元前 6 世纪至公元前 5 世纪为早期，这是希腊哲学的产生、发展时期；公元前 4 世纪是希腊哲学的成熟时期，柏拉图和亚里士多德把希腊哲学推到鼎盛阶段；亚里士多德之后的希腊哲学进入晚期，它传播到希腊化地区，又被后来的罗马征服者所吸收，流行于罗马帝国的广袤疆域之内，随着古代希腊罗马文

---

① 参见冯友兰：《中国哲学简史》，7、1～2、291～293 页。

明的衰落，希腊哲学也逐渐颓败，在罗马帝国瓦解之际终于被基督教哲学所取代。①

中世纪经院哲学形成于古希腊哲学的遗产和基督教的经典《圣经》这样两个主要思想来源的基础上。它主要是运用柏拉图的哲学和亚里士多德的哲学为神学作论证，并从而构成了欧洲中世纪的意识形态。在这一时期的哲学中，唯名论与唯实论的争论是其主要内容和表现方式。

近代哲学主要是指欧洲文艺复兴以来的 15 世纪至 18 世纪的哲学。借用美国“导师哲学家丛书”的提法，近代哲学主要是包括“冒险的时代”（文艺复兴时期的哲学）、“理性的时代”（17 世纪的哲学）和“启蒙的时代”（18 世纪的哲学）。就其理论内容而言，主要是包括大陆唯理论哲学、英国经验论哲学和法国启蒙哲学。近代哲学的中心问题是认识论问题，并集中地展开了经验论与唯理论的论争。笛卡尔、培根、斯宾诺莎、贝克莱、休谟、莱布尼兹等是近代哲学的最重要的代表人物。

18 世纪末到 19 世纪初的德国古典哲学，是欧洲传统哲学的最高成果，在西方哲学的发展史上具有特别重要的意义，因此在西方哲学的历史分期中总是将之作为单独部分而进行专门讲授与研究。德国古典哲学的出发点是解决近代哲学的经验论与唯理论的对立，也就是解决“思想的客观性”问题。德国古典哲学的奠基人康德以其“三大批判”（《纯粹理性批判》、《实践理性批判》和《判断力批判》）而著称于世。建构了庞大的哲学体系的德国古典哲学的集大成者黑格尔则正如恩格斯所说，既以“最宏伟的形式概括了哲学的全部发展”，又“不自觉地”为人们指出了一条走出体系的迷宫而达到真正地切实地认识世界的道路。在批判黑格尔哲学的过程中，唯物主义者费尔巴哈虽然紧紧地抓住自然界和人，但是，在他那里，自然界和人都只是空话。无论关于现实的自然界或关于现实的人，他都不能对我们说出任何确定的东西。但是，要从费尔巴哈的抽象的人转到现实的、活生生的人，就必须把这些人当做在历史中行动的人去考察。恩格斯说，费尔巴哈没有走的一步，必定会有人走。对抽象的人的崇拜，即费尔巴哈的新宗教的核心，必定会由关于现实的人及其历史发展的科学来代替。这个超出费尔巴哈而进一步发展费尔巴哈观点的工作，是由马克思于 1845 年在《神圣家族》中开始的。② 这就是马克思的“实践转向”所实现的哲学革命。

现代西方哲学也是在反叛黑格尔绝对唯心主义哲学的基础上发展起来的，它

① 参见赵敦华：《西方哲学通史》，1 页，北京，北京大学出版社，1996。

② 参见《马克思恩格斯选集》第 4 卷，240～241 页。

主要是包括从19世纪末到20世纪的英美分析哲学和欧洲大陆人文哲学，并形成了以科学主义思潮与人本主义思潮的斗争与融合为主要特征的哲学内容。在现代西方哲学中，实用主义大师杜威、分析哲学大师维特根斯坦、现象学大师胡塞尔、存在主义大师海德格尔和解释学大师伽达默尔等占有显著地位，他们的哲学思想产生了广泛深远的影响。

四　逻辑学

“逻辑”一词来自古希腊语的“逻各斯”，汉语“逻辑”一词是对拉丁语系的“logic”、“logik”、“logigue”的音译。在最一般的意义上，可以说“逻辑学”是以人的思维为对象、研究人的思维规律的科学。但是，在这种解释中，已经蕴含了对“逻辑学”研究对象的不同理解。这是因为，人的思维包括思维的内容与思维的形式这样两个方面。所谓思维的内容，是指思维关于对象的各种规定性的把握；所谓思维的形式，则是指把思维关于对象的各种规定性相互联结起来的方式，因而又称做思维的形式结构。在一般的逻辑学教科书中，常常是把逻辑学定义为关于思维的形式结构及其规律和规则的学科，并且特别地指出，逻辑学是“暂时撇开思维的内容而专门研究思维的形式结构”的。作为比较宽容的理解，则是从思维的内容与形式两方面出发，把逻辑学分解为“形式逻辑”和“非形式逻辑”。如果以思维的形式规律为对象，就形成了逻辑学中的形式逻辑；如果以思维的非形式规律为对象，则形成了逻辑学中的非形式逻辑。由于形式逻辑是目前逻辑学的主体部分，也是最为成熟的部分，以至于在许多情况下人们说到逻辑时所指的就是形式逻辑。① 这种理解是比较恰当的。

“逻辑”是一门古已有之的学问。按历史分期，可以把逻辑分为古代逻辑、近代逻辑和现代逻辑。

就古代逻辑而言，在人类文明史上，形成了世界性的三个不同的逻辑传统，即：中国逻辑传统、印度逻辑传统和希腊逻辑传统。中国逻辑传统形成于先秦，有名家逻辑思想、墨家逻辑思想和儒家的正名理论，但在秦汉以后，中国逻辑发展缓慢。印度逻辑传统形成于婆罗门的正理逻辑和佛教的因明学，17世纪新正理逻辑发展到很高的水平。希腊逻辑传统形成于古希腊，开始于亚里士多德的逻

① 参见宋文坚主编：《逻辑学》，12页，北京，人民出版社，1998。

辑，一直延续到近代西方。西方的古代逻辑可以分为古希腊逻辑和中世纪逻辑。古希腊逻辑中主要是亚里士多德逻辑和斯多噶学派逻辑。前者主要是研究涉及到概念、词项这些非命题成分的推理形式，如三段论等。亚里士多德逻辑中的这部分内容在现代的一些文献和著作中也称为词项逻辑。斯多噶学派逻辑主要是研究命题之间的联结词的推理规律，这种逻辑称为命题逻辑。

西方的近代逻辑主要有培根的归纳逻辑、穆勒的归纳逻辑以及康德关于逻辑的学说。康德首次提出“形式逻辑”一词，用以指称研究思维形式结构的逻辑。以亚里士多德的词项逻辑和斯多噶学派的命题逻辑为主，加上后来在亚里士多德逻辑模式下的一些发展以及一些近代归纳逻辑的内容等，现在通常称为传统逻辑。

“现代逻辑”一词有两个方面的含义，一个是历史时期方面的含义，一个是实质内容方面的含义。就历史时期方面的含义来说，一切在现代产生、发展起来的逻辑都可以冠以“现代”二字。就实质内容方面的含义来说，现代逻辑指的是数理逻辑和一切在数理逻辑的基础之上或采用数理逻辑的思想方法而发展起来的逻辑。现代逻辑不同于传统逻辑的最显著的特征是符号化，因为这一特征，现代逻辑的各个分支又统称为符号逻辑。由于数理逻辑对于它们的重要作用，有时也用“数理逻辑”来表示符号逻辑，这形成了对数理逻辑的广义理解。数理逻辑因此有了狭义和广义之分。狭义的数理逻辑即关于数学的逻辑，广义的数理逻辑即符号逻辑。

在关于逻辑学的称谓中，还经常见到“普通逻辑”这种说法。从这些教科书的内容来看，普通逻辑大体包括传统逻辑、思维的基本规律和一些简单逻辑方法。传统逻辑部分主要有以词项逻辑和传统命题逻辑为主的演绎逻辑，以及以各种归纳推理为内容的归纳逻辑。这样一些内容的综合使得普通逻辑实际上是一个教学体系而不是一个理论体系。①

在对现代逻辑的理解中，我们还应看到，虽然它的主流是数理逻辑，但同时应包括非外延的逻辑系统。这种非外延逻辑主要是西方近代以来的内涵逻辑，它的成熟形态是黑格尔的《逻辑学》所提供的概念辩证发展的逻辑。这种与“形式逻辑”相对应的“辩证逻辑”，它的根本立足点是概念的辩证本性，它所遵循的是思维的“具体同一性”原则，它所展现的是概念内涵的否定与重构的辩证运动。由于概念、范畴是人类认识的“阶梯”和“支撑点”，概念、范畴的否定与重构体现的是人类思想运动的进程，因此，以概念的辩证发展为实质内容的“辩

① 参见宋文坚主编：《逻辑学》，19～21页。

证逻辑”，可以说是人类思想运动的逻辑。这种“辩证逻辑”与作为哲学理论的“辩证法”之间的关系，有关这种“辩证逻辑”能否“形式化”的问题，正在哲学界和逻辑学界被深入地讨论。

五 伦理学

伦理学通常被解释为关于道德及其起源和发展、人们的行为、人们相互间和人们对社会、国家等的义务的学说，并把道德解释为“调整人们之间以及个人和社会之间关系的行为规范的总和”，强调道德是靠社会舆论、人们的信念、习惯、传统和教育的作用来维持的精神力量。这种解释表明，伦理学研究的对象是道德，而伦理学所要研究的问题就是道德所包含并要解决的个人利益与社会整体利益的矛盾。

人类伦理道德思想的产生和发展，是人类对生活于其中的社会关系认识的结果。在汉语中，“伦，犹类也；理，犹分也”。“伦”字有类、条理、顺序、秩序等基本含义，继后有引申义“关系”，因而古代思想家强调对人们“教以人伦”，认为父子、君臣、夫妇、长幼、朋友之间的亲、义、别、序、信是人们之间的最重要的“人伦”关系。“理”字本义为“治玉”，引申为分、条理、道理、规则等词义，而“分”则是指本分、职责。“伦理”二字的含义，就是指人们在各种社会关系中应遵守的规则和应尽到的职责。

在历史上，伦理思想大多是某种哲学思想的组成部分，或者是哲学思想在道德思想领域的贯彻。古代西方传统的观点是把哲学分为两类：一类是“纯理论哲学”，即关于“实是之所以为实是的最高原因的原理”的学说；另一类则是“实践的哲学”，即关于个人和社会的活动及其关系的学说；在“实践的哲学”中，又分为道德哲学和政治哲学两个部分。古希腊时期的伟大哲人苏格拉底最早把研究道德视为哲学的主要任务，在人的精神方面确立了善和至善的命题，此后的柏拉图又在其理念论中予以阐扬，而柏拉图的学生亚里士多德则首先创造了“伦理学”这个名词，第一次写出了著名的《伦理学》著作，使伦理学成为一门独立的学科。中国伦理学思想早在尧舜时代就有萌芽，在春秋战国时代出现了伦理思想极为丰富的《论语》、《孟子》、《墨子》、《荀子》等著作。

一般认为，伦理学的最基本的问题是利益和道德的关系问题，这个问题包含两方面内容：第一方面是经济关系和道德谁决定谁，以及道德对经济关系有无能动作用的问题。这方面问题的不同解决，决定着如何理解道德的根源、本质、发展规律和社会作用等重要问题和能否正确解决之，也决定着伦理思想史上马克思主义伦理学与唯心主义、旧唯物主义伦理学的根本区别。第二方面是个人利益和社会整体利益的关系问题，即个人利益服从社会整体利益，还是社会整体利益从属于个人利益。怎样回答这方面的问题，决定着各种社会道德价值体系的原则、规范和观念，决定着人们道德行为的方向、准则、境界和评价，决定着形成道德品质的途径和方法的不同解决。伦理学的一切问题都是围绕着这个根本问题的两方面展开的；伦理思想史也是在解决这一根本问题的认识过程中发展变化的；各种伦理学说都必然要这样或那样回答这个根本问题，并且从它们怎样回答这个最为基本的伦理学问题而决定它们之间的区别和对立。但是，关于伦理学的基本问题，学界还存在不同观点，主要有以下四种：认为伦理学的基本问题是利益与道德的关系问题；认为道德与社会历史存在的关系问题是伦理学的基本问题，这是哲学基本问题在伦理学中的反映；不同意把哲学基本问题的两个方面简单地延伸为伦理学的基本问题，认为伦理学的基本问题是善恶矛盾问题；认为人的存在发展和个人对他人、对社会应履行的义务这两方面关系是伦理学的基本问题。在现行各种伦理学教材和辞典中，以采纳第一种见解为理论起点者占多数。①

在关于伦理学的理解中，我们还应当特别注意“伦理”与“道德”之间的关系。长期以来，“道德”与“伦理”这两个概念常常被混为一谈，或者至少是缺乏本质上的区分。这导致了对“伦理学”的许多误解。“伦理”表明的是社会规范的性质，而“道德”表明的却是生活本意的性质。道德是一个存在论概念，是一个作为伦理学基础的特殊的存在论概念。道德问题是伦理学的根本性问题。伦理规范作为一些禁令，总是为保护有意义的生活，而确立伦理规范只是依照道德要求的技术性处理。因此，伦理学的主题是“道德”而不是“伦理”，道德主题引出两个问题：一个是关于获得幸福的生活方式，另一个是由获得幸福的生活方式去澄清建立伦理规范的要求。② 在对伦理学的了解中，提出并思考上述问题是必要的和重要的。这会使人们理解，人们“在社会机制中生活决不意味着为了社会机制而生活”，“社会必须服务于生活”。这还会使人们理解，生活中最主要的不幸就是误以为生活目的是某种结局，这种态度离间了生活与生活目的，生活目的成了遥远的目标，生活也就似乎总是还没有开始。生活目的是与生活一起显现

---

① 参见李淮春主编：《马克思主义哲学全书》，399页，北京，中国人民大学出版社，1996。

② 参见赵汀阳：《论可能生活》，16～17页，北京，三联书店，1994。

的东西，它不是遥远的目标而是与生活最接近的存在方向性，但又是永远无法完成的追求。可以说，生活目的不是某种结局而是生活本身那种具有无限容纳力的意义，生活是一种自身具有目的性的存在方式，这种目的性就是生活本身的意义。应当说，在这种关于伦理学的思考中，体现的是一种哲学的前提批判的精神，因而有助于人们在哲学的意义上去思考和探寻伦理学问题。

六 美 学

一般认为美学是研究美的学科，但也有学者认为美学是研究审美活动的学科，是研究人对现实的审美关系的学科，著名哲学家黑格尔还提出美学是艺术哲学。这些关于美学的不同定义，实际上是表现了美学的最基本的研究对象：美（美的本质或美的哲学）、审美（审美心理）、艺术。其中，对于美的本质的探讨在历史和逻辑上构成美学的基础部分。

世界上每一个民族都有本民族的美学思想，美学思想已有几千年的历史。18世纪中叶，美学在西方成为一门独立的学科。20世纪以来，美学与心理学、伦理学、社会学、人类学、文化史、艺术史等相邻学科的渗透日益加强，形成了包括审美心理学、审美社会学等在内的众多分支学科。

古往今来的哲人，总是像关注"真"和"善"一样，特别地关注对"美"的探寻与反思。在西方哲学史上，从古希腊的柏拉图、亚里士多德到德国古典哲学的康德、黑格尔，从马克思主义哲学的创始人马克思、恩格斯到拉法格、卢卡奇，从现代西方哲学的海德格尔、卡西尔和伽达默尔到所谓"后现代主义"的德里达、福柯和罗蒂，无不对"美"的问题表现出极大的哲学关注。同样，在中国哲学史上，从先秦诸子到近、现代的哲学大师，或兼攻美学理论，或具有艺术气质，或探寻美学问题，总是致力于对"天人合一"、"知行合一"、"情景合一"的真善美的统一的寻求。美的本质、美的存在、美的发现和美的追求，构成了以"美"为聚焦点的哲学层面的美学问题。

西方美学思想发源于古希腊。柏拉图和亚里士多德把古希腊的美学思想的发展推向了高潮。在他们现存的著作中，有着相当丰富的美学思想。他们都把对美的哲学思考同艺术实践结合起来。柏拉图重在对美的哲学思考，亚里士多德重在审美创造的研究，古罗马美学思想基本上是古希腊美学思想的延续。贺拉斯的《诗艺》、朗吉弩斯的《论崇高》，大都是沿着亚里士多德开创的文艺美学的道路，对文艺进行美学探讨。在漫长的中世纪，欧洲的美学思想基本上处于停滞状态。美学如同哲学一样，也沦为“神学的奴婢”。神学家就是美学家，他们完全从宗教的角度去分析和解释审美现象，把美看成上帝的一种属性，上帝是最高的美，是一切感性事物的美的最终根源。文艺复兴时期，随着人的解放，文艺和美学思想都得到更大的发展和繁荣，使欧洲文化达到了古希腊社会以后的第二个高峰。文艺复兴运动促进了生产力的解放和精神文化的解放，促进了美学由神学向人学的转变，给美学思想的发展带来了巨大活力和生机。维柯在《新科学》中初步研究了某些美学问题。他把人类思维分成两个部分，即诗的逻辑和理智的逻辑。维柯认为，从人类思想的发展过程来看，诗的逻辑不应从属于理智的逻辑。维柯还在美学研究的方法上注入一种历史发展的观点和史论结合的方法。维柯所提供的思想资料为近代美学的建立与发展创造了条件。

美学作为一门独立的学科，是由 18 世纪德国哲学家和美学家鲍姆嘉通首次提出来的。他于 1750 年正式出版其《美学》专著第一卷，因此而获得“美学之父”的称号。

鲍姆嘉通认为，人类心理活动分成知、情、意三个部分，知是理性认识，已由逻辑学来研究，意是道德活动，已由伦理学来研究，而情属于感性认识的部分，却一直没有一门相应的独立的科学来研究，鲍姆嘉通主张建立一门新科学来研究这个被遗漏的部分，这门新科学就是“美学”。康德是德国古典美学的奠基人，其间经过费希特与谢林、歌德与席勒等人的不断补充、丰富和发展，到了黑格尔，其把德国古典美学的发展推向了新的高峰，成为以往一切美学派别的集大成者。①

中国的美学思想历史悠久。在漫长的发展过程中，儒、道、禅三家思想逐渐合流互渗，形成了独具特色的美学传统。近代以来，随着西学东渐，西方各种思想学说开始涌入中国。梁启超、王国维最先引入西方美学，经蔡元培大力提倡，真正学科意义上的美学在中国始露萌芽。

1912 年，蔡元培发表《对于教育方针之意见》，把美育列为教育的重要内容；1917 年，他又发表《以美育代宗教说》，详细阐发了审美功能与一般世俗实利的本质区别。主张用美感教育代替宗教。30 年代以来，朱光潜出版《谈美》、《文艺心理学》，系统介绍克罗齐等人的学说，并结合审美及艺术创作实践，对美的本质、审美经验、创造与欣赏等问题，作了详细的梳理和阐发。宗白华在广阔的文化背景上，分析中西艺术的不同特征，认为西方艺术表现了“‘人’与

① 《美学教程》编写组：《美学教程》，2～6 页，北京，中国社会科学出版社，1987。

'物'，'心'与'境'的对立相视"，而中国艺术则追求人与自然的亲切统一，中国艺术的空间是一种人情化、节奏化、音乐化的时空合一的空间。鲁迅、瞿秋白等人则大力翻译介绍马列经典作家以及普列汉诺夫、卢那察尔斯的美学论著，使唯物史观成为探索艺术及审美问题的重要方法。新中国成立以来，特别是改革开放以来，我国的美学研究取得了重要的研究成果，丰富了美学的研究内容。

马克思在《1844年经济学哲学手稿》中曾提出，人既是按照任何物种的尺度来进行生产，又是随时随地都能用内在固有的尺度来衡量对象，所以，人也按照美的规律来塑造。这就是说，人的生产活动是实现"客观规律"和"主观目的"的统一，而这种"统一"则是"按照美的规律来塑造"。这样，马克思就为我们从人的存在方式去理解"美"作出了宝贵的提示。在现代美学研究中，美、审美和艺术都得到了愈益深入的探索。对于美的本质问题的哲学解答，大体可以分为主观论、客观论和主客观统一论三种。由于艺术关涉人的感性活动，又被认为是美的集中而又具体的体现，因而艺术成为美学的重要部分。美学主要探讨艺术活动中审美价值的创造和接受、艺术的本质、艺术品的本源存在等问题。当代西方美学走向艺术的倾向越来越明显，部门美学纷纷崛起。随着心理学的发展，审美（或审美心理）成为美学的另一个重要部分。

七 宗 教 学

宗教是一种极为复杂的文化现象，宗教学则是一门以人类宗教现象为研究对象的综合学科。从宗教产生时起，就有了对宗教的某种认识，但在相当长的时期内，人们还没有把宗教作为系统研究的对象。作为一门人文学科的"宗教学"是在近代以来的宗教研究中兴起的。最早提出"宗教学"这一概念的是英籍德国学者麦克斯·缪勒，他于1870年在皇家学院作过题为"宗教学导论"的系列讲演。宗教学一出现就带有对不同的宗教进行比较研究的特点，因而往往被人们称做"比较宗教学"。由于这种比较宗教学在开始阶段主要是致力于广泛搜集东西方宗教史料，并逐渐形成了对历史上各种宗教形态的研究，因此这种比较宗教学又变成了更为广泛流行的"宗教史学"。后来，在西方宗教学领域内又出现了一系列分支性学科，如宗教现象学、宗教社会学、宗教心理学等等。

宗教作为一种复杂的文化现象，它与艺术、道德、法律、科学之间具有复杂的联系，其中，特别是与哲学之间存在复杂的联系。在艺术史上，宗教艺术的存在是一种重要现象。它通常是以宗教为内容和题材，以艺术的形式表达宗教的思想观念和感情，服务于宗教神学。宗教艺术对人们，特别是对宗教徒有很强的感染力，使其获得某种心灵的满足和审美的享受。因此，在宗教学研究中，宗教艺术成为一种重要对象。宗教与道德的关系也十分密切。宗教从其产生起，就对道德发生重要影响。随着宗教的发展，它的道德化特征更为明显。宗教的信条和教义以道德规范的形式渗透于社会之中，直接调节人们的生活。宗教与法律的关系也是非常复杂的。宗教主要是依靠灌输宗教法规和道德信条，并通过内在的信仰和外在的习惯、舆论来规范人们的行为。同时，宗教也以其组织和制度中的强制和惩罚来维持其权威。宗教既是一种意识形态的上层建筑，又是一种体制性上层建筑，在政教合一的国家中，宗教教规同时就是世俗法律。至于宗教与哲学的关系,就更为密切和复杂了。它们作为两种不同性质的世界观体系而影响人们的全部生活。正是由于宗教与艺术、道德、法律、科学和哲学之间发生复杂的联系,需要从多学科的视角去研究宗教现象,因而宗教学已成为一门跨学科的综合学科。

宗教学作为一门独立学科，既不同于宗教哲学，也不同于神学，但又同二者有密切联系。宗教哲学是以哲学概念、逻辑方法在理论上解释、论证、阐发宗教教义的学科。在本体论上，宗教哲学把神的存在作为出发点和归宿，用各种方式来论证和解说神的存在。在认识论上，宗教哲学把神灵世界和超自然现象作为认识客体，用神的启示来解释人类的认识现象和过程以及认识的真理性和它的检验标准。在历史观上，宗教哲学多持宿命论观点，用神的旨意和计划来解释和描绘人类历史。宗教哲学是以宗教教义为基础的哲学，虽然它在宗教的形式下涉及某些哲学问题，但往往具有神秘、繁琐的特点。

宗教学起源于西方，并在 20 世纪盛行于西方。自辛亥革命以来，中国的许多政治家、思想家、哲学家和宗教学者，对宗教进行了认真的研究和重新的审视。辛亥革命后，新文化运动其势如潮，猛烈地冲击着陈腐的文化观念。宗教如同其他的一切陈腐观念一样，也受到了民主与科学的审视。朱执信发表《耶稣是什么东西》，蔡元培发表《以美育代宗教说》，屠存实发表《宗教问题演讲》，陈独秀出版《基督教与基督教会》，李干忱出版《破除迷信全书》，太虚出版《佛教源流及其维新运动》等，这些文章和论著的内容涉及相当广泛，几乎对宗教的起源与消亡，宗教的本质与社会作用，宗教与科学、哲学、道德、艺术、教育的关系等问题，都进行了初步的探讨与研究。30 年代到 40 年代，对宗教问题展开了全面的研究和讨论，有一大批有关宗教的论著问世。其中包括王恩洋的《佛学概论》，王治心的《中国宗教思想史大纲》，刘剑横的《唯物的宗教观》，许地山的《扶箕迷信的研究》，赵紫宸的《基督教进解》，曾宝荪的《实验宗教学教程》等。

从内容上看，这些论著大致可分为两类，一类偏重于纯学术的探讨，主要是对佛教、伊斯兰教、基督教、道教以及一些民间宗教在我国发生和发展历史的考证，另一种是偏重于宗教理论和观点的阐述，多具有论战的性质。

具体说来，这一时期的宗教思想界主要讨论了以下几个问题：一是关于宗教的起源与消亡问题。千百年来，宗教神学一直把宗教的起源加以神化，认为宗教产生于神的启示，并由此断言宗教具有永恒不灭的性质。唯物论和无神论者抨击了这种观点。宗教的端始在于人们对自身生理和精神现象的无知与愚昧，在于对自然力的恐惧。二是关于宗教与哲学和科学的关系问题。有些人认为，宗教即哲学，即科学，即道德，即情感。一些有识之士对此进行了批判。他们指出，宗教以信仰为基础，哲学以理性为基础，科学以事实为基础，它们根本不能混为一谈。这些辨析无疑有着进步的意义和一定的价值。三是关于宗教的本质和社会作用问题。激进主义者在全盘否定宗教迷信的基础上，主张坚决打倒宗教，消灭宗教，认为这是破除迷信、解放思想、发展文化、拯救人民于水火的当务之急。有些人既反对盲目的宗教信仰，又反对不分青红皂白地攻击宗教，而主张宗教与科学相互容纳，长期共存。四是关于有神与无神的问题。现代唯物论者举起无神论的大旗，向有神论发动了强大的攻势，在无神论的沉重打击下，近代中国的宗教神学一扫昔日的威严，唯物主义思潮乘势得到了长足的发展。

八　科学技术哲学

一般认为，科学技术哲学是科学技术和哲学相连接的桥梁，主要是对科学技术本身及其与经济、社会、文化相联系的各个方面进行哲学层次的思考和探索，以便掌握科学技术发展的一般规律，把握科学技术的社会影响，从哲学和文化的层面认识科学技术的性质。

我国的科学技术哲学是在19世纪马克思和恩格斯创立的自然辩证法的基础上发展起来的，注重运用马克思主义的观点和方法考察科学技术发展的历史和现状，重视总结我国和其他国家科学技术发展的经验和教训，对正确制定和贯彻我国科学技术发展的战略方针和促进社会主义现代化建设具有重大意义。在具体内容方面，科学技术哲学探讨科学技术发展所提出的本体论、认识论、方法论等方面的问题；研究科技发展所涉及的各类文化问题；分析研究国外科学哲学、技术哲学诸流派以及科学技术与社会研究方面的各种观点。

科学技术哲学探讨的问题与马克思主义哲学、逻辑学、外国哲学、中国哲学等学科有关联，也与科学技术史、生态学、社会学、环境经济学、管理科学、决策科学等学科相交叉。它的学科研究范围主要包括自然辩证法原理、科学哲学、技术哲学、生态哲学、科学社会学、技术社会学、科学思想史、各门科学技术中的哲学问题、科学技术方法论、科技战略和科技政策研究、科学技术与社会研究、环境与发展研究等。

在对科学技术哲学的理解中，有必要分别论述科学哲学和技术哲学。这里，我们尤其有必要单独地、着重地谈论科学哲学。一般地说，我们可以把科学哲学视为“对科学的哲学理解”。但是，对科学进行理解的“哲学”是什么？哲学所理解的“科学”又是什么？哲学为何以及如何“理解”科学？由于对“哲学”、“科学”和“理解”赋予了不同的内涵，于是就形成了各种不同的科学哲学观。

在我国，关于现代西方科学哲学的历史与逻辑，存在着一条得到哲学界普遍关注和认可的基本线索。这就是从孔德的实证主义到罗素、维特根斯坦的逻辑原子主义，从卡尔纳普、赖欣巴哈、亨普尔的逻辑实证主义到波普的批判理性主义，从库恩、拉卡托斯、费耶阿本德的历史主义到劳丹、夏皮尔的新历史主义的基本线索。这条基本线索展现给人们的是不断演变着的科学哲学观：从把科学哲学视为对科学的逻辑结构研究转换为对科学命题的逻辑分析，又从对科学命题的逻辑分析转换为探索科学发现的逻辑，再从探索科学发现的逻辑转换为对科学发展模式的历史考察。毫无疑问，在这种演变着的科学哲学观之间，存在着重大的差异和深刻的分歧；但是，这种演变又有历史的连续性和逻辑的可比性。透过它们的种种差异和分歧，就能发现其中蕴含着的对科学哲学的某种统一性理解，即都把科学哲学归结为关于科学的哲学，即研究科学自身的种种问题——科学的方法、科学的技巧、科学的逻辑结构、科学的语义构成、科学的一般结果和科学的发展模式等等的哲学。

关于科学哲学，还有一种值得关注的重要思路，这就是把科学哲学视为对科学的人文主义理解。美国当代科学哲学家瓦托夫斯基在其所著《科学思想的概念基础——科学哲学导论》一书中突出强调的是，必须从“科学哲学是一门哲学的学科”这个基本认识出发去理解科学哲学。他提出，作为一门哲学的学科，科学哲学在理论内容上同传统哲学的形而上学、认识论和逻辑学等学科保持历史的连续性；在研究方法上，它继承了传统哲学的批判的、分析的、辩证的方法，批判的辩证法是哲学的生命线。他认为，应当从人类的一般认识活动去理解科学认识活动，从科学以前的认识方法去探索科学的认识方法，从人类的一般性概念去透视科学的基本概念，也就是把认识论作为人类活动的一般规律去沟通科学认识与其他认识之间的联系。

在关于科学哲学的思考中，我们应当看到，理解科学有两种不同的方式：一种是对科学本身的学习，即掌握科学的研究方法、思维方式和概念系统；另一种则是对科学思想的概念基础的研究，即把科学思想作为反思的对象进行批判性考察。前一种是理解科学思想的科学事业，后一种是理解科学思想的哲学事业。我们需要建设马克思主义的科学哲学和技术哲学。它的重要前提是确立马克思主义的科学哲学观和技术哲学观以及科学技术哲学观。在这种理论思考中，特别重要的是要把科学技术哲学作为“哲学的学科”来思考。

21 世纪 哲学 系列教材

第三章

哲学与宗教

"爱智"的哲学是关于人与世界相互关系的"大智慧"和"大聪明",即"世界观"理论;而在人类把握世界的基本方式当中,还有另一种作为"世界观"而发挥作用的基本方式,这就是宗教。因此,我们在了解哲学的研究领域和理论内容的基础上,应当通过对哲学与宗教的比较,来进一步体会究竟什么是哲学。

无论是在"纵向"关系上,还是在"横向"关系上,哲学与宗教的关系都是十分密切的。从"纵向"即"历时态"上看,世界哲学史的一个普遍现象就是哲学脱胎于宗教;从"横向"即"同时态"上看,哲学和宗教是关于人与世界相互关系的两种"世界观"。正是这样"纵"、"横"两种关系,既显示了哲学与宗教之间的密切联系,也为我们从哲学与宗教的比较中理解哲学提供了必要的前提。

一　哲学与宗教的“历时态”关系

在《路德维希·费尔巴哈和德国古典哲学的终结》这部哲学名著中，恩格斯提出了关于“全部哲学，特别是近代哲学的重大的基本问题，是思维和存在的关系问题”的著名论断。这个论断告诉人们，所谓“哲学”，是以“思维和存在的关系问题”作为自己的“重大的基本问题”；因此，我们应当从“思维和存在的关系问题”去理解“哲学”。而在提出哲学的“基本问题”是“思维和存在的关系问题”这个论断之后，恩格斯紧接着就从这个问题的形成与演变向人们阐述了它的哲学内涵。正是在这段著名的阐述中，恩格斯从“纵向”上揭示了哲学与宗教的关系，并从而揭示了哲学及其“基本问题”的内涵。

恩格斯说，在远古时代，人们还完全不知道自己身体的构造，并且受梦中景象的影响，于是就产生一种观念：他们的思维和感觉不是他们身体的活动，而是一种独特的、寓于这个身体之中而在人死亡时就离开身体的灵魂的活动。从这个时候起，人们不得不思考这种灵魂对外部世界的关系。既然灵魂在人死时离开肉体而继续活着，那么就没有任何理由去设想它本身还会死亡；这样就产生了灵魂不死的观念，这种观念，在那个发展阶段上决不是一种安慰，而是一种不可抗拒的命运，并且往往是一种真正的不幸，例如在希腊人那里就是这样。关于这种个人不死的无聊臆想之所以普遍产生，并不是宗教上的安慰的需要，而是由普遍的局限性所产生的困境：不知道已经被认为存在的灵魂在肉体死后究竟怎么样了。同样，由于自然力被人格化，最初的神产生了。随着宗教的向前发展，这些神愈来愈具有了超世界的形象，直到最后，由于智力发展中自然发生的抽象化过程——几乎可以说是蒸馏过程，在人们的头脑中，从或多或少有限的和互相限制的许多神中产生了一神教的惟一的神的观念。因此，思维对存在、精神对自然界的关系问题，全部哲学的最高问题，像一切宗教一样，其根源在于蒙昧时代的狭隘而愚昧的观念。

原始思维的一个突出特征，在于意识的整体性，即由于知情未分的意识状态而导致的物我不分。这种知情未分和物我不分，表现为人以“幻化”的方式去把握世界，从而造成人与世界的双重幻化，即：一方面是以宇宙事件去看待人的行为，另一方面又以人的行为去解释宇宙事件。这样，就构成了人与世界之间相互渗透的神秘感应关系。原始人的自然崇拜和万物有灵的宗教观念就产生于这种神秘的“互渗”，并形成了幻化的意义世界。比如，风调雨顺或旱涝成灾，风和日丽或电闪雷鸣，在这种幻化的意义世界中，或是神灵的恩赐，或是神灵的惩罚，宇宙（自然）事件被拟人化为情感或意志的表达。正如恩格斯说的那样，由于自然力被人格化，最初的神产生了。随着宗教的向前发展，这些神愈来愈具有了超世界的形象，直到最后，……在人们的头脑中，从或多或少有限的和互相限制的许多神中产生了一神教的惟一的神的观念。

由此我们可以看到，作为一种文化现象的宗教，虽然它具有超自然的性质，但却是产生于人对自然界的依赖与掌握的双向适应关系。这正如恩格斯所说，一切宗教都不过是支配着人们日常生活的外部力量在人们头脑中的幻想的反映，在这种反映中，人间的力量采取了超人间力量的形式。何光沪《多元化的上帝观》认为，西文的“宗教”（religion）一词，出自拉丁文 religare 或 religio，前者意为“联结”，指人与神的联结；后者意为“敬重”，指人对神的敬重。汉语的“宗”字，原义是对祖先神的尊崇。“宗，尊祖庙也。从宀从示”。“示，天垂象见吉凶示人也”。而汉语的“教”字，本为“上所施，下所敬”之意，“圣人以神道设教，而天人服矣”。由此可以看到“宗”和“教”与“神”的联系。

脱胎于宗教的哲学，它作为一种文化现象，也是人对自然界的依赖与掌握的双向适应关系的一种表现。思维对存在、精神对自然界的关系问题，全部哲学的最高问题，像一切宗教一样，其根源在于蒙昧时代的狭隘而愚昧的观念。然而，从宗教中脱胎出来的哲学，却不仅仅是以“思维对存在、精神对自然界的关系问题”作为自己的“重大的基本问题”，而且更主要的是以“理论思维”的方式去探索自己的“重大的基本问题”即“思维和存在的关系问题”。这表现了哲学与人类把握世界的另一种基本方式——科学——的密切关系。正是这种密切关系，使哲学在自己的历史演进中，愈来愈获得了区别于宗教的特殊性质，并成为人类把握世界的一种特殊的文化样式——哲学。

人类的理论思维起源于对幻化的神话思维的超越，并形成于对经验的常识思维方式的超越。正是在对神话的思维方式和常识的思维方式的双重超越中，形成了人类理论思维的两种基本方式——哲学和科学；而在相当长的时期内，科学还以未分化的形式蕴含在哲学母体之中，以至于人们往往在“科学”的意义上去看待“哲学”，也在“哲学”的意义上去理解“科学”。

人类理论思维的形成过程，首先是逻辑思维的形成过程，即形式逻辑的形成过程。这是因为，人的认识由幻化的思维方式和常识的思维方式进展为理论思维方式，就是由对认识对象的幻化的或经验的把握，进展为对认识对象的超越经验的逻辑把握。思维的逻辑化，或者说，思维的合乎逻辑，是理论思维的首要前提。而思维的逻辑化，则是源于思维“解释”世界的需求。科学和哲学是作为对世界的“理论解释”而产生的，因而它们最初表现为同一种形式即关于世界的“物理思辨”。这种力求在单一的或统一的解释原理中来概括整个自然界的尝试，逐步地使人们相信，世界在其本性上是可以理解的，是可以被“科学”地解释的。理性，在人类把握世界的科学方式和哲学方式中，获得了理论的思维方式，也形成了特定的文化样式。这样就构成了人类把握世界的宗教方式与哲学方式在“纵向”关系中的分化。由此我们可以看到，在对哲学与宗教的“纵向”关系的理解中，引进人类把握世界的另一种基本方式——科学——是极为重要的。由此我们还可以看到，在对“哲学”的理解中，不能孤立地从某种二元关系（哲学与宗教或哲学与科学）出发，而必须从哲学与人类把握世界的各种基本方式的复杂关系出发去理解哲学。

二 哲学与宗教的“同时态”关系

作为两种文化现象的哲学与宗教，是理解和解释人与世界关系的两种不同性质的“世界观”。这集中地体现了哲学与宗教的“同时态”或者说“横向”关系。

哲学和宗教，都是人对自然界的依赖与掌握的双向适应关系的表现方式，但却是两种不同的表现方式。由于人要依赖自然界才能生活，因而人对自然界有依赖性；同时，人对自然界的依赖，又是通过人对自然界的掌握来实现的；因此，人对自然界的依赖与掌握的双向适应关系，就构成了作为世界观的哲学和宗教的基本内容。宗教的本质特征，在于对神的信仰。当人们感到对自然界异己的力量不能掌握并因而无法依赖时，便会转向对超自然的宗教世界的信仰和依赖。这正如马克思所说，宗教是那些还没有获得自己或是再度丧失了自己的人的自我意识和自我感觉。与宗教不同，作为理论思维的哲学，在其历史演变的过程中，越来越“理性”地、“现实”地理解人对自然界的依赖与掌握的双向适应关系。在马克思主义哲学中，更是“从现实的人及其历史发展”出发，为人们提供了实践唯物主义的世界观。

在对哲学和宗教这两种世界观的理解中，我们还必须看到，就哲学与宗教的文化价值说，它们都是人类所创造的“意义世界”，都表现了人对生命意义的寻求。人无法忍受自己只是浩渺宇宙中的匆匆过客式的存在，更无法忍受自己只能是无声无息、一了百了地死去。生命的无所归依的毁灭，是无法接受的，也是无法忍受的。于是，在神话的意义世界中，生命活动具有了宇宙事件的意义，生命消逝具有了灵魂转移的再生的意义。宗教，它以“神”的形象使人的存在获得“神圣”的意义。宗教中的神圣形象，把各种各样的力量统一为至高无上的力量，把各种各样的智能统一为洞察一切的智能，把各种各样的情感统一为至大无外的情感，把各种各样的价值统一为至善至美的价值。这样，宗教中的神圣形象，就成为一切力量的源泉，一切智能的根据，一切情感的标准，一切价值的尺度，人从这种异在的神圣形象中获得存在的根本意义。

人创造了宗教，是为了从宗教中获得存在的神圣的意义。然而，对人来说，宗教的神圣意义，却恰恰表明了人的悖论性存在：生活的意义来源于宗教的神圣意义，这意味着人把自己的本质力量异化给了宗教的神圣形象，是人还没有获得自己或再度丧失了自己的自我感觉和自我意识；消解掉宗教的神圣意义，这意味着生活本身不再具有神圣的意义，生活失落了规范和裁判自己的最高的根据、标准和尺度。如果存在宗教的神圣意义，人的生活就具有宗教赋予的神圣意义；如果不存在宗教的神圣意义，人就是宇宙中的匆匆过客，死亡就是不可再生的永逝。意识到神圣形象的存在，会感受到人的全部思想和行为都被一种洞察一切的力量监视，因此生活变得“不堪忍受之重”；意识到神圣形象的消逝，会感受到人的一切思想与行为都只不过是自己在思想和行为，因此生活变得“不能承受之轻”。这就是人在宗教世界中所感受的和承受的不可解脱的“矛盾”。

超越人在宗教世界中所承受的这种“矛盾”，就必须超越对人的生活意义的单一的宗教理解，而诉诸人的多种文化样式所创建的丰富多彩的意义世界。人的意义世界，在“同时态”上表现为人类把握世界方式的多样性、人类文化形式的多样性，以及这种多样性的统一性。神话的世界、宗教的世界、常识的世界、艺术的世界、伦理的世界、科学的世界、哲学的世界，构成了五彩缤纷的人的意义世界。各种文化形式作为“同一主旋律的多重变奏”，就如同赤橙黄绿青蓝紫合成的阳光，又构成统一的意义世界。哲学作为人类把握世界的一种基本方式，它的特殊作用和独特价值，在于它是“意义”的“普照光”。

任何时代的生活世界的“意义”，都是人类以其把握世界的全部方式创造出来的。然而，这种创造活动的结晶——生活世界的“意义”——却像经过三棱镜的太阳光，被这些不同的方式分解为赤、橙、黄、绿、青、蓝、紫的“七色光谱”，“意义”的“普照光”反而黯然失色了。哲学的巨大的生活价值，首先就在于它把人类以各种方式所创造的“意义”“聚焦”为照亮人的生活世界的“普照光”。作为文化哲学家的恩斯特·卡西尔，曾经深刻地指出，我们全神贯注于对种种特殊现象的丰富性和多样性的研究，欣赏着人类本身的千姿百态。但是哲学的分析给自己提出的是一个不同的任务。它的出发点和它的工作前提体现在这种信念上：各种各样表面上四散开的射线都可以被聚拢来并且引向一个共同的焦点。他还具体地指出："它能使我们洞见这些人类活动各自的基本结构，同时又能使我们把这些活动理解为一个有机整体。语言、艺术、神话、宗教决不是互不相干的任意创造。它们是被一个共同的纽带结合在一起的。""在神话想象、宗教信条、语言形式、艺术作品的无限复杂化和多样化现象之中，哲学思维揭示出所有这些创造物据以联结在一起的一种普遍功能的统一性。神话、宗教、艺术、语言，甚至科学，现在都被看成是同一主旋律的众多变奏，而哲学的任务正是要使这种主旋律成为听得出的和听得懂的"①。

三　哲学与宗教的联系与区别

哲学与宗教的"历时态"关系和"同时态"关系表明，二者之间既具有复杂的联系，又具有显著的区别。分析这些联系与区别，既有助于厘清哲学与宗教的关系，也直接地有助于对哲学本身的理解。

哲学与宗教的密切联系，首先是表现在哲学脱胎于宗教，哲学的最初萌芽包含在宗教之中，探寻哲学就不能不追溯它与宗教的渊源关系。其次，哲学和宗教作为意识形态，都是以间接的和抽象的方式表现着经济基础的要求。再次，从哲学与宗教的历史演进过程看，哲学不仅脱胎于宗教，而且曾为宗教服务并纳入宗教之中，并且始终受到宗教的重大影响。最为重要的是，哲学与宗教都是理解和解释人与世界关系的"世界观"，人们在对宇宙、历史、人生的总体思考中，总是或者诉诸宗教，或者诉诸哲学，并且往往是在哲学与宗教的冲突中而形成自己的世界观、历史观、人生观和价值观。

哲学与宗教的主要区别，首先是直接地表现在哲学只是一种观念的上层建筑，即只是一种意识形态，而宗教则不仅仅是一种观念的上层建筑，而且是一种体制的上层建筑，它不仅包括各种教条、教规、仪式等构成要素，而且包括具有约束权力的宗教机构和具有权威性的专职宗教领袖的组织形式。其次，哲学与宗教是以不同的方式发挥其世界观功能。作为理论思维的哲学，主要是通过抽象思维的逻辑力量来表现它对人与世界关系的理解，而宗教则不仅诉诸抽象的理论，

---

① ［德］卡西尔：《人论》，87、91页，上海，上海译文出版社，1985。

而且借助于各种直观的表象和艺术性的再现。再次，宗教总是其以“通俗逻辑”而渗透和影响到社会的各个阶层，而作为理论思维的哲学则需要自觉地学习，因而它的影响力总是受到人们的文化水平的制约。哲学与宗教的最大区别，在于宗教的本质是对神的信仰，而哲学的本质则在于它的批判性的理性思考。由于宗教是对神的信仰，所以它诉诸盲目的信从和情感的狂热，以达到对神的依赖。由于哲学是批判性的理性思考，所以它诉诸人与世界的现实关系。在西方的近代哲学中，就形成了“先理性而后信仰、先自我而后上帝”的哲学批判精神。在马克思主义哲学中，则把哲学的思考更为鲜明地聚焦于“现实的人及其历史发展”。早在19世纪40年代，马克思在《〈黑格尔法哲学批判〉导言》中就明确地提出，反宗教的斗争间接地也就是反对以宗教为精神慰藉的那个世界的斗争，因此，彼岸世界的真理消逝以后，历史的任务就是确立此岸世界的真理。人的自我异化的神圣形象被揭穿以后，揭露非神圣形象中的自我异化，就成了为历史服务的哲学的迫切任务。于是对天国的批判就变成对尘世的批判，对宗教的批判就变成对法的批判，对神学的批判就变成对政治的批判。

当然，从人类文化的角度看，虽然宗教世界是虚幻的，但宗教信徒对宗教世界的虔诚信仰却是一种真实的心理状态。“人们通过对宗教世界的信仰所表现出来的对宗教世界的依赖，虽然不会产生人对自然界的依赖所具有的现实内容，却是人依赖和掌握自然界的一种迂回的方式，因而也迂回地反映了人对真善美相统一的理想境界的追求”。“从人与自然界的关系的角度来说，宗教虽然具有超自然的性质，却也是人对自然界的一种通过虚构想象所表现出来的加工。这种加工当然是一种神化，但实际上是在想象中升华了的人化。如果人本身是一种绝对的不依赖于自然界的独立存在物，因而根本没有对自然界的关系，也就不会有宗教。但在这种情况下，人本身就成为神了。宗教作为人的一种意识形式，同人的心理上的依赖感是密切相关的。而人在心理上的依赖感，又首先来源于人对自然界的依赖性。所以宗教也以虚假的形式反映了人与自然界的本质的统一。”① 正因如此，迄今为止的哲学与宗教仍然具有错综复杂的矛盾关系，我们需要在对这些矛盾关系的深入思考中去真切地理解哲学。

① 夏甄陶：《自然与文化》，载《中国社会科学》，1999（5）。

第四章
哲学与艺术

人是寻求意义的存在，人无法忍受无意义的生活。人创造了宗教，是为了从宗教中获得存在的神圣意义。然而，由于人在宗教中把自己的本质异化给了神的存在，结果人又在宗教中造成了自身存在意义的失落。这就是人所创造的宗教的意义世界的悖论。而人之所以能够超越这种生存意义的悖论，是由于人类以各种各样的基本方式去把握世界，从而为自己提供了多重的文化意义世界。哲学作为人类存在意义的“普照光”，它与人类把握世界的各种方式及其所创造的多重文化意义世界发生复杂的密切联系。哲学与艺术的关系，就是最值得人们沉思和探索的这种复杂关系中的一种。通过对哲学与艺术的关系进行这种沉思和探索，会使我们拓宽理解哲学的视野。

一　艺术的审美世界与哲学对美的追问

关于艺术的起源与本质，有种种不同的观点，其中影响广泛与深远的有“摹仿说”、“想象说”、“显现说”、“表现说”、“象征说”、“存在说”、“反映说”等等。“摹仿说”认为艺术是对自然的摹仿；“想象说”认为艺术是人的想象力的产物；“显现说”认为艺术是对理念的感性显现；“表现说”认为艺术是情感的对象化存在；“象征说”认为艺术是苦闷的宣泄；“存在说”认为艺术是人诗意地生活的方式；“反映说”认为艺术是以感性形式的塑造来反映生活……。但是，不管对艺术有多少不同的理解，艺术总是为人类展现了一个审美的世界，一个表现人的感觉深度的世界，一个深化了人的感觉与体验的世界。在艺术世界中，情感体验本身获得了自足的意义。艺术使个人的感受条理化，使个人的体验和谐化，它调整和升华了人的感受与体验。艺术又使人的情感对象化、明朗化，在想象的真实中获得真实的想象。在艺术的世界中，人的生活获得了美的意义与价值。而正是对“美”的追问，构成了哲学与艺术的密切联系。

“美”是什么？这是把“美”作为主词而进行的哲学追问。在哲学发展史上，古今中外的哲人总是像追问“真”和“善”一样，特别关注对“美”的追问。而他们对“美”的追问，又总是突出地诉诸对“艺术美”的追问。在西方哲学史上，从古希腊的柏拉图、亚里士多德到德国古典哲学的康德、黑格尔，从马克思主义哲学的创始人马克思、恩格斯到拉法格、卢卡奇，从现代西方哲学的海德格尔和伽达默尔到所谓“后现代主义”的德里达、福克和罗蒂，无不对“美”表现出极大的哲学关注。同样，在中国哲学史上，从先秦诸子到近现代的哲学大师，或具有艺术气质、或探寻美的问题，总是致力于对“天人合一”、“情景合一”、“知行合一”的真善美的统一的寻求。柏拉图曾提出“美”是对“美的理念”的“分有”，康德提出“美”是“善”的象征，黑格尔提出，“美”是具体化的“理念”，叔本华认为“美”是“意志”的客体化，弗洛伊德提出“美”是“性”的升华，克罗齐提出“美”是“直觉”的成功，车尔尼雪夫斯基提出“美”就是“生活”……。美的本质、美的存在、美的发现与创造，构成了以“美”为聚焦点的哲学问题，也构成了哲学家对艺术所创造的审美世界的追问。

艺术世界是美的世界，艺术创造是美的创造。艺术直接地、鲜明地、集中地体现着人是按照美的规律来塑造的，艺术确证着人类心灵的复杂性、丰富性和创造性，确证着人与世界之间的丰富多彩的矛盾关系。哲学对艺术的审美世界的追问，从根本上说，是哲学对人的存在方式的追问，是哲学对人与世界的相互关系的追问。艺术是作为人类把握世界的一种基本方式及其所体现的人与世界的相互关系而成为哲学反思的对象。艺术美不仅是人的创造性的结晶，而且它本身就是生命活动的体现。美学家苏珊·朗格曾对艺术美作出这样的阐释："你愈是深入地研究艺术品的结构，你就会愈加清楚地发现艺术结构与生命结构的相似之处"①。她还具体地指出，"这里所说的生命结构包括着从低级生物的生命结构到人类情感和人类本性这样一些高级复杂的生命结构（情感和人性正是那些最高级的艺术所传达的意义）"。"正是由于这两种结构之间的相似性，才使得一幅画、一支歌或一首诗与一件普通的事物区别——使它们看上去像是一种生命的形式；使它们看上去像是创造出来的，而不是用机械的方法制造出来的；使它们的表现意义看上去像是直接包含在艺术品之中（这个意义就是我们自己的感性存在，也就是现实存在）"②。对此，我国现代美学家宗白华也认为，艺术的"节奏"、"旋律"、"和谐"等等，它们是离不开生命的表现的，"它们不是死的机械的空洞的，而是具有丰富的内容，有表现、有深刻意义的具体形象"③。

艺术美的根基，在于艺术本身是"生命的形式"。艺术把人们带入美的境界，是因为表现了充满创造活力的生命。齐白石的"虾"不能在江海中嬉戏，徐悲鸿的"马"不能在草原上奔驰；然而，人们却在这"虾"或"马"中感受到了生命的活动与创造，体验到了强烈的艺术创造的生命之美。艺术，只有显示生命的欢乐与悲哀，生命的渴望与追求，生命的活力与创造，才有艺术之美；欣赏艺术作品，只有体验到生命的广大与深邃，生命的空灵与充实，才能进入艺术的世界，才能以艺术滋润生命，涵盖生命，激发生命的创造，创造美的生活；哲学，只有把艺术当做"生命的形式"，揭示艺术创造所蕴含的人性的奥秘，进而阐发艺术所体现的人与世界之间的丰富关系，才是真正地把艺术作为哲学反思的对象。

二 人类把握世界的哲学方式与艺术方式

艺术是生命创造活动的形象体现，而哲学则是对艺术的审美世界所蕴含的人

① ［美］苏珊·朗格：《艺术问题》，55 页，北京，中国社会科学出版社，1983。

② 同上书，55 页。

③ 宗白华：《美学散步》，15 页，上海，上海人民出版社，1981。

性以及人与世界相互关系的追问。这体现了人类把握世界的哲学方式与艺术方式的各自特性。

哲学是人类把握世界的“理论方式”，艺术是人类把握世界的“审美方式”。它们作为人类创造能力的特殊表现，哲学以理论方式为人类创造概念的世界，艺术则以审美的方式为人类创造形象的世界。文学家雨果有一名言：科学——这是我们，艺术——是我。科学所要表述的是不以人的意志为转移的客观规律，它所表述的真理性认识需要取得人们的共识，因而是“我们”；艺术所要表达的是个体感受到的强烈的审美体验，它所表达的审美体验需要具有鲜明的个性，因而是“我”。科学和哲学是人类把握世界的两种理论思维方式，当然也可以被理解成“我们”，并与作为“我”而存在的艺术相区别。

作为“我”的艺术，是以艺术形象的方式而成为人类把握世界的一种特殊方式。理论要通过逻辑论证来“以理服人”，艺术则要通过艺术形象来“以情感人”。艺术形象以其所具有的审美意义来激发人们的美感，因而艺术形象必须具有艺术美的典型性、理想性和普遍性，也就是“艺术性”。作为“我们”的理论，是以概念的逻辑体系去表述世界的运动规律，它需要以逻辑论证的方式去阐述事物的普遍性、必然性和规律性，这就是理论的“逻辑性”。

然而，作为“我们”的理论与作为“我”的艺术并不是截然分开的。事实上，人类把握世界的两种方式——理论方式和艺术方式——都是“我”与“我们”的对立统一。在理论活动中，“我们”是“画内音”，而“我”则是“画外音”，即：理论以“我们”的声音发言，而作为理论家个体的“我”则致力于追求某种具有“一致性”、“客观性”的“我们”的共同声音；与此相反，在艺术活动中，“我”是“画内音”，而“我们”则是“画外音”，即：艺术以“我”的声音发言，而艺术所表达的“我们”共同的情感与意愿则蕴含于“我”的艺术表现之中。这表明，表述“我们”的理论离不开“我”的“发现”，表达“我”的艺术也离不开对“我们”的“表现”。伟大的科学家爱因斯坦曾经指出，这个世界可以由乐谱组成，也可以由数学公式组成。人类把握世界的全部方式都是为了实现人对世界的把握，而人对世界的任何一种把握方式都必须通过一个个的“我”来实现。因此，对于“我”与“我们”的关系、“理论”与“艺术”的关系，都应予以辩证的理解。

在对哲学的理解中，尤为重要的是，哲学不仅区别于艺术，而且区别于科学，因此，哲学的理论方式表现了“我”与“我们”之间的更为复杂的关系。如果借用“科学是我们”而“艺术是我”的说法，那么，我们可以说“哲学”是直接地表现了“我”与“我们”的统一，即任何真正的哲学，都是以时代性的内容、民族性的形式和个体性的风格去求索人类性的问题。哲学是经由哲学家思维着的头脑创造出来的，它体现着哲学家对世界、历史、人生、自我的独到的体验和独特的理解，“无我”的哲学是不存在的。由于哲学家所求索的是关于人与世界、人与历史、人与社会、人与他人、人与自我的人类性问题，离开“我们”的哲学也是不存在的。

哲学中所实现的“我”与“我们”的统一，不仅仅是作为“我”的哲学家与作为“我们”的理论内容的统一，而且更为重要的是达到“是”与“应当”的统一，“合规律性”与“合目的性”的统一，也就是“真善美”的统一。以真善美的统一为旨趣的哲学，既不是单纯地求“真”，又不是单纯地求“善”，也不是单纯地求“美”，因而它区别于人类把握世界的科学方式、伦理方式和艺术方式。哲学是以哲学家的强烈的自我意识去表征各个时代的人类自我意识。

现代西方学者曾从语言的基本职能出发去区分科学与艺术，提出“科学”是以语言的“表述”职能去描述和解释经验世界，而“艺术”则是以语言的“表达”职能去表现人的情感和意愿。“科学”所“表述”的是可以被验证的经验事实，当然能够取得“我们”的共识，“艺术”所“表达”的是个体的情感和意愿，当然与“我”的感受和体验密切相关。这样的解释，对于我们区分人类把握世界的不同方式，是具有启发性的。然而，有的学者却因此而向哲学发难：如果哲学要充当语言的“表述”职能，就应当像“科学”那样去陈述经验事实；如果哲学要充当语言的“表达”职能，就应当像“艺术”那样去表现人的情感或意愿；如果哲学既不是“表述”事实也不是“表达”情感，那么就应当取消传统意义的哲学，而使哲学成为“科学化”的科学或“拟文学化”的艺术。

应当说，对哲学的这种发难，有助于我们深切地思考“哲学究竟是什么”，并通过对人类把握世界各种方式的比较研究，来达到对哲学的切实的、真实的理解。

三　艺术的哲学意蕴与哲学的艺术旨趣

一部发人深省的小说，或一首震撼心灵的诗歌，人们常常称赞其富于“哲理”；而对于一位独具匠心的艺术家，或一位妙语连篇的文学家，人们又常常称赞其具有“哲学”头脑。这似乎是说，“哲理”是艺术的深层底蕴，“哲学”是艺术家的深层教养。有人说，对于文学家和艺术家来说，必须向“哲学”要“发现”，向“文学”要“表现”。艺术不是简单地反映世界，而是反映艺术家眼里的世界。文艺创作所反映的现实并不是现实世界的自然状态，而是心灵化的现实。在艺术中，感性的东西是经过心灵化的，而心灵的东西也借感性化而显现出来。在文艺创作中，心灵的现实化和现实的心灵化一直在交错进行。艺术家的“心灵”状态与艺术品的“艺术性”、“思想性”是密不可分的。

我国有的学者曾针对当前文学界的状况提出，“深刻的哲学背景和世界文学背景是文学的深厚依托，有没有深刻的形而上的哲学思考和人类高度的精神背景，是区别‘名家’和‘大家’的标志，没有这种背景和依托，文学永远只能作低空飞行，而不能实现真正的飞翔”①。古人说，“石蕴玉而山辉，水怀珠而川媚”。哲学是使艺术“辉”与“媚”的深厚底蕴。

在对哲学与艺术相互关系的理解中，我们还应看到，求索真善美的哲学，需要创造审美意义世界的艺术旨趣。“美”是“是”与“应当”的统一、“合规律性”与“合目的性”的统一、“真”与“善”的统一，“美”的境界是人类所追求的自由的境界。按照“美”的规律去塑造，这才是人的生活。

关于真善美的关系，许多哲学家都作过深入的探讨。当代法国美学家米盖尔·杜夫海纳在他的《美学与哲学》中，曾分别地谈论康德和黑格尔对真善美关系的理解。杜夫海纳认为，康德是把美视为善的象征。美不告诉我们善是什么，因为，作为绝对的善只能被实现，不能被设想。但是，美可以向我们暗示。而且美特别指出：我们能够实现善，因为审美愉快所固有的无利害性就是我们道德使命的标志，审美情感表示和准备了道德情感。关于黑格尔对真善美的看法，杜夫海纳认为，“在黑格尔的思想中，不再有美的理念，他认为，美就是理念自身，是具体化了的理念”，是“在感性形式下的真理本身”。这样，“哲学不得不辛辛苦苦才能获得的这个真理，在审美经验中却几乎是直接地被提供了出来：理念在其中是以感性形式呈现出来的”②。

在当代，“诗化哲学”正在成为哲学关注和讨论的一个焦点。不管人们对哲学的“诗化”或“诗化哲学”持有怎样不同的理解，并持有怎样不同的态度，但有一点是无可争议的，这就是：以理想性为特征的哲学，它表现的是对人的完美社会的诗性向往。李大钊说，哲学者，笼统地说，就是论理想的东西。哲学是创造人生意义的智慧，是创造社会理想的智慧，它以自己对社会、人生的诗意体验和诗意向往去塑造和引导新时代的时代精神。

---

① 余平：《文学，还有人爱你吗?》，载《新华文摘》，1999（9）。

② ［法］米盖尔·杜夫海纳：《美学与哲学》，16页，北京，中国社会科学出版社，1985。

哲学作为人类心灵的最深层的伟大创造，它不是冷冰冰的逻辑，不是超然世外的玄想。它要为人类提供生活的理想，并促进世界成为人所理想的世界。对人类进步的关注，对人类命运的沉思，对人类未来的憧憬，对人类理想的追求，这应该是哲学的内在的艺术旨趣——把世界变成“美”的世界。

四　时代的敏感的神经与时代精神的精华

在谈论哲学的时候，人们经常引证马克思的一句名言：任何真正的哲学都是“自己时代精神的精华”；在思考文艺的时候，人们则深切地感受到文学艺术是“时代的敏感的神经”。正是在表现“时代精神”的聚焦点上，更为深层地体现了哲学与艺术的密切关系。

哲学之所以能够成为“时代精神的精华”，是因为任何一种真正的哲学理论，都凝聚着哲学家所捕捉到的该时代人类对人与世界相互关系的自我意识，都贯穿着哲学家用以说明人与世界相互关系的独特的解释原则和概念框架，都熔铸着哲学家用以观照人与世界相互关系的价值观念、审美意识和终极关怀。

每个时代的哲学精神，既是“聚焦”人类把握世界的各种方式所创造的具有时代内涵的生活世界的“意义”的“普照光”，又是对该时代的普遍性的、倾向性的“意义”的个体自我意识的理论升华。哲学最为集中地、最为深刻地、最为强烈地表现了每个时代的时代精神，因而成为“时代精神的精华”。

每个时代的时代精神，都是人类把握世界的各种基本方式在该时代所创造的意义世界的结晶。而在每个时代的意义世界中，文学艺术又总是该时代的敏感的神经；因此，寻求真善美的哲学，总是与自己时代的科学和艺术血肉相连的。

法国学者科尔纽在《马克思的思想起源》中，把德国古典哲学家费希特、谢林和黑格尔称做“浪漫唯心主义哲学家”，并且认为“德国浪漫唯心主义哲学”是从德国伟大诗人歌德开始的。他提出，歌德的这种新的充满活力的、有机的世界观，为浪漫主义通过把基本现实归结为精神而力图实现精神和物质、人和世界的统一开辟了道路。

我国现代哲学家贺麟在《黑格尔的时代》一文中，也专门地论述了黑格尔与歌德、席勒的关系。贺麟说，德国的文学和哲学是互为补充的。它们是同一时代精神的不同方式的体现。当时德国的文学家借助于形象思维的语言所描绘的情景和理想，哲学家们则用抽象思维的逻辑语言加以系统地论证。因此，单是了解德国的文学而不了解德国的哲学，就会陷于直观性，缺乏理论的彻底性。反过来，单是了解德国的哲学，而不了解德国的文学，就会看不见德国抽象的哲学理论中所反映的德国文学中的诗的、形象的、热烈的、感人的具体内容。

当代著名小说家米兰·昆德拉在《生命中不能承受之轻》中曾经提出，评价一个时代精神不能光从思想和理论概念着手，必须考虑到那个时代的艺术，特别是小说艺术。19 世纪蒸汽机车问世时，黑格尔坚信他已经掌握了世界历史的精神，但是福楼拜却在大谈人类的愚昧。我认为这是 19 世纪思想界最伟大的创见。

关于哲学与艺术在体现时代精神中的作用，恩格斯和列宁的论述是更为深刻的。他们分别以巴尔扎克和托尔斯泰为例，阐述了文学艺术作为时代的敏感的神经的重大意义。

在关于文学的“现实主义”的通信中，恩格斯说，巴尔扎克……是比过去、现在和未来的一切左拉都要伟大得多的现实主义大师，他在《人间喜剧》里给我们提供了一部法国“社会”特别是巴黎“上流社会”的卓越的现实主义历史，……在这幅中心图画的四周，他汇集了法国社会的全部历史，我从这里，甚至在经济细节方面（如革命以后动产和不动产的重新分配）所学到的东西，要比从当时所有职业的历史学家、经济学家和统计学家那里学到的全部东西还要多。……巴尔扎克不得不违反自己的阶级同情和政治偏见；他看到了他心爱的贵族们灭亡的必然性，从而把他们描写成不配有更好命运的人；他在当时惟一能找到未来的真正的人的地方看到了这样的人，——这一切我认为是现实主义的最伟大胜利之一，是老巴尔扎克最重大的特点之一。

在评论列夫·托尔斯泰的时候，列宁提出，托尔斯泰主要是属于 1861 年至 1904 年这个时代的；他作为艺术家，同时也作为思想家和说教者，在自己的作品里惊人地、突出地体现了整个第一次俄国革命的历史特点，它的力量和它的弱点。作为伟大的作家，他是俄国千百万农民在俄国资产阶级革命快到来的时候的思想和情绪的表现者。

人类以自己的把握世界的全部方式去创造对人来说是真善美相统一的世界。我们应当从人类的创造活动出发去理解哲学与艺术及其相互关系，并从而达到对哲学的特殊价值的理解。

第五章 哲学与常识

常识是人类把握世界的最基本和最普遍的方式，是包括哲学在内的其他各种方式得以形成和发展的坚实基础。正因如此，人们往往习惯性地以常识方式去理解和解释包括哲学在内的其他各种方式，以至于把“哲学”当做常识的延伸和变形，即把“哲学”变成某种冠以哲学名词的常识。这是对哲学的最具普遍性的也是最为严重的误解。这种误解的后果在于，人们不是用“哲学”去化“常识”，即不是把人们的思维从常识上升为哲学，而是用“常识”去化“哲学”，即把哲学变成了依附于经验的常识。因此，在对哲学的追问与理解中，应当特别地提出和探索哲学与常识的关系问题。

常识的本质特性在于其经验性。常识来源于经验，符合于经验，适用于经验，但其自身无法超越于经验。常识的世界图景，是以人们的经验的普遍性和共同性为中介而构成的世界图景；常识的思维方式，是以经验的确定性为基础而形成的非此即彼的思维方式；常识的价值规范，是以共同经验所形成的普遍信念来规范人们的思想与行为。常识对人类的生存与发展具有最重要的生活价值，但又总是由于其习惯性的惰性而成为哲学批判性反思的对象。

哲学与常识的区别，主要表现在四个方面：常识的经验性与哲学的超验性；常识的表象性与哲学的概念性；常识的有限性与哲学的无限性；常识的非批判性与哲学的批判性。厘清哲学与常识的关系，是真切地进入哲学思考的最重要的理论前提。

一　常识的世界图景、思维方式和价值规范

常识就是普通、平常但又持久、经常起作用的知识。它是人类世世代代的经验的产物，是人类在最实际的水平上和最广泛的基础上对人类生存的自然环境、社会环境和一般文化环境的适应。人类的常识犹如动物的保护色，是人类生存的一种重要手段，对人类的生存具有重要价值。

常识是每个健全的正常人普遍认同的，人人都在生活经验中分享常识、体验常识、重复常识和贡献新的常识。在常识概念框架中，人们的经验世界得到最广泛的相互理解，人们的思想感情得到最普遍的相互沟通，人们的行为方式得到最直接的相互协调，人们的内心世界得到最便捷的自我认同。常识是人类把握世界和自我及其相互关系的最具普遍性的基本方式。

常识的最本质的特性，就是它的经验性。来源于经验，符合于经验，适用于经验，一言以蔽之，对经验的依附性，是常识的实质。因此，常识概念总是依附于经验表象，并围绕着经验表象旋转，由此而形成的常识的世界图景，就是经验的世界图景。

常识的世界图景

常识的世界图景，是以人们的经验的普遍性为中介的世界图景。就是说，常识的世界图景是由人们的共同经验构成的。在“共同经验”中，人们形成了共同的“世界图景”。这种“共同经验”的“世界图景”，具有直观性或给予性、凝固性或非批判性等特征。

首先，由“共同经验”构成的常识的世界图景，具有显著的直观性或给予性。人们以常识去观察、描述和解释世界，其实质是以经验的普遍性去把握世界，去形成具有经验的共同性的世界图景。正是由于这种常识的世界图景以经验的共同性为实质内容，所以它符合于经验主体的直接经验，并适合于对这种直接经验的解释。由经验直观而形成的世界图景，又直观地呈现给经验的主体。对于

经验主体来说，这种直观的世界图景，又是直接地给予经验主体的。“世界”以经验的普遍性和共同性为内容而给予经验主体，经验主体又以经验的普遍性和共同性为中介而直观“世界”的存在。在“世界”、“主体”和“经验”的三者关系中，“经验”既是构成主体的世界图景的中介，又是“世界”在主体的表象和思想中的“图景”，因此，经验的普遍性与共同性，是常识的世界图景的构成中介与实质内容的统一。经验主体就是在常识概念与经验直观的统一中达到对经验世界的自我理解，以及经验主体之间的相互理解，由此便构成了人们的常识的世界图景。

其次，由“共同经验”构成的常识的世界图景，又具有显著的凝固性或非批判性。在常识自身的延续与积累的意义上，由常识构成的世界图景，总是不可逃避地依附于经验的共同性，因而无法超越经验而构成具有科学意义的世界图景。这种常识的世界图景以其经验的给予性和直接性为前提，而表现为经验的延续性和非批判性。

常识的世界图景以共同经验的历史性遗传为中介，而实现其世世代代的延续，因此它在本质上是一个僵化的、凝固的世界图景，即永远是共同经验的世界图景。作为经验个体来说，以分享常识为基础而构成的经验世界图景，由于概念对经验表象的依附性，概念总是围绕不断流变的表象旋转，概念自身只不过是表述经验的名称，因此常识的世界图景总是一个混沌的整体。更为重要的是，由于常识概念依附于经验表象，超越经验即是对常识的挑战，所以常识自身是非批判的和非反思的，由常识所构成的经验的世界图景也是非批判的和非反思的。

常识的思维方式

常识的世界图景是同常识的思维方式密不可分的。常识的思维方式，就是形成于人们的日常生活、又适用于人们的日常生活的思维方式，常识的世界图景就是由常识的思维方式所构成的世界图景。

在日常生活中，人们经常的提问方式是：“有”还是“没有”？“是”还是“不是”？“真的”还是“假的”？“对的”还是“错的”？“美的”还是“丑的”？“善的”还是“恶的”？“好的”还是“坏的”？如此等等。与这种提问方式相对应，人们的经常的回答方式是：“有”或者“没有”；“是”或者“不是”；“真的”或者“假的”；“对的”或者“错的”；“美的”或者“丑的”；“善的”或者“恶的”；“好的”或者“坏的”；如此等等。如果我们分析一下日常生活中的提问方式和回答方式，就会发现，在我们的这种提问方式和回答方式中隐含着一个思维公式：要么P，要么Q。这个思维公式表达了一种非此即彼、两极对立、互不相容的思维公式。这就是以日常生活为基础的常识的思维方式。

人们的日常生活，是一种依据“共同经验”的生活，也是一种遵循“共同经验”的生活。在这种依据和遵循“共同经验”的日常生活中，“共同经验”是把人与世界联系起来、统一起来的“中介”。在这种以“共同经验”为中介的人与世界的关系中，人作为既定的经验主体，以“直观”的方式把握世界；世界作为既定的经验客体，以“给予”的方式而呈现给认识的主体（人）。在这种“直观—给予”的主—客体关系中，主体的经验与经验的客体之间具有确定的、稳定的、一一对应的、非此即彼的经验关系。在这种经验关系中，人的“共同经验”是确定的，因此，它要求经验主体的思维必须保持非此即彼的确定性，首先是保持对“有”与“无”、“存在”与“非存在”、“真”与“假”、“是”与“非”、“善”与“恶”、“美”与“丑”等具有最大普遍性的对应范畴的非此即彼的断定。所以，在常识的思维方式中，白的就是白的，黑的就是黑的，男人就是男人，女人就是女人，太阳就是太阳，月亮就是月亮，有利就是有利，有害就是有害，美的就是美的，丑的就是丑的，一切都是泾渭分明、非此即彼的存在。“两极对立”，“非此即彼”，这是以日常生活为基础的常识思维方式的根本特性，也是人们经常谈到的“形而上学”的思维方式的本质特征。

作为思维方式的“形而上学”，是指一种以否认矛盾的观点看待世界的哲学理论，是指一种在“绝对不相容的对立中思维”的思维方式。马克思和恩格斯曾经深刻地阐述了形而上学思维方式的本质、特征和根源，恩格斯还具体地阐述了这种“形而上学”的思维方式与“常识”的关系。

恩格斯指出，所谓“形而上学”的思维方式，就是“在绝对不相容的对立中思维”。是就是，不是就不是；除此以外，都是鬼话，这就是形而上学的“思维公式”。那么，为什么这种形而上学的思维方式和“思维公式”会在人们的思维活动中占有牢固的地位？为什么人们常常是在“绝对不相容的对立中思维”？对于这个人们常常感到困惑的问题，恩格斯在《反杜林论》中作出了非常明确的回答：初看起来，这种思维方式对我们来说似乎是极为可取的，因为它是合乎所谓常识的。

人的生活，最基本的和最普遍的是“日常生活”。日常起居，日常劳作，日常交往，日常娱乐，构成了人们的最普通、最平常但又最基本、最普遍的“日常生活”。在“日常生活”中，在日常活动的范围内，“常识”是“极可尊敬的”。简单推论的常识可以满足人们日常活动中的形式逻辑推理；一般的生活常识可以作为技术格言和道德箴言，既满足日常活动中的处理各种事物的需要，又满足日常交往中的调节人际关系的需要；模糊的自然常识，在并非要求对自然现象作出精确解释的日常活动中，可以基本满足人的活动适应自然规律的需要；警世格言式的政治常识，使人们在日常活动中持有一种可以得到某种相互认同的对政治的评论、解释和期待，从而满足人们在日常活动中关注天下大事、体现人心向背的需要。而所有这些满足日常生活需要的“常识”，都是从世世代代的个体经验中积淀出来的“共同经验”。它适用于人们的“日常生活”，但却只能是适用于人们的日常生活。一旦超出人们的日常生活，“常识”以及常识的思维方式，就会遭到“最惊人的变故”。所以，要变革人们的常识的、形而上学的思维方式，即改变人们在“绝对不相容的对立中思维”的思维方式，首要的是拓宽、深化和转换人们的“活动范围”。一旦人们进入“广阔的研究领域”，就需要超越这种常识的、形而上学的思维方式。

常识的价值规范

我们还应看到，常识既具有描述和解释世界的功能，又具有约束和规范人们的思想和行为的功能即价值规范的功能。常识是作为世界图景、思维方式和价值规范三者的统一而存在的。它规范着人们的所思所想和所作所为。在人们的“日常生活”中，常识既是人们的思想和行为的根据，也是人们的思想和行为的限度。常识对人的思想和行为具有规定和否定的双重规范作用。

常识作为最普通、最平常但又最普遍、最持久的知识，它的规范作用也是最为普遍和持久的。正是在常识的价值规范中，人们的价值观念得到最广泛的相互理解，人们的价值标准得到最普遍的相互认同，人们的价值取向得到最深层的相互调整，人们的价值理想得到最持久的相互激励。因此，常识的价值规范是人们的日常生活的最坚实的根基，也就是人的存在方式的最深厚的根基。

常识，在最实际的水平上和最广泛的日常生活中，发挥其对人类维持自身存在的生活价值。它还以其独特的隐喻形式（如谚语、格言、箴言等等）而拓展和延伸其适用范围和使用价值。这样，常识的价值规范就以“文化传统”、“民族心理”等形式得以世代延续，并由此而构成人类的、民族的普遍性的价值规范。

常识的价值规范，正如常识的世界图景和常识的思维方式，同样是经验的普遍性的产物。在常识的价值观念中，人们的思想与行为的根据和标准、范围与限度，都是经验的普遍性。人们的所思所想、所作所为，直接受到常识的世界图景和常识的思维方式的制约，任何超越普遍经验的思想与行为，都是对常识价值规范的亵渎与挑战，都会被视为“荒诞不经”和“胡作非为”。经验性的价值观念，决定了常识价值规范的三大特性：一是它的狭隘性，即无法超越“共同经验”；二是它的保守性，即倾向于墨守既定的价值规范；三是它的极端性，即习惯于在两极对立的思维方式中进行价值判断。

常识的价值观念，从根本上说，是以常识的思维方式去进行价值判断。因此，在常识的价值判断中，总是习惯于“定性”地作出判断，而不是“定量”地进行分析；总是“孤立”地评价经验的具体对象，而不是“系统”地考察对象的诸种关系；总是着眼于“当下”的利弊得失，而不是着重于“长远”的根本利益；总是在“两极”的对立中进行判断，而不是以“中介”的观点去寻求“必要的张力”。在常识的两极对立、非此即彼的思维方式的制约下，常识的价值判断也具有两极性的特征。是非，好坏，善恶，美丑，福祸，荣辱，君子小人，崇高渺小，被常识的价值观念泾渭分明地断定成非此即彼的存在。在这种常识的价值规范中，人们的生活态度和行为方式，常常采取“要么……要么……”的价值取向，即：要么搞“理想主义”，要么搞“功利主义”；要么搞“集体主义”，要么搞“个人主义”；要么搞“利他主义”，要么搞“利己主义”；要么讲“无私奉献”，要么讲“赚钱发财”；要么是“整齐划一”，要么是“怎么都行”；要么说“莺歌燕舞”，要么说“糟糕透顶”；要么“众人皆醉惟我独醒”，要么“随其流而扬其波”；如此等等，不一而足。这表明，常识的价值规范和生活态度缺少辩证智慧的“张力”。简单化和绝对化，是常识价值规范的极端性的具体体现。

以上分析表明，常识的经验性决定了由常识构成的世界图景、思维方式和价值规范的经验性、表象性、有限性和非批判性。下面，我们通过具体地比较常识与哲学，来体会哲学的主要特性。

二　常识的经验性与哲学的超验性

常识来源于经验，适用于经验，但不能超越经验。对经验的依附性是常识的本质特性。与此相反，虽然哲学的最终来源也是人类实践活动中所积累起来的经验，并且在最终的意义上也要经由人类实践的检验而适用于经验，但哲学的本质特性之一，却正在于它的“超验”（超越经验）的特性。常识的经验性与哲学的超验性，从最深层上决定哲学不是常识的“延伸”或“变形”，而是对常识的“超越”。

哲学和科学是人类的理论思维的两种基本方式。在原始人那里，是以某种幻化的方式去把握世界，自然现象总是按照人的经验来设想，而人的经验又按照宇宙的事件来设想，因而总是以种种臆想的原因来“解释”人类的经验及其经验的对象。这意味着人类的理论思维及其基本方式（科学和哲学）尚未形成。人类理论思维方式的形成，是以系统化的概念体系去描述和解释经验世界为标志的。这种用以描述和解释世界的系统化的概念体系，它所表述的已不是既定的、直观的经验事实，而是用以解释经验事实的关于“本质”、“共性”、“规律”、“必然”的认识，即是一种关于“普遍必然性”的知识。这种“普遍必然性”的知识，是关于超越经验对象的、并用以解释经验对象的知识，因而是一种源于经验、但又超越经验的知识。哲学和科学作为人类理论思维的基本方式，都具有这种“超验”的特性。

对哲学来说，它的“超验”性还特别充分地表现在它的研究对象和研究方式上。人类思维概括和解释的对象，不仅包括具体的事物，而且包括整体的世界。哲学思维就是由寻求对世界的统一性解释而萌发和形成的。古代哲学就已经从寻求现实的因果关系而逐步地转向探寻世界的现象与本质的逻辑关系，从而把世界的统一性视为超越经验而为思维所把握的“本体”。这就是整个传统哲学的“形而上学”的本质，也是全部哲学的“超验”的特性。

哲学的“超验”的特性，更为深刻地表现在哲学的基本问题是“思维和存在的关系问题”。在常识思维中，“思维”作为经验内容，“存在”作为经验对象，二者的关系是确定的、对应的，是没有“问题”的。而在哲学思维中，却不仅是把“思维和存在的关系”当做“问题”来研究，而且是作为自己的“重大的基本的”问题来研究。这样，作为经验内容的“思维”和作为经验对象的“存在”，它们在常识中的确定的关系就成了“问题”。这个“问题”的实质，是哲学对经验的常识的“超越”。就是说，哲学不再像常识那样，在经验的层面上去看待“思维和存在的关系”，而是在超越经验的层面上去反思“思维和存在的关系”。在这种哲学的超验的反思中，“思维和存在的关系”成为研究的“问题”：经验的对象与经验的内容是何关系？经验的对象如何成为经验的内容？经验对象的现象与本质是何关系？人的认识如何把握经验对象的现象与本质？人的感性和理性与经验对象的现象与本质是何关系？人的感性所把握到的现象是真实的，还是人的理性所把握到的本质是真实的？如此等等，就是哲学在超验的反思中所提出和追究的问题。如果把哲学视为常识的“延伸”和“变形”，把哲学变成冠以某些哲学名词的常识，那么，作为哲学基本问题的“思维和存在的关系问题”就失去了它的哲学内涵，也就是把超验的哲学变成了经验的常识。

三　常识的表象性与哲学的概念性

常识对经验的依附性，集中地体现在常识思维的表象性；哲学的超验性，则显著地表现在哲学思维的概念性。

常识和哲学都需要以概念的方式来描述和解释世界；但是，概念在常识与哲学中的性质与功能却是迥然不同的。在常识思维中，概念是围绕表象旋转的，概念是以表象为转移的，概念是为表象服务的。而在哲学思维中，概念与表象的关系则颠倒过来，即：表象围绕概念旋转，表象以概念为转移，表象为概念服务。

常识中的概念，它的内涵与外延的统一，是“共同经验”与“经验对象”的统一，是“共同经验”依附于“经验对象”的统一。在这个意义上，常识中的概念只不过是区分表象的“名称”。例如，人们在常识中以“太阳”、“月亮”、“星星”等概念去描述经验的对象，在这种描述中，“太阳”等概念是围绕着作为人的经验表象的“太阳”旋转的；如果失去关于“太阳”的经验表象，“太阳”这个概念就变成了纯粹的“名称”。所以，列宁曾引证黑格尔的论述来说明表象和思想的关系：凡是没有思维和概念的对象，就是一个表象或者甚至只是一个名称；只有在思维和概念的规定中，对象才是它本来的那样。

在概念围绕表象旋转的常识思维中，人们既可以形成“朴素的”唯物论——肯定经验对象独立于人的意识之外，并不依人的意识为转移；也可以形成“朴素的”辩证法——肯定经验对象的流变（运动），并肯定经验对象之间的联系。但是，这种常识思维的“朴素的”唯物论和辩证法，既无法驳倒哲学唯心主义，也不可能真正地达到辩证思维。这是因为，人类的认识活动存在一个难以解决的悖论：如果人的认识全部来源于经验，那么，要问在经验之外还有没有某种不依赖于经验而独立存在的东西，便只能是请教于经验；然而，经验却在这里沉默了，而且它也不得不沉默，因为经验无法回答超越经验的问题。如果把这个问题讲得更明白些，就是：既然我们是通过自己的认识而知道外部世界的存在，那么如果我们断言外部世界先于我们的认识而独立存在，那就等于承认有一种先于认识的认识，也就是陷入了先验主义的独断论；然而，如果我们满足于“通过认识才知道外部世界的存在”，那又等于我们陷入了“存在就是被感知”的主观唯心主义。[①]这表明，以常识思维为基础的“朴素的”唯物主义，在概念围绕表象旋转的表象思维中，不可能真正地驳倒唯心主义，因而也无法彻底地坚持哲学唯物主义。在哲学层面上坚持唯物主义，必须在思维的层面上超越表象思维。

同样，以常识的表象思维为基础的“朴素的”辩证法，也不可能真正地达到辩证思维。在常识的表象思维中，人们可以在感、知觉的水平上承认事物的运动

① 参见朱德生：《关于思维与存在同一性问题的思考》，载《哲学研究》，1997（3）。

与联系，当然也能够在感、知觉的水平上去驳斥否认事物的运动与联系的“形而上学”。然而，在常识的表象思维中，却无法理解运动与联系的“本质”；恰恰相反，人们在常识的表象思维中，总会在“本质”的层面上曲解或否认事物的运动与联系。

例如，人们常常把古希腊哲学家芝诺所说的“飞矢不动”作为典型的“形而上学”命题而予以驳斥。这种驳斥，就是在表象思维的感、知觉的水平上进行的：明明箭在飞，却硬说箭不动，这不是最典型的否认事物运动的“形而上学”吗？然而，作为辩证法大师的黑格尔早就指出，芝诺从没有想到要否认作为“感觉的确实性”的运动，问题仅仅是在于“运动的真实性”。这就是说：在“感觉的确实性”上，或者说“眼见为实”上，芝诺同其他人一样，都承认“飞矢”在运动；然而，芝诺的哲学思考是表现在，他不满足于在感、知觉的水平上承认运动，而且要追究“运动的真实性”，也就是如何以概念的方式去表达运动的本质。这才是超越常识的哲学思考。

对此，列宁曾评论说，问题不在于有没有运动，而在于如何在概念的逻辑中表达它。这是因为：有没有运动，这是在经验中可以解决的问题，因而它属于常识问题，而不是哲学问题；如何在概念的逻辑中去表达运动，则是超越经验的反思的问题，因而它是哲学问题，而不是常识问题。哲学问题是属于超越经验常识的概念的问题，也就是“如何在概念的逻辑中”去解决的问题。

为了深入理解这个问题，我们还可以分析古希腊哲学家芝诺的另一个命题：“阿基里斯永远追不上乌龟”。芝诺提出：假如让乌龟先爬一段路，然后再让阿基里斯去追它，那么阿基里斯永远也追不上乌龟。

阿基里斯是古希腊神话中的善跑的英雄。一位疾走如飞的英雄却追不上缓缓爬行的乌龟，这岂不是一个荒唐可笑的命题吗？然而，让我们在概念的层面上思考一下这个命题：阿基里斯在追上乌龟之前，必须首先到达乌龟的出发点；可是，这时乌龟已经又向前爬了一段，阿基里斯又必须赶完这段路；由于阿基里斯与乌龟之间的距离可以依次分成无数小段，因此阿基里斯虽然越追越近，但却永远追不上乌龟。

毫无疑问，“阿基里斯永远追不上乌龟”这个命题在“经验”中是不可能存在的（阿基里斯肯定会追上乌龟），因而的确是荒唐可笑的；然而，这个命题在“逻辑”上却是无懈可击的（在概念的逻辑分析中阿基里斯不可能追上乌龟），因而它揭示了人的表象思维与理性思维之间、经验常识与哲学反思之间的矛盾。哲学是在超越经验的概念层面上去“反思”经验常识，而不是在表象思维的层面上去重复和论证经验常识。

四 常识的有限性与哲学的无限性

依附于经验的常识，总是面向有限性的经验，并以有限性的表象思维去看待经验所无法达到的无限，因而无法达到超验的无限性；与此相反，超越经验的哲学理性，总是面向无限的超验的存在，并以超验的无限性去看待有限的经验，因而在有限与无限的对立统一中形成辩证的哲学智慧。

在人的有限的经验中，既无法确认时间的无始无终，也无法确认空间的无边无际；与此同时，在人的世世代代的经验的扩展中，人又总是感受到时间的无始无终和空间的无边无际。于是，在经验的常识中，人们总是以有限去叠加无限，用有限去追逐无限，或者是以无限去嘲弄有限，用无限去亵渎有限。

作为前者，在常识的观念中，人们总是把无限视为有限的无限叠加，也就是把经验的无限扩展作为无限性的证明。对此，辩证法大师黑格尔曾深刻而尖锐地指出，把无限视为有限的叠加，把无限看成对有限的包容，就是把无限当成一种在有限事物彼岸的东西。黑格尔把这样理解的无限性称做“恶的无限性”。

作为后者，在常识的观念中，又总是把对无限的不可企及折射为对社会、历史、人生的某种悲观主义的或虚无主义的理解。在经验常识的意义上，时间的无始无终确实把有限的生命反衬得几乎是无法形容其短暂，空间的无边无际确实把有限的生命反衬得无法形容其渺小。即使是使用“匆匆过客”、“沧海一粟”这样的说法，也不足以表明有限生命的短暂与渺小。以这种经验常识的有限性去看待人生，人生的确是“前不见古人，后不见来者”，“寄蜉蝣于天地，渺沧海之一粟”。

无论是以有限去追逐无限，还是以无限去嘲弄有限，在人的经验常识中，都无法达到超越经验的对有限与无限的辩证理解。因此，从经验常识中衍生出的神话和宗教，总是把无限性的存在设想为某种与“此岸世界”相对的“彼岸世界”的存在，把人的有限性的存在设想为“前世”与“来世”的无限性的存在。这表明，如果人的认识仅仅局限于经验常识，而又不能以超验的哲学作为必要的补充和升华，那么就会以神话的或宗教的方式来填补“无限性”的空缺。在人类的发展史上，通俗文化与神秘文化总是相互补充和相互支撑的。这种补充和支撑，在其最深层上，是“有限性”与“无限性”在经验常识中所实现的互补。

超越经验常识对“有限性”与“无限性”的理解，就进入到理论思维对“有限性”与“无限性”的理解，即对“有限性”与“无限性”的矛盾的辩证理解。

哲学思维（特别是黑格尔和马克思的辩证哲学），是以过程的无限性去看待有限与无限的对立统一，因而超越了常识的表象思维，变革了常识的世界图景、思维方式和价值规范。应当看到，哲学的辩证思维对有限与无限的对立统一的理解，不仅具有“自然观”、“世界观”或“宇宙观”的意义，而且更为直接地具有“社会观”、“历史观”、“人生观”以及如何观照和体验人生的“生活观”、“价值观”和“美学观”的意义。人创造了人自己，人创造了人的世界；人永远创造着自己，人永远创造着人的世界；人永远是未完成的存在，人的世界永远是未完成的存在。这是人的无限性，也是人的世界的无限性。创造既是永恒，又是无限。人在自己的创造活动中实现生命的永恒与无限。这是哲学的辩证智慧的无限观。

五　常识的非批判性与哲学的批判性

常识的经验性、表象性和有限性，决定了常识具有非批判的特性，即常识不具有自我批判、自我反思和自我超越的能力；与此相反，哲学的超验性、概念性和无限性，则决定了哲学具有批判的特性，即哲学具有自我批判、自我反思和自我超越的能力。

依附于经验的常识，它是对经验事实的描述，而不是对经验事实的反省；它只是运用概念去描述经验事实，而不去反省描述经验事实的概念；它总是零散地、外在地、含混地表述“共同经验”，而不是系统地、内在地、明确地陈述某种知识；因此，常识不具有自我批判的可批判性。

作为可以批判的知识，必须是以某种稳定的形式，使思想内容得到明确阐述的系统化的概念体系。显然，这样的系统化的概念体系，已不是依附于经验的常识，而是超越经验的理论。以概念体系形式构成的思想理论，才具备自我批判、自我反思和自我超越的条件。在人类把握世界的诸种基本方式中，科学和哲学是人类理论思维的两种基本形式，也是以概念体系形式构成的思想理论的两种基本形式。科学和哲学都具备可批判性。它们都产生于对常识的批判，并在对常识的批判和自我的批判中实现自身的发展。

在哲学的历史发展中，常识始终是哲学思想得以形成和发展的重要的批判对象。哲学总是不断地批判性地“澄清”常识，即：各种各样的常识究竟表述的是什么？常识是以何种方式而构成自己的思想内容？常识所解释的和所相信的到底是什么？常识的世界图景是如何形成、又是怎样改变的？常识的思维方式到底是一种怎样的思维方式？常识的价值规范又是一种怎样的价值规范？人类思想如何超越常识而形成科学思想？科学与常识是何关系？常识与人类把握世界的其他方式——神话、宗教、艺术、伦理等等——又是何关系？人类如何实现非常识的常识化？非常识的常识化在人类自身的发展中起着何种作用？如此等等。

在哲学与常识的关系中，常识始终是哲学批判、反思的对象。因此，哲学不是常识的“延伸”或“变形”，而是对常识的“超越”；哲学不是常识的另一种形式，而是关于常识的思想；哲学不是对常识的世界图景、思维方式和价值规范的“哲学”表述，而是对构成常识的世界图景、思维方式和价值规范的批判性反思。

六　哲学的常识化与常识的哲学化

通过对常识与哲学的比较来理解哲学，并不是否定哲学的常识化，而是为了克服用常识去看待和对待哲学的简单化倾向。常识的哲学化与哲学的常识化不是一回事。

哲学的常识化，正如科学的常识化，是以哲学或科学去变革和更新常识。具体地说，主要是以哲学的或科学的世界图景、思维方式和价值规范去变革和更新常识的世界图景、思维方式和价值规范，也就是使哲学和科学成为人们普遍认同的和普遍遵循的常识。这也可以广义地称做“非常识的常识化”。

这种非常识的常识化，是人类文明的实质性内容和时代性标志。在现代化的进程中，人的存在方式的变革和人的素质的提高，从其最具基础性和普遍性的内容和方式上看，就是非日常生活的日常化。这包括日常经验的科学化，日常消遣的文化化，日常交往的社交化，日常行为的法治化以及农村生活的城市化等方面。而从深层上看，非日常生活的日常化过程，则是人的世界图景、思维方式和价值规范的变革与重建的过程。这个过程就是现代化进程中的非常识的常识化。它主要包括艺术的常识化、科学的常识化和哲学的常识化。这种非常识的常识化，变革了人们的世界图景、思维方式和价值规范，也变革了人们的生活方式、审美情趣和终极关怀。因此，在现代社会中，非常识的常识化对于人和社会的现代化的同步发展，对于实现人自身的全面发展，具有最基础性的和最普遍性的规范、协调和支撑的重大历史作用。

然而，由于科学和哲学是常识的超越而不是常识的延伸和变形，特别是由于哲学思维的超验性、概念性、无限性和批判性，人们很难真正地从哲学层面去理解哲学以及哲学与常识的关系。恰恰相反，正因为人们总是在经验常识中生活，多数人总是局限于“日常活动的范围”而不去涉及“广阔的研究领域”，缺乏对哲学反思的必要的体验和思考，因而常常是从相反的方向去看待和对待哲学的常识化，即：不是用哲学去“化”常识，而是用常识去“化”哲学，把“哲学常识化”变成了“常识哲学化”。

所谓“常识哲学化”，就是用经验常识去看待哲学，用经验常识去理解哲学，用经验常识去解释哲学，用经验常识去运用哲学，把哲学变成冠以某些“哲学”名词的常识。

为了理解所谓“常识哲学化”，我们先来分析“常识科学化”。在科学常识化的过程中，最为突出的问题是，由于仅仅是从“知识”甚至是“技能”的视野去看待科学，因而把科学常识化简单地归结为“科学知识”甚至是“科学技能”的“普及化”。这样，就忽视甚至是失落了科学常识化的实质性内容——用科学的世界图景、科学的思维方式和科学的价值规范去变革和更新常识的世界图景、思维方式和价值规范。其结果，由于人们仍然是以常识的思维方式去看待科学，人们虽然获得了某些科学“知识”或“技能”，却没有实现思维方式的变革，因而也难以形成科学的世界观和价值观。

由于哲学不仅是对常识的超越，而且也是对科学的超越，因此“哲学究竟是什么”更是一个难以理解的根本问题。也正是由于哲学的难于理解，所以人们就更容易从常识去理解哲学，把“哲学常识化”变成“常识哲学化”，即用常识去“化”哲学，而不是用哲学去“化”常识。这突出地表现在两个方面：其一，人们往往是站在“健全的常识”即“素朴实在论”的立场去看待哲学，而不是站在人类思想的特殊维度——反思的维度——去看待哲学，因而总是把哲学视为某种既定的“知识”（如具有最大普遍性的知识）。结果，这种常识化的哲学就失去了自己的超验特性、反思态度、批判精神和创新意识，因而也就失去了哲学的不可或缺和不可替代的独特的社会功能。其二，人们往往把哲学视为某些现成的“原理”或“结论”，以教条主义的态度去对待哲学，以贴标签的方式去“应用”哲学。结果，就不是以哲学的思维方式去变革常识的世界图景、思维方式和价值规范，而只不过是把某些哲学名词套用到常识的世界图景、思维方式和价值观念上。

“常识哲学化”与“哲学常识化”，其根本区别在于：哲学是常识的延伸和变形，还是对常识的批判和超越？我们说，哲学不是常识的“延伸”或“变形”，而是对常识的“超越”。这里所说的“超越”，主要是指性质与功能的改变；而这里所说的“延伸”或“变形”，则是否认性质和功能的改变。就哲学与常识的关系而言，这里的“超越”，主要是指哲学改变了常识的世界图景、思维方式和价值规范，为人类提供了一种“哲学的”世界图景、思维方式和价值规范；与此相反，这里所说的“延伸”或“变形”，主要是指以常识的观点去看待哲学，从而把“哲学的”与“常识的”世界图景、思维方式和价值规范混为一谈，把“哲学”变成冠以哲学名词的“常识”。如果以“延伸”和“变形”的观点去看待哲学与常识的关系，就必然导致“常识哲学化”，也就是用常识去“化”哲学；如果以“批判”和“超越”的观点去看待哲学与常识的关系，就能够实现“哲学常识化”，也就是用哲学去“化”常识。

哲学以超越常识的思维方式去建构哲学的世界图景和价值规范，为人们提供哲学层面的世界观和价值观，历史性地以哲学的思维方式及其世界观和价值观去批判地反思常识的思维方式及其所建构的世界图景和价值规范，并历史性地使哲学的思维方式及其世界观和价值观成为人们普遍认同的思想观念和行为准则。这就是哲学的常识化。

这种哲学的常识化，具体地表现在三个方面，即哲学的世界图景、思维方式和价值规范的常识化。

哲学世界图景的常识化，并不是为人们提供某种区别于常识的凝固的“世界图景”，而是把常识以及科学所提供的世界图景作为批判反思的对象，揭示构成这些世界图景的诸种前提，启发人们以历史的和辩证的态度去看待和理解这些世界图景，为人们寻求和形成新的可能的世界图景敞开自我批判和自我超越的空间。因此，在变革常识世界图景的过程中，哲学的常识化，就是反思态度、批判精神和创新意识的自觉化和普遍化，即人们普遍地、自觉地以历史的和辩证的态度去看待常识和科学所提供的世界图景，从而使科学世界图景的常识化处于生生不已的历史转换之中。

哲学思维方式的常识化，一方面是使哲学的反思态度、批判精神和创新意识自觉化和普遍化，另一方面则是把科学发现、科学发展所引起的人类思维方式的变革升华为时代的自我意识，促成人们以时代水平的思维方式去认识世界。以现代科学为基础的现代哲学，深刻地变革了以素朴实在论为代表的直观反映论的思维方式，变革了以机械决定论为代表的线性因果论的思维方式，变革了以抽象实体论为代表的本质还原论的思维方式。这不仅在哲学层面上有力地推进了现代科学思维方式的常识化，而且有力地推进了现代哲学思维方式的常识化。

哲学价值规范的常识化，也不是直接地提出和给予人们某种特殊的价值判断，而是把常识的和科学的价值判断作为反思的对象，批判地揭示隐含在这些价值判断中的诸种“前提”，即批判地揭示常识和科学作出这些价值判断的根据、标准和尺度，从而启发人们以批判的精神和开放的态度去对待自己的价值观念。哲学的价值态度的突出特征，是以理想的应然性和历史的大尺度，去观照和反思常识和科学所给予的现实的价值观念，从而使人们在理想与现实、历史的大尺度与小尺度之间保持“必要的张力”，也就是使人们以辩证智慧去对待价值问题。因此，哲学层面的价值观是历史的和辩证的价值观。在现代化的进程中，哲学价值观致力于寻求科学精神与人文精神、科学理性与价值理性、功利主义与理想主义的辩证统一。它引导人们自觉地超越绝对主义或相对主义的价值态度，不断地提升人们的人生境界。哲学价值规范的常识化，就是辩证的价值态度和人生境界的普遍自觉化。

在对哲学与常识的相互关系的理解中，我们应当看到，常识既是哲学反思的重要对象，又是防止哲学反思陷入脱离生活的幻觉之中的重要基础。我们强调用哲学去“化”常识，从而实现“哲学的常识化”，这主要是从如何理解“哲学”的角度论述的，而不是否定常识的生活价值及其对哲学的意义。学习和研究哲学，需要在批判地思考常识的过程中深化对哲学的理解。

第六章 哲学与科学

在人类把握世界的各种基本方式当中，哲学与科学的关系既是最密切的，又是最复杂的。从一定的意义上说，如何理解哲学，就是如何理解哲学与科学的关系。因此，在对哲学与人类把握世界各种方式的比较思考中，需要突出地、集中地探索哲学与科学的关系问题。

一　理论思维的两种基本方式

在关于哲学与常识的比较中，我们已经明确，科学和哲学都不是常识的延伸和变形，而是对常识的超越。这种超越性主要表现在：常识具有经验性、表象性、有限性和非批判性等特征，科学和哲学则具有超验性、概念性、无限性和可批判性等特征；依附于经验的常识总是围绕着表象旋转，并以表象为转移，因而常识是以表象思维的方式去把握世界，与此相反，超越经验的科学和哲学则是表象围绕概念旋转，并以概念的方式创造表象（人所需要的世界图景），因而是以理论思维（概念思维）的方式去把握世界，而不是以表象思维的方式去把握世界。科学和哲学与常识的根本区别，就在于科学和哲学是理论思维（概念思维）的两种基本方式，而常识则是一种依附于经验的表象思维方式。正因如此，我们只有首先懂得科学和哲学的“理论”特征，才能深刻地理解科学和哲学不是常识的延伸或变形，而是对常识的超越。

“理论”这个名词，人们经常挂在嘴边；但是，人们经常挂在嘴边的名词却往往是人们最无知的东西。在各种各样的“词典”或“辞海”中，人们可以看到关于“理论”的各种各样的定义，诸如理论是“人们由实践概括出来的关于自然界和社会的知识的有系统的结论”，理论是“指概念、原理的体系，是系统化了的理性认识”等等 。关于“理论”的这些定义，仅仅着眼于理论作为知识的体系性，难以表达作为理论的科学和哲学的深刻内涵，因而也难以把科学和哲学同常识真正地区别开来。

作为“理论”的科学和哲学，它们都具有三重基本内涵：其一，它们都是由一系列的概念、范畴和原理构成的知识体系。这些知识体系既为人们提供了关于世界的相应的图景，又为人们解释这种世界图景提供了某种“原理”或“公理”。其二，它们的知识体系中都蕴含着构成该种知识体系及其相应的世界图景的思维方式。其三，作为知识体系和思维方式的科学和哲学，规范着人们的所思所想和所作所为，即规范着人们的价值评价和价值选择。因此，简捷地说，科学和哲学的三重基本内涵，就是知识体系、思维方式和价值规范的统一。

正因为作为理论的科学和哲学具有知识体系、思维方式和价值规范的三重内涵，所以它们才能够在理论的层面上规范人们的思想和行为。具体地说，作为理论的科学和哲学，以概念的逻辑体系规范着我们想什么和不想什么、怎么想和不怎么想、做什么和不做什么、怎么做和不怎么做，也就是以概念的逻辑体系规范着我们的思想内容和思维方式、行为内容和行为方式。在这个意义上，作为理论的科学和哲学，就是规范人们的思想和行为的概念逻辑体系。

在任何一种比较成熟的科学概念框架中，我们都会发现，它总是从最为精练的初始概念和初始条件出发，以严密的逻辑手段推演出一系列的定理、定律、公式、方程，形成具有普遍性和预测性的结论，为思维理解、描述、刻画和解释世界提供强有力的逻辑。科学正是以其各种不同的概念框架来系统地构筑人类的科学世界图景，并通过这些概念框架来实现科学概念的自我理解和相互理解。我们也正是在科学的概念框架中，感受到人类把握世界的逻辑力量之美，感受到思维把握存在的统一之美，感受到科学概念自我否定与发展的理论创新之美。同样，作为理论的哲学，也以其逻辑的展开性而构成自己独特的逻辑力量与逻辑之美。这正如马克思所说，理论只要说服人，就能掌握群众；而理论只要彻底，就能说服人。作为理论的科学和哲学，都具有解释性功能、规范性功能、批判性功能和理想性功能。

然而，值得我们着重思考的是，科学和哲学是人类理论思维的两种基本方式。这句话具有两层含义：其一，它们作为理论思维，具有高度的相关性和复杂的相似性；其二，它们作为两种不同的理论思维方式，又表现为两个既相互对立又相互补充的思想维度。

从"历时态"的角度看，人类的理论思维起源于对幻化的神话思维方式的超越，并形成于对经验的常识思维方式的超越。科学思维和哲学思维是在超越神话思维方式和常识思维方式的过程中同步形成的。在相当长的时期内，科学还以未分化的形态而蕴含在哲学母体之中，"科学"和"哲学"这两个概念往往是在内涵和外延均模糊的意义上被使用，以至于人们常常在"哲学"的意义上使用"科学"这个概念，也在"科学"的意义上使用"哲学"这个概念。

思维的逻辑化，或者说思维的合乎逻辑，是理论思维即概念思维的首要前提。科学思维和哲学思维作为理论思维的两种基本方式，都是运用概念的逻辑，都是以运用概念的逻辑去把握世界、描述世界和解释世界，都试图为解释世界而提供某些"原理"或"公理"。正因如此，科学思维和哲学思维都具有"类概念"的困惑（感性与理性、经验与超验的矛盾），都具有"思维规则"的困惑（直觉与逻辑、内涵逻辑与外延逻辑的矛盾），都具有"概念定义"的困惑（意义的绝对性与相对性、人类性与时代性的矛盾），如此等等。正是这些"困惑"，推动着科学思维和哲学思维不断地超越经验的常识思维，使人类的理论思维获得历史性的进步。因此，从"历时态"的角度看哲学与科学的关系，我们不仅应当看到哲学与科学的高度相关性和密切的相似性，还要看到哲学与科学的差别、分化和矛盾。

人们常常把哲学的发展史描述为如下的总体过程，即：古代哲学是一种包罗万象的"知识总汇"；近代哲学是一种企图凌驾于科学之上的"科学的科学"；而现代哲学则表现为马克思主义哲学、科学主义思潮和人本主义思潮，并因而对科学有三种不同的关系。在对哲学发展史的总体过程的这种概括中，既表述了哲学在不同的历史时代与科学的不同的关系，也表述了同一时代的不同的哲学与科学的不同的关系。

应当看到，虽然后人把古代哲学称做包罗万象的"知识总汇"，即各种各样的知识都包容在“哲学”之中，但古代哲人却一直力图使“哲学”与非哲学的其他知识区别开来。把哲学视为“爱智”，而把其他学科的知识称为“智慧”，已经显示了哲学的特性。亚里士多德在关于知识的分类中，把“哲学”定义为“寻取最高原因的基本原理”的学术，更是明确地确认了哲学是全部知识的基础的基本理念。

哲学和科学的成熟过程，就是哲学和科学分化的过程，也就是科学从哲学母体中分化出来的过程。当科学尚在哲学母体的怀抱中，作为“知识总汇”的哲学必然是以“整个世界”为对象，因而哲学还不可能明确地提出和探讨自己的基本问题——思维和存在的关系问题。当科学成长起来，纷纷从哲学母体中独立出去，哲学被“驱逐”出自己的“世袭领地”的时候，它才能够把包括科学的认识成果在内的人类认识作为自己再思想、再认识的对象，从而明确地提出和探讨自己的基本问题——思维和存在的关系问题，试图为包括科学认识在内的全部人类认识提供理论根据，并因而具有“科学的科学”的性质。由于现代科学的迅猛发展及其技术的广泛应用，日益深刻地变革了人与世界的相互关系，因而形成了对哲学与科学相互关系的现代多元理解。这种现代的多元理解，深刻地显示了哲学与科学之间的密切的相关性，也深刻地揭示了哲学与科学之间的复杂的矛盾性。

从“同时态”的角度看，作为理论的科学和哲学，都具有知识体系、思维方式和价值规范的三重内涵，都具有向上的兼容性、时代的容涵性和逻辑的展开性的三方面特征，都具有解释性、规范性、批判性和理想性的四种基本功能。科学和哲学的这些共同特点，表现了科学与哲学之间的高度的相关性和相似性。

那么，如何从“同时态”上来区分科学与哲学？概括地说，通常是以下述三种方式来解释科学与哲学的区别：一是区分二者的“对象”，二是剥离二者的“职能”，三是划清二者的“领地”。所谓区分科学和哲学的“对象”，就是认为科学是以世界的各种不同的领域、不同的方面、不同的层次或不同的问题为对象，而哲学则以“整个世界”为对象。这是一种以“对象”的特殊性与普遍性的区分为出发点的思考方式。所谓剥离二者的“职能”，就是认为科学提供关于世界的不同领域或不同方面的“特殊规律”，而哲学则提供关于整个世界的“普遍规律”。这仍然是一种以“职能”的特殊性与普遍性的区分为出发点的思考方式。所谓划清二者的“领地”，就是在哲学不断地被“驱逐”出其“世袭领地”的背景下，试图为哲学寻找一块科学无力问津的“领域”或科学无力解决的“问题”。这是一种以申辩哲学的现代生存权力为出发点的思考方式。

从普遍性与特殊性的关系中区分科学与哲学的“对象”，以及在普遍性和特殊性的关系中剥离科学与哲学的“职能”，这是对科学与哲学相互关系的最普遍的思考方式。因此，在对哲学与科学相互关系的理解中，最重要的问题是：(1)哲学是否具有最大的普遍性和最大的普适性的知识？(2)哲学与科学的关系是否特殊性与普遍性的关系？(3)哲学的发展方向是否哲学的“科学化”？(4)能否跳出哲学与科学的二元关系，在更为广阔的视野中去理解二者的关系，并从而重新理解哲学？

二　哲学对科学的反思关系

哲学和科学是人类理论思维的两种不同方式。它们之间的根本区别，在于它们分别地集中地表现着人类理论思维的两个基本维度，即：科学集中地表现着思维和存在高度统一的维度，哲学则集中地表现着反思思维和存在关系的维度。因此，哲学对科学的关系，从根本上说，既不是普遍性对特殊性的关系，也不是一种特殊性对另一种特殊性的关系，而是以“思维和存在的关系问题”为中介所构成的哲学对科学的反思关系。

科学是人类的一种活动，是人类运用理论思维能力和理论思维方法去探索自然、社会和精神的奥秘，获得关于世界的规律性认识，并用以改造世界、造福人类的活动。科学活动的本质，是实现人类对世界的规律性把握，也就是实现“思维和存在”在规律层次上的统一。

科学集中地代表着人类理性的进步，在思维与存在的规律层面的统一中为人类提供科学的世界图景。科学不仅以各种首尾一贯、秩序井然的符号系统和概念框架去理解和解释经验世界，而且它自身表现为科学思维方式和科学概念系统的形成和确定、扩展和深化、更新和革命的过程。科学发展过程中所编织的科学概念和科学范畴之网，构成了愈来愈深刻的世界图景，也构成了人类认识世界的愈来愈坚实的“阶梯”和“支撑点”。这种愈来愈深刻的世界图景，愈来愈坚实的“阶梯”和“支撑点”，表明科学概念和科学范畴实现了思维和存在在规律层面上的高度统一。

现代科学的迅猛发展不仅深刻地变革了人们的世界图景和思维方式，而且深刻地变革了人们的价值规范和生活方式。科学在现代人类的社会生活中占有极其重要的地位，并发挥着其他任何文化形式难以匹敌的巨大作用。然而，无论科学如何发达，无论科学在社会生活和历史发展中占有怎样重要的地位和发挥怎样重要的作用，它作为人类把握世界的科学方式，总是致力于实现思维和存在的统一，而不是反思“思维和存在的关系问题”。这是科学与哲学作为人类理论思维的两种基本方式的根本区别。

科学作为人类的一种活动，是以理论思维去抽象、概括、描述和解释思维对象（存在）的运动规律，也就是在理论思维的层面上实现思维与存在的统一。科学活动和科学理论所要解决的根本问题，是实现思维和存在在规律层面上统一的问题，而不是追究诸如“思维能否表述存在”、“思维表述的存在是不是自在的存在”、“思想的客观性如何检验”、“概念的运动怎样反映事物运动的本质”、“思维主体的知情意如何在反映存在的过程中实现统一”、“科学的发展如何变革人的思维方式”等等“思维和存在的关系问题”。科学活动及其科学理论，是把“思维和存在”的“统一性”当做“理论思维的不自觉的和无条件的前提”，而去探索和表达“存在”的规律即自然的规律、社会的规律和思维的规律（这里的“思维”是作为思维活动对象的“存在”）。

与科学活动不同，人类的哲学活动是反思“思维和存在的关系问题”，也就是把“思维和存在的关系”作为“问题”进行“反思”。在哲学的“反思”中，人类的科学活动及其理论成果成为被反思的对象。这就是哲学对科学的“反思”关系。

需要指出的是，如果科学活动的主体——科学家——也去“反思”作为“理论思维的不自觉的和无条件的前提”的“思维和存在的关系问题”，那么，他就是超越了科学的研究活动而进入了哲学的反思活动。科学活动中的这种“超越”性的活动，不仅是时常出现的，而且是极其重要的。科学家在科学研究活动中，总要“超越”关于经验对象的思考，而深究“思维和存在的关系问题”，从而“超越”既定的科学理论，作出新的科学发现或提供新的科学理论。这就是说，科学家的科学活动及其科学成果，是实现“思维和存在”的统一，而不是反思“思维和存在的关系问题”；科学家在科学活动中把“思维和存在的关系问题”作为对象来思考，这意味着他超越了科学活动而进入了哲学反思。科学与哲学、科学的认知活动与哲学的反思活动，是人类理论思维的两种不同的基本方式，是人类思想的两个不同的基本维度，它们在人类的思想活动中是对立的统一。

作为人类理论思维两种基本方式的科学和哲学，科学致力于在规律的层面上实现“思维和存在”的统一，为人类提供科学的世界图景、思维方式和价值规范，哲学则把“思维和存在的关系”作为“问题”而进行“反思”，从而使作为人类活动及其成果的“科学”成为哲学反思的对象。

按照这种理解，哲学与科学的关系就不是普遍性与特殊性的关系，就不能以“区分对象”、“剥离职能”和“划清领地”的方式去区分哲学与科学，就不能简单地以“提升”、“引进”和“更新”等方式去进行对科学成果的“概括和总结”，就不能把哲学视为具有最大普遍性和最大普适性的“科学”。哲学不是科学的延伸和变形，而是对科学的反思，也就是对科学的超越。

哲学与科学的内在联系在于，实现“思维和存在”的统一与反思“思维和存在的关系”，具有既相互区别、又相互联系的性质，而不是因为存在着研究对象的普遍性与特殊性的关系。人们都知道，自然、社会和思维的矛盾运动都可以用数学模型来表述，哲学界普遍关注的系统论、控制论、信息论、协同学、突变论、耗散结构论、自组织理论等等，在某种意义上都是以“整个世界”为对象；与此相反，自然辩证法、认识辩证法、思维辩证法、历史辩证法和美学等等，更不用说数学哲学、天文哲学、经济哲学、管理哲学、法哲学等等，在某种意义上都是以“特殊领域”为对象。那么，为什么前者属于“科学”，而后者却属于“哲学”？这就是因为，前者所提出和探索的问题，是关于研究对象的运动规律的问题，也就是实现研究成果中的“思维和存在”在规律层面上的统一，而不是追究研究活动及其研究成果中的“理论思维的不自觉的和无条件的前提”——“思维和存在的关系问题”；与此相反，后者则专门反思各种思想活动及其思想成果中的“理论思维的不自觉的和无条件的前提”——“思维和存在的关系问题”，而不是具体地研究各种“存在”的运动规律。这表明，在哲学与科学之间，存在着一条“逻辑的鸿沟”：科学的逻辑是实现“思维和存在”的统一的逻辑，哲学的逻辑是反思“思维和存在的关系”的逻辑。哲学的逻辑使科学的逻辑成为哲学反思的对象。在哲学的反思中，实现了哲学与科学的逻辑沟通。

三　哲学反思科学的主要内容

人类的科学活动，从根本上说，是以思维的规律去描述和解释存在的规律，也就是实现思维和存在在规律层面上的统一。人类科学活动的进步与发展，则在于思维以愈来愈丰富的认识成分、认识方式、认识环节、认识中介去拓展和深化对存在规律的把握。因此，隐含在全部科学活动中的根本性的、基础性的问题就是“思维和存在的关系问题”。具体地说，科学活动中的思维和存在的关系问题，又体现为主体与客体的问题、观察与理论的问题、逻辑与直觉的问题、真理与价值问题、理解与解释问题等等。哲学对科学的反思，首先就是对以思维和存在关系问题为实质内容的科学活动的基础性问题的反思。

科学活动是以思维的规律去把握和描述存在的规律，从而形成关于经验对象的“普遍必然性”的知识。那么，思维的规律与存在的规律是何关系？它们是服从各自不同的规律，还是服从一个共同的规律？思维的规律如何把握存在的规律？思维所描述的存在规律是否就是存在本身的规律？如此等等关于思维规律与存在规律的关系问题，德国古典哲学的奠基人康德和集大成者黑格尔曾进行过深入的探讨，马克思主义哲学的创始人马克思和恩格斯则作出了深刻的概括和总结。这些深沉而睿智的哲学反思，需要我们在哲学史的学习中进行具体的研讨。

反思科学活动基础中的诸种矛盾，会使我们感受到“思维和存在”之间的极其复杂的矛盾关系，会使我们懂得哲学反思科学的极其丰富的理论内容和极为重要的理论意义，当然也会使我们更为深入地理解科学，创造性地进行科学研究活动。

哲学对科学的反思，最为直接的是对科学研究成果的反思。在这种反思中，哲学不断深入地揭示了蕴含在科学成果之中的思维和存在的丰富的矛盾关系，不断深刻地展现了蕴含在科学成果之中的思维与存在所服从的同一规律，不断深刻地阐发了蕴含在科学成果之中的各种新的认识成分的哲学意义。

哲学对科学成果的反思，并不是一般地把科学成果作为再认识、再思想的对象。在科学研究的过程中，科学研究的主体也总是把已有的科学成果作为再思想、再认识的对象，揭露已有的科学成果与新的经验事实之间的矛盾，以及科学成果自身内在的矛盾，从而推进科学的发展。哲学对科学成果的反思，是从哲学层面向科学研究成果提出问题。这种哲学层面的问题包括：在科学成果中蕴含着怎样的研究方法、概念框架、解释原则和价值观念？它从何种角度推进了哲学对思维与存在、人与世界相互关系的理解？它怎样变革了人类的世界图景、思维方式和价值观念？它表达着怎样的时代精神？它要求哲学塑造和引导什么样的时代精神？哲学如何以这种时代的科学精神去重构自己的范畴体系以实现自身的发展？

这种对科学成果的哲学反思，不仅意味着哲学对科学的超越，即把科学成果转化为哲学理论，而且意味着哲学的自我超越，即随着科学的发展而变革哲学自身。在《路德维希·费尔巴哈和德国古典哲学的终结》中，恩格斯说，随着自然科学领域中每一个划时代的发现，唯物主义也必然要改变自己的形式；而自从历史也被唯物主义地解释时候起，一条新的发展道路也在这里开辟出来了。我们应该从超越科学和哲学自我超越的双重意义上，去理解哲学对科学研究成果的反思。

对科学成果的哲学概括，主要地并不是寻求科学理论提供了哪些新的、具有“普适性”的范畴和原理，而是寻找时代的“科学精神”，并阐发这种“科学精神”所要求的思维方式的变革和价值观念的更新。这就要求哲学的超越和反思具有深沉的历史感和敏锐的洞察力，站在比科学更广阔的背景下和更基本的原则上去理解自己时代的科学精神，比科学已经获得的成果走得更远些（概括它所蕴含的新的时代精神），促进科学的发展，并塑造和引导新的时代精神。

科学活动是以思维的规律去描述和解释存在的规律，也就是在规律的层面上实现思维和存在的统一；科学的发展史则是在规律的层面上扩展与深化思维和存在统一的历史。这说明，科学的发展史最集中、最深刻地体现了人类认识的发展史。反思科学发展的逻辑，就是对人类认识史的深刻反思。因此，哲学反思科学的一个重要内容，是反思科学发展的逻辑。

在对科学发展的逻辑的哲学反思中，美国当代哲学家瓦托夫斯基的观点是颇具启发性的。他赞同哲学认识论以科学知识的增长为主要对象，但他强调的是，从人类的一般认识活动去理解科学认识活动，从科学以前的认识方法去探索科学的认识方法，从人类的一般性概念去透视科学的基本概念，也就是把认识论作为人类活动的一般规律去沟通科学认识与其他认识之间的联系。他从科学思想的起源及其方法的概念基础中，系统地论证了科学活动与人类其他活动的连续性与间断性的对立统一。他认为，科学代表着人类的一项最高成就，它不是某种置身于人类之外的事物。在人类的发展史上，科学是经过漫长而又艰难的过程才发展成为一种独特的认识方式。它根源于人类的共同理解和普通的认识方式之中，“在科学本身的基础上，铭刻着它同普通经验、普通的理解方式以及普通的交谈和思维方式的历史连续性的印记，因为科学并不是一跃而成熟的”①。从用某种臆想的原因来解释观察到的事实，进展为用某种单一的或者统一的解释原理来概括整个自然现象领域；从以共同的经验概括而形成描述和规范实践的常识概念框架，进展为具有明确性、可反驳性和逻辑解释力的科学概念框架；从对经验事实的理性反思，进展为针对描述和规定实践的各种规则和原理的批判；——科学活动与人类其他活动的连续性与间断性统一于人类自身的历史发展。因此，要对科学有比较充分的理解，首先应当把科学作为一项“特殊的人类事业”来理解。

反思科学发展的逻辑，不仅有助于理解科学乃至整个人类认识活动的发展规律，而且直接地有助于理解哲学发展的逻辑。美国当代哲学家莫尔顿·怀特说，当我们一旦弄清楚学科之间没有明确的分界线，而且没有一门学科可以称得起在认识分类表中占有一个惟我独尊的位置时，当我们弄清楚了人类各种经验的形式也和认识同样重要时：只有到那个时候才算打通了最广义的、关于人的哲学研究

① ［美］M. W. 瓦托夫斯基：《科学思想的概念基础》，11页，北京，求实出版社，1982。

的道路。他还针对近代以来哲学与科学相割裂的状况，以及20世纪以来西方哲学家“把哲学看成是各部分截然隔开的学科”的状况，富于幽默感地提出，当着哲学与科学以及哲学的各部分实现“和解”之后，“科学就不再是吓唬哲学的妖魔或哲学的部属，而只是一个不太靠得住的同伴。哲学家会通过其他学科的知识丰富自己，更不用说通过吸收其他经验来丰富自己了”；同样，“豪放的哲学家们就会放弃无需认识或者感知许多小事物就能认识一个大事物的思想；而小哲学家们也就会努力去认识大事物了”，哲学“刺猬”（指欧洲大陆人文哲学）与哲学“狐狸”（指英美分析哲学）就会实现某种“融合”了。[①] 应当说，从反思科学发展逻辑所引发的对哲学的这种展望，是令人鼓舞的。

四　反思时代的科学精神

每个时代的时代精神，都在不同的程度上表现为该时代的科学精神；特别是随着近代以来的实证科学的发展以及科学在社会生活中的愈来愈重大的作用，近代以来的时代精神更为突出地表现为该时代的科学精神。哲学作为时代精神的精华，总是以哲学的方式集中地体现着该时代的科学精神。因此，哲学对科学的反思，特别集中地表现为对时代的科学精神的反思。

科学是一种人类活动，是一种体现人类智力最高成就的人类活动，在这个意义上，科学精神就是在科学活动中凝聚和升华了的人类精神。它集中地表现为探索真理的求真精神、尊重事实的求实精神、自我扬弃的批判精神和超越现状的创造精神。

在人类文明的不同历史时代，科学精神也具有不同的内容和不同的形式。美国出版的“导师哲学家丛刊”对欧洲中世纪以来的各个世纪的特征的概括，比较鲜明地显示了这些世纪的不同的时代精神，以及这些时代精神中所蕴含的科学精神。这套丛刊把欧洲中世纪称做“信仰的时代”，这正是哲学和科学成为宗教的“婢女”的时代；它把文艺复兴时期称做“冒险的时代”，这正是恩格斯所说的“需要巨人而且产生了巨人”的时代，是科学的求真求实精神在近代重新开启的时代；它把17世纪称做“理性的时代”，这正是近代实验科学兴起、科学理性逐渐扩展和深化的时代；它把18世纪称做“启蒙的时代”，这正是逐渐盛行的崇尚

---

① 参见［美］M. 怀特编著：《分析的时代》，243页，北京，商务印书馆，1981。

理性力量的时代；它把19世纪称做“思想体系的时代”，这正是恩格斯所说的由“搜集材料”的科学转向“整理材料”的科学，也就是建立各门科学的概念发展体系的时代；它把20世纪称做“分析的时代”，这正是在现代科学既高度分化又高度整体化的背景下，科学迅猛发展和自我反省的时代。

德国哲学家恩斯特·卡西尔曾对西方近代以来的科学精神与时代精神及其相互关系进行过深刻的哲学反思。他提出，“理性”是标志近代以来的时代精神的核心概念，但它在近代以来的几个世纪中发生了深刻的变化。他认为，在17世纪，理性是“永恒真理”的王国，它试图从某种直觉地把握到了的最高的确定性出发，然后以演绎的方式将可能的知识的整个链条加以延长；18世纪则摒弃了这种演绎和证明的方法，“按照当时的自然科学的榜样和模式树立了自己的理想”，不是把理性看做知识、原理和真理的“容器”，而是把理性看成是一种“引导我们去发现真理、建立真理和确定真理的独创性的理智力量”①。

由此我们可以看到，近代以来的西方哲学——无论是文艺复兴时期的“冒险”精神，还是17世纪的“理性”精神和18世纪的“启蒙”精神——正是集中地表达和塑造了以“理性”为核心的时代的科学精神。这种时代的科学精神，就是弘扬人的理性权威，确立人的主体地位，发挥人的主观能动作用。正因为近代哲学以理性思辨的形式而恢复了古希腊哲学的探索精神，所以这是一场否定之否定意义上的古希腊精神的“复兴”。

恩格斯曾经深刻地指出，近代科学的发展经历了从“搜集材料”的科学到“整理材料”的科学的历程，到19世纪，经验自然科学积累了如此庞大数量的实证的知识材料，以致在每一个研究领域中有系统地和依据材料的内在联系把这些材料加以整理的必要，就简直成为无可避免的。建立各个知识领域互相间的正确联系，也同样成为无可避免的。正因如此，人们把19世纪称做“思想体系的时代”。德国古典哲学的集大成者黑格尔正是以其创建的概念发展的辩证法，深刻地阐释了人类思想运动的逻辑，集中地表现了这个“思想体系的时代”的时代精神。

与人们从总体上把近代以来的科学精神称之为“理性”精神相呼应，人们常常在多元的理解中来概括现代的科学精神。有的把20世纪称做“分析的时代”（如美国哲学家莫尔顿·怀特），有的把20世纪称做“综合的时代”（如美国未来学家阿尔温·托夫勒），有的把20世纪称做“相对主义的时代”（如美国哲学家J. 宾克莱），如此等等。反思当代的科学精神，是当代哲学反映和表达、塑造和

① ［德］卡西尔：《启蒙哲学》，5、11页，济南，山东人民出版社，1988。

引导时代精神的重要前提。

当代科学技术的最显著的特点，是它的发展呈指数增长的趋势。20世纪60年代以来人类所取得的科技成果的数量，比过去的两千余年的总和还要多。在当代科学技术的发展呈指数增长的过程中，科学的分支化与整体化同步展开。研究的完整性，研究对象的多学科性，学科的多对象性，科学研究的信息化，成为当代科学研究的认识论特征。与此相适应，“当代科学技术发展形成的思维方式的特点是：从绝对走向相对；从单义性走向多义性；从精确走向模糊；从因果性走向偶然性；从确定走向不确定；从可逆性走向不可逆性；从分析方法走向系统方法；从定域论走向场论；从时空分离走向时空统一”①。

当代科学的认识论特征，以及与此相适应的思维方式的变革，意味着当代的科学精神发生了重大变化，从而也意味着由这种科学精神所表征的时代精神发生了深刻的变化。当代的科学精神，虽然蕴含着一般的求真精神、求实精神、批判精神和创造精神，但它更明显地具有“从绝对走向相对”、“从单义性走向多义性”的宽容精神，即真正的激励批判与创造的精神；它也更明显地具有“从精确走向模糊”、“从确定走向不确定”、“从分析方法走向系统方法”的历史意识，即真正地从人的实践活动及其历史发展的观点去看待人所理解的世界。因此，我们应当从“反思”的立场去看待“时代精神的精华”（哲学）与“时代的科学精神”（科学）之间的关系。

五　超越当代哲学中的科学主义思潮

在对哲学与科学的关系的理解中，当代的最突出的问题，就是盛行于哲学之中的“科学主义思潮”。在对科学主义思潮的反思中，会使我们在当代的水平上深化对哲学及其发展趋向的理解。

所谓哲学中的科学主义思潮，是指19世纪中叶以来盛行于哲学之中的一种理论思潮。近代以来的科学发展及其广泛的技术应用，使一些自然科学家和哲学家认为：科学是伟大的而哲学是渺小的；只有忽视甚至侮辱传统哲学，才能从传统哲学的束缚中解放出来；新哲学的出路只能是使自己变为实证科学或实证科学的“副产品”。因此，他们试图以实证科学的理论和方法来改造哲学，把哲学从

---

① 宋健主编：《现代科学技术基础知识》，48页，北京，科学出版社、中共中央党校出版社，1994。

凌驾于科学之上的“科学的科学”变为从属于科学的“关于科学的哲学”。由此可见，科学主义思潮的实质，是“拒斥”传统意义的哲学，把哲学变为科学的附庸。

现代科学主义思潮的主要代表人物之一，德国哲学家汉斯·赖欣巴哈曾对哲学及其与科学的关系作出这样的解释：知识的本质是概括，概括是科学的起源；大量的观察的事实不能满足求知的欲望，求知欲超越观察而要求普遍性解释；当科学解释由于当时的知识不足以获致正确概括而失败时，想象就代替了它，提出一类朴素类比法的解释来满足要求普遍性的冲动；这样，普遍性的要求就被“假解释”所满足了，而“哲学”就是从这个土地上兴起的。① 正是从对“哲学”与“科学”的相互关系的这种理解出发，赖欣巴哈的结论是：“新哲学是作为科学研究的副产品而发生的”，“他们的哲学是企图找到在科学研究中碰到的一些问题的答案的结果”，“这种集中精力进行逻辑分析的目的是澄清问题，而不是发现规律”②。这样，他就把“科学的哲学”归结为“对科学的逻辑分析”，也就是把哲学变成了科学的“副产品”。这充分地表现了哲学中的科学主义思潮的实质。

早在一百多年前，当着科学主义思潮刚刚在哲学和科学中兴起的时候，恩格斯就曾尖锐地指出，自然科学家相信，他们只有忽视哲学或侮辱哲学，才能从哲学的束缚中解放出来，然而，他们却“完全作了哲学的奴隶，遗憾的是大多数都作了最坏的哲学的奴隶，而那些侮辱哲学最厉害的恰好是最坏哲学的最坏、最庸俗的残余的奴隶”；所以，不管自然科学家采取什么样的态度，他们还是得受哲学的支配。问题只在于：他们是愿意受某种坏的时髦哲学的支配，还是愿意受一种建立在通晓思维的历史和成就的基础上的理论思维的支配。

然而，在现代科学迅猛发展的背景下，人们却往往以“科学”去理解哲学和要求哲学，并试图把哲学变成某种形态的“科学”；在现代哲学的百年来的进程中，人们总是以“弱化”科学的“科学性”或“强化”哲学的“科学性”的方式去申辩哲学的现代生存权利和寻找哲学的现代发展道路。哲学与科学的关系问题，愈来愈成为哲学自我理解的最重要的问题。

对于“科学”，人们普遍存有广义和狭义的两种理解。从狭义上说，人们把通过实证（或实验）研究而形成的、并被经验（或实验）所证实的理论称做“科学”；从广义上说，人们已经习惯地把“正确的”、“真理性的”思想、学说、理论等统称为“科学”。在反思哲学中的科学主义思潮的过程中，我们应当懂得，

---

① 参见［德］赖欣巴哈：《科学哲学的兴起》，9、11页，北京，商务印书馆，1983。

② 同上书，98页。

无论在何种意义上，都不能把科学作为惟一的标准去看待哲学。恰恰相反，把“科学”作为惟一标准去看待哲学，正是陷入了哲学中的“科学主义”。

在狭义的科学观的意义上，把“科学”作为惟一的标准去审视哲学，认为“抽象的”、“思辨的”哲学尚未达到科学的水准，并试图以实证科学的理论和方法去“改造”哲学，其结果就混淆以至于阉割了哲学作为人类把握世界的特殊方式的独特性质与功能，因而也就失去了具有独立意义的“哲学”。对此，现代西方哲学在其演进的过程中，已经愈来愈深刻地意识到了这个问题。通过对逻辑实证主义的反省，现代西方哲学的众多流派都致力于“缓和”与“形而上学”的关系。当代的西方哲学正在改变以科学“改造”哲学的观念，也就是正在“弱化”哲学中的科学主义思潮。当代的中国哲学不能重蹈科学主义思潮的覆辙。

在广义的科学观的意义上，即在把“科学”视为“正确的”、“真理性的”思想、学说、理论的意义上，也不能把“科学”作为惟一的标准去看待哲学。这是因为，虽然理论思维的两种方式——科学和哲学——都具有知识体系、思维方式和价值规范的三重内涵，但是，这三重内涵在科学和哲学中的作用方式和表现形式却是不同的。科学在其直接的意义上，就是一种单纯的求真（追求、发现和坚持真理）的活动，因此它以“真理性”为目的。在间接的意义上，科学活动又塑造人的科学的思维方式，并以科学的世界图景和科学的思维方式规范人们的思想与行为。与科学不同，哲学理论自身直接地就是事实判断、价值判断和审美判断的统一，它的目的不只是“求真”，而且是“求善”和“求美”，是寻求真善美的统一。在这个意义上，哲学理论又是实然判断（是怎样）、必然判断（会怎样）和应然判断（应怎样）的统一。在哲学理论中，既表达了某种知识，更体现着人的某种意向和对理想的追求。哲学理论既是人在时代的水平上对人与世界关系的理解，同时又是对如何推进这种关系的自觉导向，既是“反映和表达”时代精神，更要“塑造和引导”时代精神。如果仅仅用广义的“科学”去看待和评价哲学，把哲学归结为单纯的“求真”的活动，就会忽视甚至是扭曲哲学的真善美相统一之理，特别是会忽视甚至是丢弃哲学的理想性特性，从而失去哲学塑造和引导时代精神的社会功能。

哲学和科学是人类把握世界的两种基本方式，把哲学归结为科学，就是对具有独立存在意义的哲学的否定。当然，我们可以用“科学的”或“不科学的”概念来区分不同的哲学，这正像我们可以用“善的”或“恶的”、“美的”或“丑的”概念来区分不同的哲学一样。哲学寻求真善美的统一，因此，广义的“科学”概念（“正确的”、“真理性的”）可以用来区分不同性质的哲学，但却不能把“科学”当做“哲学”的标准。

哲学和科学作为人类把握世界的两种不同基本方式，还在于哲学不仅与科学具有“双向”关系，而且与人类把握世界的各种基本方式具有“多向”关系。哲学的反思对象包括科学、艺术、宗教、伦理、语言、历史等在内的全部文化现象。哲学从人类把握世界各种方式的相互关系中去理解科学，又从人类文化的整体关系中去审度科学，因此哲学才能批判性地反思科学，并推进科学的发展。

哲学与科学作为人类把握世界的两种不同的基本方式，最深层的区别是在于：科学是把“思维和存在”的统一当做理论思维的“不自觉的和无条件的前提”，从而现实地实现“思维和存在”的统一，为人类提供认识和改造世界的科学成果；与此相反，哲学是把理论思维的这个“不自觉的和无条件的前提”作为自己的根本的反思对象，也就是把“思维和存在的关系”作为“问题”而进行反思，并通过这种反思而推进科学和整个人类文明的发展。作为哲学的“重大的基本问题”的“思维和存在的关系问题”，将是这部导论所要探讨的核心问题。通过这种探讨，会深化我们对哲学与人类把握世界其他方式相互关系的理解，从而深化对哲学自身的理解。

第七章
本体论的哲学追求

哲学从其产生开始，就试图为人类提供某种关于人自身的存在和发展的最后的根据、尺度和标准，也就是为人类提供某种“安身立命之本 ”或“最高的支撑点”。这就是哲学的“终极关怀”，也就是哲学的“本体论追求”。然而，哲学作为“思想中的时代”，它又只能是以时代性的哲学理论去充当这种“安身立命之本”或“最高的支撑点”，由此便构成了哲学的追求目标与理论内容的矛盾，并因而深层地决定了哲学自我批判的本性。考察哲学的本体论追求，会使我们更为深切地理解哲学在人类文明中的特殊价值，也会使我们更为深切地理解哲学的批判本性。

一　“本体”和“本体论”

“本体”和“本体论”，是哲学理论中使用最广泛而又歧义性最大的范畴。人们在学习或研究哲学的过程中，总是不可避免地被

"本体"和"本体论"困扰着。

阅读哲学理论著作和哲学史著作，人们会发现一个引人注目和发人深省的重大问题：在各种不同的哲学理论体系中，"本体"都有其特殊的理论内涵和历史的规定性；或者反过来说，有多少种关于"本体"的观念，也标志着有多少种不同的哲学理论体系。因此，从一定的意义上说，对"哲学究竟是什么"的追问与回答，也就是对"本体究竟是什么"的追问与回答；如何回答"本体究竟是什么"，也就是在回答"哲学究竟是什么"。这表明，关于"本体"和"本体论"的概念解析，对于哲学的自我理解是至关重要的。

在探析作为哲学概念的"本体"和"本体论"之前，先来简要地分析一下作为日常用语的"本"这个概念，是会引发某些哲学思考的。

"本"是与"末"相对待的。"物有本末，事有始终"。"本"为事物的根源或根基。因此，人们在思想和行为中总是喜欢"追本溯源"，反对"本末倒置"或"舍本求末"。这表明，不管人们（包括古今中外的哲学家）在多少种不同的含义上使用"本体"这个概念，"本体"概念总是具有寻求最根本的东西的意义，总是具有以"本"释"末"的意义，总是具有为自己的思想和行为寻找最终根据的含义。

通常认为，哲学本体论是关于一般存在或存在本身的哲学学说，关于脱离具体存在的超验存在的学说。在这种解释中，下述几点是值得深入探讨的：（1）本体论作为"关于一般存在或存在本身的哲学学说"，"本体"与"存在"是何关系？（2）本体论作为"关于脱离具体存在的超验存在的学说"，"具体存在"与"超验存在"是何关系？怎样理解"本体"是"超验存在"？（3）马克思主义哲学与本体论是何关系？究竟应当如何对"本体论"作出马克思主义的哲学解释？

"本体"与"存在"的关系

"存在"，这是一个外延最广大（无所不包）、内涵最稀薄（毫无内容）的概念。黑格尔说，存在，这是"无规定性的直接性，先于一切规定性的无规定性，最原始的无规定性"①。黑格尔还具体地解释说，如果我们试观察全世界，我们说在这个世界中一切皆有，外此无物，这样我们便抹煞了所有的特定的东西，于是我们所得的，便只是绝对的空无，而不是绝对的富有了。这就是说，"存在"是一个"最抽象也最空疏"的概念。

世界上的一切事物（包括物质和精神），都不仅仅是"存在"着，而且是具有某种"规定性"的存在，即具有某种特定的内容与形式的存在。黑格尔说，

---

① ［德］黑格尔：《小逻辑》，190页，北京，商务印书馆，1980。

"规定性中已包含有'其一'与'其他'";"一个具体事物总是不同于一个抽象规定本身的。当我们说'存在'时，我们并没有说到具体事物，因为'存在'只是一个纯全抽象的东西"①。而任一事物作为有规定性的存在，它就是黑格尔所说的"定在"即特定的、特殊的存在。

如果我们把抽象的或纯粹的"存在"称做"在"，那么，我们就可以把具有规定性的所有事物都称做"在者"。显然，世界上只存在具有规定性的"在者"，而不存在没有任何规定性的纯粹的"在"。然而，人类的思维却不仅仅是抽象事物的各种规定性，将事物把握为各种具有规定性的"在者"，而且还舍弃掉事物的各种各样的规定性，寻求一切"在者"的"在"。对"在"的反思性的寻求，就是哲学的本体论；而哲学所寻求的"在"，就是所谓的"本体"。

"本体"作为抽象的"在"，并不是某种现实的存在物，而只是一种人类思维的指向性。哲学反思的现实基础是人类自己的社会生活。因此，对哲学所寻求的"本体"，对寻求"本体"的哲学本体论，都需要从人类自己的社会生活出发去予以解释；或者反过来说，只有从人类自己的社会生活出发，才能合理地解释哲学的"本体"观念和哲学的"本体论"。

哲学的"本体"观念和哲学的"本体论"的产生与发展，首先是与人类独特的生存方式联系在一起的。人类作为改造世界的实践—认识主体，其全部活动——无论是实践活动还是认识活动——的指向与价值，都在于使世界满足人类自身的需要，把世界变成对人来说是真善美相统一的世界。具有历史展开性的实践活动是人类全部思维的最本质最切近的基础，当然也是人类的哲学反思的最本质最切近的基础。

人类的实践活动不仅具有现实性，而且具有理想性，不仅具有有限性，而且具有无限的指向性。基于人类实践本性的理论思维，总是渴求在最深刻的层次上或最彻底的意义上把握世界、解释世界和确认人在世界中的地位与价值。理论思维的这种渴求，是一种指向终极性的渴求，或者说，是一种终极性的关怀。理论思维的这种终极性的渴求或关怀，构成了贯穿古今的哲学本体论。

哲学的"本体"观念，是一种对终极性的存在的渴求或关怀；哲学的"本体论"，是一种追本溯源式的意向性追求，是一种理论思维的无穷无尽的指向性，是一种指向无限性的终极关怀。哲学的"本体"观念和哲学的"本体论"，最为深刻地显示了人类存在的现实性与理想性、有限性与无限性、确定性与超越性、历史的规定性与终极的指向性之间的矛盾。在这个意义上，关于"在"或"本

① ［德］黑格尔：《小逻辑》，190、191页。

体”的哲学本体论，是表现人类自身存在的矛盾性或悖论性的理论。

“本体”与“超验存在”的关系

作为“本体”的“在”，就是“超验的存在”，而不是“经验的存在”。任何经验的存在，都是“定在”，即有规定性的存在，也就是“在者”。所有经验的存在即“在者”，都可以成为科学研究的对象。而作为“本体”的“在”，则是纯粹思维抽象的产物，因而是超越经验的存在。理解这个问题，是理解“本体论”的根本问题，因而也是理解“哲学”的根本问题。反过来说，正是由于这个问题的不易理解，因而人们经常曲解“本体论”和“哲学”。

人作为现实的存在，却要寻求超验的存在，这是因为人对世界的认识总是处于感性与理性的矛盾之中，“认为我们感官所观察到的事物并非存在本身，隐藏在它的后面、作为它的基础的那个超感官的对象，才是真正的存在，即所说的‘本体’。经验存在与本体存在是一种决定论的演绎关系：经验现象中的一切都来源于本体的规定，所以只有从后者才能使前者得到理解和说明。相反地，本体却不受经验现象的规定，它本身是一个绝对自在的、具有终极始因性的存在。把存在的事实和存在的本体分离开来、对立起来，是本体论思维的基本前提。所谓的本体论哲学，在这里也可以说就是从某种超对象的绝对实在去理解对象的一种理论认识方式”。而“本体论作为对象的解释原则完全是属于人的，它表现的是人从人的观点以理解和把握对象世界的一种方式。抛开可见的现存世界，去追求一个不可见的本体世界，这是只有人才会具有的特性。人是一种从不满足于既有存在，总在追求未来理想存在的一种存在。这通常被称做人的‘形而上学’本性。本体论就是以探寻对象之外和之上的本真存在这种方式，来表达人的形而上学追求的”①。

由此我们可以看到，把研究“在”或“本体”作为哲学的立足点和出发点的本体论哲学，有三个根本性的思想前提：其一，就其思想本质来说，是把存在本身同存在的现象割裂开来、对立起来，认为经验观察到的现象并非存在本身，存在本身是那种隐藏在经验现象背后的超验的存在；其二，就其思想原则来说，是把主观和客观、主体和客体对立起来，把哲学所追求和承诺的“本体”视为某种超出人类或高于人类的本质、与人类的历史状况无关的自我存在的实体，力图剥除全部主观性，归还存在的本来面目；其三，就其追求目标来说，是把绝对与相对分割开来，企图从某种直觉中把握了的最高确定性即作为支配宇宙的最普遍的原则或原理出发，使人类经验中的各种各样的事物得到最彻底的统一性解释，从

① 《高清海哲学文存》第1卷，141、142页，长春，吉林人民出版社，1996。

而为人类提供一种终极的永恒真理。

从这种思想前提可以看到，以本体论为解释原则或理论硬核的哲学模式，是由于把本质与现象分离开来、主观与客观割裂开来、相对与绝对对立起来而产生的。它的实质，是要求哲学为人类揭示出宇宙的绝对之真、至上之善和最高之美。这提示我们，在坚持哲学的本体论追求的进程中，应当批判这种“本体论的思维方式”；而在批判“本体论的思维方式”的过程中，应当自觉地坚守哲学的本体论追求。

马克思主义哲学与“本体论”的关系

本体论的哲学模式既把哲学追求永恒真理、探寻终极原因、表述世界本体的渴望推向了高峰，同时也就使本体论哲学走向了自我否定。离开存在的现象，人们如何认识存在本身？存在作为人类认识的对象，它能否排斥认识的主观性？人类关于存在本身的认识，能否具有绝对的、至上的、终极的真理性质？当着哲学家从对“本体”的追究而转向对人类认识的反省时，哲学研究的理论硬核便发生了变革。“没有认识论的本体论为无效”。这就是近代认识论哲学的立足点和出发点。

由于认识论哲学的发展，以探寻存在本身为理论硬核的本体论哲学模式，被以反省人类认识为理论硬核的认识论哲学模式所取代；以追求纯粹客观性为目标、并把主观性与客观性绝对对立起来的形而上学的思维方式，被探索思维与存在、主观与客观如何统一的辩证法理论所扬弃。独立存在的本体论哲学及其所代表的形而上学的思维方式，已经被德国古典哲学及其所代表的辩证法的思维方式所否定。这表明：本体论哲学作为一种世界观和理论思维方式，它本身只是人类思维在一定历史发展阶段上的产物，没有任何理由或根据把它当做永恒的解释原则或理论硬核去建构当代的哲学模式。

马克思主义认为，人类的社会实践活动，以及实践基础上的人类认识活动，是一个不断发展的历史过程。在这个历史过程中，人类所获得的全部认识成果，包括哲学层面的本体论追求，总是具有相对的性质；但同时，人类的实践和认识又永远不会停留在一个水平上，总是向着全体自由性的目标迈进。因此，马克思主义哲学否定传统本体论占有绝对真理的幻想，但并不拒绝基于人类实践本性和人类思维本性的本体论追求。

在对哲学本体论的当代理解中，我们应当达到这样一种认识：本体论作为一种追本溯源式的意向性追求，作为一种对人和世界及其相互关系的终极关怀，它的可能达到的目标，并不是它所追求的“本”或“源”；它的真实的意义，也不在于它是否能够达到它所指向的终极存在、终极解释和终极价值；本体论追求的合理性是在于，人类总是悬设某种基于现实而又超越现实的理性目标，否定自己的现实存在，把现实变成更加理想的现实；本体论追求的真实意义就在于，它启发人类在理想与现实、终极的指向性与历史的确定性之间，既永远保持一种“必要的张力”，又不断打破这种“微妙的平衡”，从而使人类在自己的全部活动中保持生机勃勃的求真意识、向善意识和审美意识，永远敞开自我批判和自我超越的空间。

二　终极存在、终极解释和终极价值

本体论作为一种追本溯源式的意向性追求，一种理论思维的无穷无尽的指向性，一种指向无限性的终极关怀，它所寻求的“在”或“本体”，既是无规定性的纯粹的存在，又是解释一切有规定性的“在者”的“在”，还是规范人的全部思想与行为的“在”，因此，哲学本体论具有三重基本内涵，即：追寻作为“世界统一性”的终极存在（存在论或狭义的本体论）；反思作为“知识统一性”的终极解释（知识论或认识论）；体认作为“意义统一性”的终极价值（价值论或意义论）。

终极存在：寻求世界统一性

把本体论界说为“存在论”即关于“存在”的理论，这是一种有哲学史根据的通行看法。但是，作这种解释时必须注意，存在于哲学史上的本体论，它所指向和寻求的“存在”，并非各种具体事物或经验对象的存在，即不是“在者”，而是总体性的存在或存在的总体性，即“在”本身。它对于把握“存在”的思维主体来说，是一种统一性的抽象或抽象的统一性。思维主体寻求这种抽象的统一性，是企图以此为根据去说明全部“在者”的生成、演化和复归。因此，这种“存在”对于思维主体所把握的世界来说，具有“终极存在”的意义。

亚里士多德提出，哲学的探索始于对大自然的惊异。人类思维面对千差万别、千变万化的世界，试图寻求一种“万物都由它构成，最初从它产生，消灭后又复归于它”的存在物，把它作为“实是之所以为实是”的最终原因，这就是哲学思维在其童年时代所指向的“终极存在”。

这种哲学思维所关注和指向的终极存在，是经验世界的多样统一性，是万物所由来和万物所复归的某种感性存在物。但在哲学思维的这种追求中，已经蕴含着自我否定和自我超越。古希腊哲学家赫拉克利特以“火”为万物的本原，并提出宇宙是燃烧的活火，并不只是把某种确定的存在物（火）作为万物所由来和万物所复归的"始基"和"基质",而且是把过程的必然性(逻各斯)视为万物流变中的不变的"本体"。在赫拉克利特这里,作为万物本原或世界统一性的"火",既是某种可感的现实存在物,又是一种象征意义的"逻各斯"。它启发哲学家沿着另一种思路——对"逻各斯"的逻辑把握——去寻求世界的统一性即终极存在。

这种哲学思路就是探寻对象世界的现象与本质的逻辑关系，把"本体"或"终极存在"视为超越经验而为思维所把握的理性存在物即"共相"的存在。柏拉图认为，现实存在的任何事物或现象，总是以其特殊性的存在或存在的特殊性而表现出诸种不完善性；从经验对象所获得的任何观念或知识，总是以其特殊性的内容或内容的特殊性而丧失其解释的统一性；因此，应该而且必须存在一个高于物理事物并且规范物理事物的"理念世界"；这个作为共相的"理念世界"给予并且显现"物理世界"的意义，因而也构成对"物理世界"的统一性理解和解释。这样，在柏拉图关于终极存在的探索中，已经显示出本体论的另一重基本内涵——关于世界的知识性的终极解释。

终极解释：寻求知识统一性

哲学家们对"世界本原"或"终极存在"的追寻和确认，不能把自己所承诺的"本原"或"本体"只作为一种抽象的观念，而必须对其进行逻辑论证，使之具体化，获得知识形态。本体观念的具体化和知识化就是对本体的解释。

本体观念指向的是世界的终极存在，本体观念的展开和论证，具有对世界进行"终极解释"的意义。值得注意的是，作为终极解释的本体论，它是以知识论的形态为中介而指向世界的终极存在，或者说，在其直接的理论形态上，不是表现为关于世界统一性的存在论，而是表现为关于知识统一性的认识论。

亚里士多德在总结古希腊哲学的基础上提出，哲学本体论所寻求的是关于最高原因的基本原理。① 这种"基本原理"可以使人类经验中的各种各样的事物得到统一性的解释，或者可以被解释为某种普遍本质的各种具体表现，从而达到思维把握和解释世界的全体自由性。黑格尔完全赞同亚里士多德所规定的寻求"最高原因的基本原理"的哲学目标，并指出整个哲学史所指向的正是这个目标。但他认为：第一，亚里士多德及其后来的哲学家们把各式各样的现象提高到概念里面之后，却又使概念本身分解为一系列彼此外在的特定的概念，而没有给出作为"终极解释"的"统一性原理"；第二，作为终极解释的统一性原理，只能是形成于对人类所创建的全部知识和整个人类认识史的"反思"，而不是直接地形成于对各种各样经验对象的认识。

① 参见亚里士多德：《形而上学》，56页，北京，商务印书馆，1959。

正是从这种理解出发，黑格尔提出：一是“要这样来理解那个理念，使得多种多样的现实，能被引导到这个作为共相的理念上面，并且通过它而被规定，在这个统一性里面被认识”①；二是要把哲学理解为“对认识的认识，对思想的思想”即“反思”，并通过反思而使哲学的“统一性原理”获得系统化的逻辑规定。

在黑格尔看来，本体论所追求的“统一性原理”之所以具有对世界进行终极解释的意义，并不是因为它对世界作出最深层次的知识性解释，而是因为它能够把全部知识和整个认识史扬弃为思维把握存在的逻辑，即人类思想运动的逻辑。由于这个逻辑具有充实任何真理性内容的功能，因而是人类的全部知识得以生成和得以解释的统一性根据。

黑格尔的这种理解和追求，是对整个传统哲学本体论的深刻总结。他以本体论、认识论和逻辑学相统一的哲学形式，唯心主义地实现了本体论所指向的终极存在与终极解释的统一。

终极价值：寻求意义统一性

本体论寻求作为世界统一性的终极存在和作为知识统一性的终极解释，并不是超然于人类历史活动之外的玄思和遐想，而是企图通过对终极存在的确认和对终极解释的占有，来奠定人类自身在世界中的安身立命之本，即人类存在的最高支撑点。人类对终极存在和终极解释的关怀，根植于对人类自身终极价值的关怀。“自然是人的法则”，“人是万物的尺度”，“上帝是最高的裁判者”，“理性是宇宙的立法者”，“科学是推动宇宙的支点”，“人的根本就是人本身”，这些表达特定时代精神的根本性的哲学命题，就是哲学本体论历史地提供给人类的安身立命之本或最高的支撑点。它们历史地构成人类用以判断、说明、评价和规范自己的全部思想和行为的根据、标准和尺度，即作为意义统一性的终极价值。

在西方哲学史上，从被黑格尔称为“具有世界史意义的人物”苏格拉底开始，就试图引导人们离开各种特殊的事例而去思索普遍的原则，追究人们用以衡量自身言行的真善美到底是什么。这种苏格拉底式的追究，就是对人的终极价值的寻求，它贯穿于自柏拉图、亚里士多德至康德、黑格尔和费尔巴哈的整个西方传统哲学。

寻求生命意义的根基，也就是寻求对人类具有普遍适用性或普遍约束性的终极价值。这种终极价值是衡量人类全部思想和行为的最高标准，而人类所追求的一切较小的目标都只是达到这种终极价值的途径或手段。对终极价值的关怀，构成本体论的最激动人心的终极关怀。

应当看到，“究天人之际，通古今之变”，“判天地之美，析万物之理”，“为

① ［德］黑格尔：《哲学史讲演录》第2卷，385页，北京，商务印书馆，1960。

天地立心，为生民立命”的中国传统哲学，它所表达的对终极存在、终极解释和终极价值的渴求与关怀，正是中国古典式的、博大精深的本体论追求。从寻求“终极价值”的意义上去重新理解“本体论”和中外哲学史，既会深化对“本体论”的理解，也会深化对哲学史的认识。

三 本体论的解释循环与自我批判

由于本体论指向终极存在、终极解释和终极价值，是一种“终极性”的关怀，特别是由于传统哲学在其本体论的追求中，往往把“本体论”变成某种不可变易的存在，因而人们往往把本体论视为一种阉割掉内在的否定性的、僵死凝固的哲学理论。这其实是一种误解。本体论所追求和承诺的终极存在、终极解释和终极价值，既是理论思维指向的永恒目标，又是理论思维公开反思和自我批判的对象，因而具有自我否定的内在根据。

作为理论思维指向的永恒目标，本体论是在哲学层面上表达了人类思维及其所建构的全部科学对确定性、必然性、简单性和统一性的寻求。众所周知，化学寻求基本元素，物理学寻求基本粒子，生物学寻求遗传基因，这不正是对“终极存在”的关怀吗？自然科学、社会科学、思维科学和数学都要寻求“基本原理”，这不正是对“终极解释”的关怀吗？就全部科学的直接指向性而言，不都是企图以某种终极存在为基础而对自己的研究对象作出统一性的终极解释吗？有谁否认科学对“终极存在”和“终极解释”的这种“关怀”或“追求”呢？恩格斯说，人的思维是“至上”与“非至上”的辩证统一，按它的本性、使命、可能和历史的终极目的来说，是至上的和无限的；按它的个别实现和每次的现实来说，又是不至上的和有限的。哲学的本体论追求正是根植于人类思维的“本性、使命、可能和历史的终极目的”，即根植于人类思维的“至上”性。对此，当代美国哲学家M. W. 瓦托夫斯基也指出，“不管是古典形式和现代形式的形而上学思想的推动力都是企图把各种事物综合成一个整体，提供出一种统一的图景或框架，在其中我们经验中的各式各样的事物能够在某些普遍原理的基础上得到解释，或可以被解释为某种普遍本质或过程的各种表现”①。而这种本体论的形而上学渴望之所以是不可“拒绝”的，是因为人类“存在一种系统感和对于我们思维的明晰性

① ［美］M. W. 瓦托夫斯基：《科学思想的概念基础》，14页。

和统一性的要求——它们进入我们思维活动的根基，并完全可能进入到更深处——它们导源于我们所属的这个物种和我们赖以生存的这个世界"[1]。在这个意义上，哲学的本体论追求既是不可回避的，也是无法取消的。

作为理论思维公开反思和自我批判的对象，本体论所寻求的确定性、必然性、简单性和统一性，及其所承诺的终极存在、终极解释和终极价值，总是隐含着内在的否定性，并表现为历史性的自我扬弃过程。哲学作为思想中的时代，它所承诺的"本体"及其对"本体"的理解和解释，都只能是自己时代的产物；而哲学本体论却总是要求最高的权威性和最终的确定性，把自己所承诺的"本体"视为毋庸置疑和不可变易的"绝对"。正因如此，哲学本体论从其产生开始，就蕴含着两个基本矛盾：其一，它指向对人及其思维与世界内在统一的"基本原理"的终极占有和终极解释，力图以这种"基本原理"为人类的存在和发展提供永恒的"最高支撑点"；而人类的历史发展却总是不断地向这种终极解释提出挑战，动摇它所提供的"最高支撑点"的权威性和有效性，这就是哲学本体论与人类历史发展的矛盾。其二，哲学本体论以自己所承诺的"本体"或"基本原理"作为判断、解释和评价一切的根据、标准和尺度，也就是以自身为根据，从而造成自身无法解脱的解释循环。因此，哲学家总是在相互批判中揭露对方的本体论的内在矛盾，使本体论的解释循环跃迁到高一级层次。这又是哲学本体论的自我矛盾。在哲学史上，哲学家们总是立足于新的时代精神，不断地揭示隐含于本体论承诺之中的诸种前提，展现它们所提供的终极存在、终极解释和终极价值的狭隘性、片面性和暂时性，从而促使人类不断地反省自己的安身立命之本，以自觉的批判意识去对待自己的全部思想和行为，用新的理论思维方式和新的价值观念体系去观照人类的历史与现实，在更高的层次上进行新的本体论追求。由此我们可以懂得，正是本体论的终极关怀和本体论的自我批判的相互推动，构成哲学的本体论追求自身的矛盾统一。

四　现代哲学的本体论问题

传统哲学为什么总是把自我批判的本体论变成非批判的本体论信仰？传统哲学的终结是否也意味着本体论追求的终结？现代哲学是否需要和能否重建自己时

---

① ［美］M. W. 瓦托夫斯基：《科学思想的概念基础》，13页。

代的本体论？本体论所指向的终极存在、终极解释和终极价值的现代意义何在？这是本体论研究的现代重大课题。

关于“本体论问题”，当代美国哲学家威拉德·蒯因认为，在讨论本体论问题时，必须注意区别两种不同的问题：一是何物实际存在的问题，一是我们说何物存在的问题；前者是关于“本体论的事实”问题，后者则是在语言中对“本体论的许诺”问题。

蒯因的这种区分，表达了对本体论问题的现代理解，触及了传统哲学本体论的症结所在。总结哲学本体论的发展史，我们会发现，虽然传统哲学家们一直是在“说何物存在”，即在语言中承诺自己所确认的终极存在、终极解释和终极价值，但他们却总是把“说何物存在”的问题视为“何物实际存在”的问题，也就是把自己的“承诺”当做毋庸置疑和不可变易的绝对。正因如此，传统哲学家总是把自我批判的本体论变成非批判的本体论信仰。

一旦自觉到本体论是一种“承诺”，便会提出如下的问题：本体论承诺了什么？这种承诺的根据和意义何在？对此，德国哲学家 H. 赖欣巴哈在 20 世纪 50 年代初提出，思辨哲学努力想获致一种关于普遍性的、关于支配宇宙的最普遍原则的知识。他还具体地指出：“思辨哲学要的是绝对的确定性。如果说预言个别事件是不可能的，那么，支配着一切事件的普遍规律至少应被视为是知识所能知道的；这些规律应该可以用理性的力量推导出来。理性，宇宙的立法者，把一切事物的内在性质显示给人的思维——这种论纲就是一切思辨哲学的基础”①。

赖欣巴哈的观点代表了现代西方分析哲学和科学哲学的基本看法，即：把本体论所承诺的实质内容归结为关于世界的绝对确定性的终极解释；又把本体论追求的根源归结为错误地夸大了人类理性的力量——把理性视为“宇宙的立法者”。现代西方的科学主义思潮，正是以否认对理性至上性的承诺为出发点，进而否认本体论式的意向性追求——“拒斥形而上学”。

与科学主义思潮不同，以存在主义为代表的现代西方人本主义思潮，一方面是把整个传统哲学归结为与存在主义相对立的“本质主义”，拒绝本体论对终极存在和终极解释的追求；另一方面又把本体论式的意向性追求聚焦于反思人自身的存在。法国哲学家保罗·萨特明确地从本体论上把全部的存在区分为“自在的存在”和“自为的存在”，凸现“自为的存在”的特殊性——“存在先于本质”，并把考察“自为的存在”——人的生存结构——置于哲学的核心地位。

剖析西方哲学对本体论的现代理解，可以使我们比较清楚地看到，尽管现代

① ［德］赖欣巴哈：《科学哲学的兴起》，235 页。

西方哲学的各流派对本体论持有各不相同甚至恰相反对的态度（诘难或辩护，拒斥或重建），但都把传统本体论的目标理解为对绝对确定性的终极解释的寻求，都把传统本体论的根基归结为对理性至上性的承诺。在这个意义上，整个现代西方哲学——无论是科学主义思潮还是人本主义思潮——都是反本体论的：拒斥传统本体论的绝对主义和理性主义，张扬相对主义和非理性主义。而二者的区别则在于：科学主义思潮从反对绝对主义和理性主义出发，把本体论追求视为“无意义”的“假问题”而予以“拒斥”；人本主义思潮则从关注人自身的存在出发，剔除本体论对世界统一性（终极存在）和知识统一性（终极解释）的追求，而把本体论归结为对人的生存状态的关怀。

应当承认，现代西方哲学对传统本体论的解析与批判不乏深刻之处，对本体论的现代重建也不乏睿智之见。但是，我们更应清醒地看到，现代西方哲学所张扬的相对主义和非理性主义，表明它从近代哲学对人类未来满怀激情的憧憬变成了对人类未来惴惴不安的恐惧，从近代哲学对人类理性力量鲸吞宇宙的幻想变成了对人类理性力量深感忧虑的怀疑。消解、拒斥、烦恼、焦虑，代替了大一、统一、和谐、全体。许多现代西方哲学家都认为，生活是根据下一步必须要解决的具体问题来考虑的，而不是根据人们会被要求为之献身的终极价值来考虑的，并把当今的时代概括为“相对主义时代”。① 这种本体论追求的拒斥与丧失，从对人类理性的理解角度看，是从传统哲学片面夸大人类思维的至上性，走向了片面地夸大人类思维的非至上性；而从理论与现实关系的角度看，则是理论地折射出现代发达工业社会的文化危机和精神危机。

我们把终极存在、终极解释和终极价值称做本体论终极关怀的“三重内涵”，而不是称做终极关怀的“三种历史形态”，这就意味着，它们之间的关系并不是此消彼长、依次更迭的，而是互为前提、始终并存的。具体地说，我们可以对哲学本体论所追寻的“终极存在”、“终极解释”和“终极价值”作出如下的总体说明：追寻作为世界统一性的终极存在，这是人类实践和人类思维作为对象化活动所无法逃避的终极指向性，这种终极指向性促使人类百折不挠地求索世界的奥秘，不断地更新人类的世界图景和思维方式；追寻作为知识统一性的终极解释，这是人类思维在对终极存在的反思性思考中所构成的终极指向性，对终极解释的关怀就是对思维规律能否与存在规律相统一的关怀，也就是对人类理性的关怀，这种关怀促使人类不断地反思“思维和存在的关系问题”，引导人类进入更深层次的哲学思考；追寻作为意义统一性的终极价值，这是人类思维反观人自身的存

① 参见［美］宾克莱：《理想的冲突》，19页，北京，商务印书馆，1986。

在所构成的终极指向性，对终极价值的关怀就是对人与世界、人与人、人与自我的关怀，这种关怀促使人类不断地反思自己的全部思想与行为，并寻求评价和规范自己的标准和尺度。显而易见，无论是对世界统一性和知识统一性的关怀，还是对意义统一性的关怀，对于作为实践主体和认识主体的人类来说，都不是一个是否“应当”的问题，而只能是一个“如何”关怀的问题。哲学对“在”或“本体”的指向与追求，是哲学思维的一个突出特征，也是哲学对人类的重要社会功能。

第八章
人类性的哲学问题

哲学作为人类把握世界的一种基本方式，它是以时代性的内容、民族性的形式和个体性的风格去求索人类性的问题。哲学问题的人类性，是哲学的显著特征。

哲学是理解和协调人与自然、人与社会、人与历史、人与文化、人与他人以及人与自我的相互关系的“大智慧”和“大聪明”，它要为人们的思想和行为提供“世界观”、“历史观”、“人生观”、“认识论”、“方法论”和“价值论”，因而，它把关乎人类生存和发展的根本问题作为自己的研究对象。这其中，最重要的是思维与存在、主体与客体、一般和个别、小我和大我、理想与现实、生与死等问题。所有这些问题，都可以归结为人与世界的关系问题。而人与世界的关系问题，说到底又是人自己的“安身立命之本”问题——人类生活的意义与价值、人类发展的基础与动力、人类幸福的选择与标准。因此，我们从“人与世界”的总体关系入手，分别地论述人类性的哲学问题。

一　人与世界

人与世界的关系，是以人的实践活动为基础所形成的关系；对人与世界关系的合理解释，必须诉诸对人类实践活动的理解。

人类存在的实践性

实践是人类的存在方式。人类以实践的方式维持自身的生存和实现自身的发展。对于人类存在的实践方式及其意义，恩格斯作过精辟的概括，他说，一句话，动物仅仅利用外部自然界，简单地通过自身的存在在自然界中引起变化；而人则通过他所作出的改变来使自然界为自己的目的服务，来支配自然界。这便是人同其他动物的最终的本质的差别，而造成这一差别的又是劳动。① 人类在自己的实践活动及其历史发展中，构成了人与世界之间的关系，而实践活动本身却具有深刻的内在矛盾。正是实践活动的内在矛盾造成了人与世界之间的特殊关系，也正是在实践活动内在矛盾的展开中使人与世界之间的关系获得了既错综复杂而又丰富多彩的内容。

实践活动的内在矛盾，首先是表现为实践主体的自然性与超自然性。实践活动是人以自己的感性的自然（肉体组织），并通过感性的中介（物质工具），去改造感性的对象（物质世界）。离开实践主体的自然的感性存在，就没有感性的实践活动。“但人不是简单的自然存在物，而是具有理智的人的自然存在物。人不像动物那样无意识地适应自然界，而是在适应自然界的同时使自然界适应自己，满足自己的需要”。“正是这种双重的适应性，即环境对人和人对环境的不断作用与反作用，决定了人的活动的本质”②。离开超自然性的自然性，人只能像动物一样去适应自然；反之，离开自然性的超自然性，人的超自然性只能是一种神秘的、抽象的特性。因此，作为实践主体的人，其自然性是具有超自然性（自为性）的自然性，其超自然性是具有自然性（自在性）的超自然性。只有辩证的哲学反思，才能超越把人的自然性与超自然性分割开来的知性思维，达到对人的自在自为的辩证理解。

实践活动的内在矛盾，还表现为实践活动的合目的性与合规律性。实践是人

---

① 参见《马克思恩格斯选集》第4卷，383页。

② ［法］科尔纽：《马克思的思想起源》，75页，北京，中国人民大学出版社，1987。

的有目的的自觉活动，是人把自己的目的和要求变成现实的活动。作为实践主体的人，自己给自己构成人所要求的世界图景，并以自己的实践活动使世界变成自己理想的世界。但同时，实践作为人的客观物质性活动，又必须面对客观世界，以客观世界为转移。因此，一方面，实践主体要按照自己的欲望、目的、要求去改变世界；另一方面，实践主体的目的性要求又必须积淀着关于世界的规律性认识，这种目的性要求才能得以实现。由此便构成了实践活动中的“合目的性”与“合规律性”的矛盾。这种矛盾也只有在辩证哲学的反思中才能得到合理的理解。

实践活动的内在矛盾，还表现为实践活动的“人的尺度”和“物的尺度”的矛盾。人类实践活动的特殊性，在于人类是依据“两种尺度”来进行自己的生命活动。实践活动的“合目的性”，本质上是以“人的尺度”去要求客观世界；实践活动的“合规律性”，则是以“物的尺度”去规范人的目的与活动。因此，实践活动的“合目的性”与“合规律性”的矛盾，深层地看，是“人的尺度”与“物的尺度”的矛盾。动物只有一个“尺度”，即它所属的那个“物种”的尺度；人则有两种“尺度”，即“任何物种”的尺度和人的“内在固有”的尺度；人的实践活动既是以“人的尺度”去改变世界，又是按照每种“物的尺度”去规范自己的思想与行为；正是在这两个“尺度”的对立统一中，实践活动实现为“合目的性”与“合规律性”的对立统一。

实践活动的内在矛盾，还表现为实践活动中的客体主体化与主体客体化。实践活动是一个双重化的过程：一方面，实践主体以“人的尺度”去要求实践客体，把自己的“目的性要求”变成现实的存在，这就是所谓的主体客体化（客体变成主体所要求的客体）；另一方面，实践主体又以“物的尺度”去规范自己的思想与行为，按照“客观规律”去进行实践活动，这就是所谓的客体主体化（主体成为掌握客体规律的主体）。正是在这种主体客体化与客体主体化的对立统一中，人实现了改造世界与改造自身的对立统一。在人类的实践活动中，这种主体客体化与客体主体化的过程是不断扩展与深化的。因此我们可以说，“实践既是消除主观性与客观性各自的片面性、使主体与客体达到统一的活动，又是发展主观性与客观性的对立、造成主体与客体新的矛盾的活动。总之，在实践活动中不仅蕴藏着人类社会生活的一切秘密，也蕴藏着人的对象世界的一切秘密；它是人类面对的一切现实矛盾的总根源，同时又是人类能够获得解决这一切矛盾的力量和方法的源泉和宝库”[①]。

---

① 《高清海哲学文存》第1卷，125页。

现实世界的二重化

人类实践活动的结果，使现实的世界变成了二重化的世界。

本来，世界就是自然，它自然而然地存在，自然而然地演化。这个自在的或自然的世界，不存在二重化问题。然而，从自然中生成的人类，却以自身的实践活动为基础，构成了“人”与“世界”之间的“关系”，把自身提升为认识世界和改造世界的“主体”，从而把“世界”（包括人自身）作为认识和改造的对象即“客体”。这样，人类的实践活动就否定了自然而然的世界的单纯的“自在性”和“自然性”，把实践改造的对象变成“人化了的自然”、“属人的自然”，也就是打上人的印记的自然。由此便形成了现实世界的二重化，即：自在世界与自为世界、自然世界与属人世界的分裂。

显然，这里所说的现实世界的二重化，既不是说简单地从空间上把世界分成“自然世界”和“属人世界”，更不是说有一个“此岸的世界”，还有一个“彼岸的世界”。对此，我们需要分别地予以解释。

所谓“自然世界”和“属人世界”，是从人类的实践活动所造成的人与世界之间的关系而言的。人类以实践的方式改造世界，使世界变成“人化”或“文化”了的世界，在这个意义上，人类生活的世界是“属人的世界”。然而，这个“属人的世界”仍然是作为“自然的世界”而存在，并按照自然的规律而演化。强调现实世界的二重化，是为了以人对世界的实践关系为出发点，深刻地理解人与世界的关系。

现实世界的“二重化”是说，人类的实践活动使自然而然的世界具有了二重属性：一方面，无论是实践的主体（从事实践活动的人）和实践的客体（包括人及其思维在内的全部实践对象），还是实践活动中沟通主体与客体的所有中介（首先是物质性的劳动工具），在“本原”的意义上，都是自然的存在，都属于自然世界；另一方面，实践活动的主体、客体及其中介，在现实性上，又都是人类自己实践活动的产物和结果，都属于人类自己所创造的属人的世界、文化的世界。对于人类来说，世界就不仅仅是一个自在的、与人没有“关系”的世界，而且是一个自为的、与人发生种种“关系”的世界。

对于动物来说，世界就是一个自然的世界，根本不存在世界的“二重化”问题。因为动物与自然世界是浑然一体的，它与世界的“关系”不是作为关系而存在的，它就是自然的存在。世界对人类来说，则是“为我”而存在的实践“关系”。在这种实践“关系”中，世界不仅仅是人类存在的“寓所”，而且是人类改造的“对象”。人类以改造世界的方式而存在于世界，世界对人类来说就具有了二重性。

所谓“此岸世界”与“彼岸世界”，这是人们在宗教中以幻化的方式而构成的两个“世界”，即一个是现世的、世俗的世界，另一个则是天国的、神灵的世界。唯物主义者费尔巴哈曾经把他的宗教神学批判诉诸反对把世界二重化为宗教的、想象的世界和现实的、世俗的世界，并要求把宗教世界归结为它的世俗基础。对此，马克思曾经深刻地指出，费尔巴哈只是致力于把宗教世界归结为它的世俗基础，但不懂得世俗的基础使自己和自己本身分离，并使自己转入云霄，成为一个独立王国，这一事实，只能用这个世俗基础的自我分裂和自我矛盾来说明。因此，对于世俗基础本身首先应当从它的矛盾中去理解，然后用排除这种矛盾的方法在实践中使之革命化。这首先是说，世界被幻化为宗教的世界与现实的世界，这本身就根源于“世俗基础”的“自我分裂”和“自我矛盾”，因而我们可以通过对“世俗基础”的认识来理解这种幻化的二重化。这更为重要的是说，人们必须以实践的方式去解决“世俗基础”的“自我分裂”和“自我矛盾”，从而达到现实地改变世界的目的。

人类生活的三重世界

在对人与世界关系的理解中，我们不仅应当看到人类的实践的存在方式造成了现实世界的二重化，而且应当看到人类的实践的存在方式所形成的人类生活的三重世界。这就是：人作为自然存在物，同其他生物一样生存于“自然世界”；人作为超越自然的社会存在物，生活于自己所创造的“文化世界”；人作为社会—文化存在物，既被历史文化所占有，又在自己的历史活动中展现新的可能性，因而生活于历史与个人相融合的“意义世界”。“自然世界”、“文化世界”和“意义世界”，就是人类生活的三重世界。

人与动物生存于同一个物理自然世界之中，但是，人与动物对世界的关系却是根本不同的。动物只是以其本能适应自然而维持自身的存在，因而它就是自然的存在，它只是生存于“自然世界”之中。人则是以实践的方式改变自然而维持和发展自身，从而使自身不仅是自然的存在，而且是超自然的存在，即改造自然的存在。人类在以实践方式改变自然（外在的自然界和自身的自然）的过程中，形成了自己所特有的把握世界的多种方式，从而以这些基本方式为中介而构成了人与世界之间的丰富多彩的关系，并因而构成了“属人”的“神话的世界”、“宗教的世界”、“艺术的世界”、“伦理的世界”、“科学的世界”。这就是人的“文化世界”。

“文化”，它既是人类以实践活动为基础、以各种方式为中介把握世界的结果，它又是人作为现实的人、并与世界发生现实的“属人”关系的前提。马克思曾经说过，人们自己创造自己的历史，但是这种创造活动并不是随心所欲的，并不是在人们选定的条件下进行的，而是在直接碰到的、既定的、从过去承继下来的条件下进行的。这种规范人们创造活动的历史条件，就是广义的“文化”条件，也就是人的“文化世界”。人的“文化世界”使人成为历史的、文化的存在。

语言是“文化的水库”，它保存着历史的文化积淀；反之，历史的文化积淀又通过语言去占有世世代代的个人。文化哲学家卡西尔提出，语言的具有决定意义的特征并不是它的物理特性而是它的逻辑特性。从物理上讲，语词可以被说成是软弱无力的；但从逻辑上讲，它被提到了更高的甚至是最高的地位：逻各斯成为宇宙的原则，并且也成了人类知识的首要原则；“在这个人类世界中，言语的能力占据了中心的地位。因此，要理解宇宙的‘意义’，我们就必须理解言语的意义”①。

现代的哲学解释学进一步提出，语言作为“文化的水库”，它构成了历史与现实之间、“历史视野”与“个人视野”之间的一种“视野融合”，也就是构成了人与历史、人与他人以及人与自我之间的相互理解和自我理解。这就是以人的“文化世界”为基础的人的“意义世界”。

人的“文化世界”和“意义世界”，表明了人与世界之间的特殊关系。世界就是自然，从自然中生成的人类，却要从这个“自然世界”中去探索“真”（世界是怎样）、去寻求“善”（世界应怎样）、去实现“美”（“是”与“应当”的统一），把世界变成对人来说是“真善美”的世界。人生也是自然，从自然中生成的人类，却要在自然的生命活动中，把人生变成“有意义”的“生活”。为了使自己的生命活动具有“意义”，人们总是向自己追问“为何生存”和“怎样生存”，也就是寻找意义和追求价值，把人类的“生存”变成人类所向往和追求的“生活”，把人类的社会变成人类所憧憬的理想性的现实。

对人与世界关系的哲学理解

人与世界的关系是哲学探索的根本问题；由于不同时代或不同派别的哲学从不同的视角去理解和解释人与世界的关系，就形成了关于人与世界关系的不同的“世界观理论”。从总体上看，马克思主义哲学以前的哲学，主要是旧唯物主义和唯心主义这样两种相互对立的“世界观理论”，马克思主义哲学则是扬弃了旧唯物主义与唯心主义两极对立的新的“世界观理论”。

传统的唯物主义哲学和唯心主义哲学，分别从对立的两极去思考自然界与精神的关系问题，因而始终僵持于“本原”问题的自然本体与精神本体的抽象对立，并以还原论的思维方式去说明二者的统一。旧唯物论以自然界为精神的本

① ［德］卡西尔：《人论》，143页。

原，力图把精神还原为自然，用自然来解释人类的精神活动，从而把物的尺度当做人类全部行为的根据，这就是旧唯物论的自然本体论；唯心论则以精神为自然界的本原，试图把自然还原为精神，用人类的精神活动来解释自然，从而把精神的尺度当做人的全部行为的根据，这就是唯心论的精神本体论。

由于旧唯物论以自然为本体，只是从被动的观点去理解人与世界的关系，取消了人的能动性，因此它所坚持的是一种单纯的、自在的客体性原则；由于唯心论以精神为本体，只是从能动的观点去理解人与世界的关系，抽象地发展了人的能动性，因此它所坚持的是一种单纯的、自为的主体性原则。这样旧唯物论和唯心论就不仅固执于"本原"问题上的自然本体与精神本体的抽象对立，而且造成了思维方式上的客体性原则与主体性原则的互不相容。它们把这种本原问题上的抽象对立和思维方式上的互不相容扩展到全部哲学问题，就使它们自身成为片面夸大两极的哲学理论。马克思在《关于费尔巴哈的提纲》中对全部旧哲学的批评，正是精辟地揭露了这种两极对立的哲学的根本缺陷，指出了在其原有的思维方式内无法解决的内在矛盾。

18世纪末到19世纪初的德国古典哲学，曾试图克服本原问题上的自然本体与精神本体的抽象对立，扬弃思维方式上的客体性原则与主体性原则的互不相容，以新的思维方式去开拓新的哲学道路。这种探索的积极成果就是自觉形态的辩证法理论。

黑格尔认为，消解自然本体与精神本体的抽象对立，克服客体性原则与主体性原则的互不相容，必须诉诸把它们统一起来的中介环节——概念的世界。概念是自在的客观世界对自为的主观世界的生成，即外部世界转化成思维规定；同时，概念又是自为的主观世界对自在的客观世界的生成，即以观念的形态构成思维中的客观世界。自在的自然与自为的精神、单纯的客观性与单纯的主观性统一于自在自为的概念世界之中。概念作为自然与精神双向生成的中介，它既是物的尺度与人的尺度的和解，又是合规律性与合目的性的统一，所以它首先是具有客观意义的主观目的性，即以"真"为根基的"善"的要求。这种"善"的要求是在思维中所达到的自然与精神、客观与主观的统一，它通过概念的"外化"、"对象化"即外部现实性活动而生成人所要求的世界。列宁说，在黑格尔逻辑学的概念论中包含着历史唯物主义的萌芽。这个萌芽，就在于在黑格尔对概念的实践理解中，具有把实践活动作为自然与精神、客观与主观统一的中介，并通过这个中介来说明世界对人的生成的天才猜测。

马克思恩格斯坚定不移地承认外部自然界对人及其精神的"优先地位"，并以是否承认这种"优先地位"作为划分唯物主义哲学和唯心主义哲学的标准。但他们认为：在自然界与精神谁为“本原”的意义上区分的唯物主义和唯心主义，不能“在别的意义上”使用；抽象的、孤立的、与人分离的自然界，对人来说也是无，关于自然界“优先地位”的证明，必须诉诸实证科学和人类的全部实践活动；包括科学活动在内的人类实践活动，以自身为中介而扬弃了自然与精神的抽象对立，并实现为人类历史发展中的具体统一；正是由于旧唯物论和唯心论离开人类的实践活动和人类的历史发展去解决自然界与精神的关系问题，才把二者在“本原”问题上的抽象对立夸大、扩展和膨胀为整个哲学理论的互不相容，从而造成了各自无法克服的局限性（旧唯物论无法容纳能动性，唯心论则只能抽象地发展能动性）；其结果，是造成了自然本体与精神本体、客体性原则与主体性原则的抽象对立和互不相容，并构成了“非此即彼”的形而上学的思维方式；因此必须“拯救”和改造德国古典哲学，特别是黑格尔的概念辩证法理论，在对实践的重新理解中创建新的哲学。

在马克思看来，黑格尔仅仅把概念作为客观主观化和主观客观化的中介环节，以概念自身的生成和外化去实现思维与存在、主观与客观、真与善的统一，就把概念发展变成了“无人身的理性”的自我对置、自我运动，从而也就把人与世界的现实的辩证关系神秘化了。因此，必须把被黑格尔哲学神秘化了的概念辩证法扬弃为实践辩证法的内在环节，不是用概念的辩证运动去说明人类的实践活动，而是用人类的实践活动去解释概念的辩证发展。

概念规定作为实践的内在环节，它既是实践主体对实践客体的规律性认识的结晶，又是实践主体对实践客体的目的性要求的体现，因而它才是合规律性与合目的性的统一。正是在这种统一中，物的尺度与人的尺度才熔铸成人给自己构成的客观世界的图画，才升华出人在观念中所创造的、要求世界满足自己的、对人说来是真善美相统一的新客体。而所谓概念的“外化”、“对象化”，在其现实性上，也只能是实践作为外部现实性活动，把观念中的新客体（概念规定）转化成现实的新客体（满足主体需要的劳动产品）。因此，马克思不仅以实践范畴去扬弃旧哲学中的自然本体与精神本体、客体性原则与主体性原则的抽象对立，而且把实践活动本身视为人与世界对立统一的根据，用实践的观点去解决全部哲学问题。

传统哲学从对立的两极去思考自然界与精神的关系问题，其实质是把人的自然属性和精神属性抽象地对立起来，从人的两极存在去寻求人类的安身立命之本；而从中介出发去思考自然界和精神的关系问题的现代哲学，其实质则是以人的历史活动为中介把人的感性存在和精神活动具体地统一起来，从人的社会存在去寻求人类的安身立命之本。这是本体观念的深刻革命。

人类作为物质世界链条上的特定环节，是自在的或自然的存在；人类作为认识世界和改造世界的主体，又是自为的或自觉的存在；因此，人类作为自在存在与自为存在的统一是自在自为的存在，即作为物质世界中达到自我认识和自我改造的能动性主体而存在。

作为自在的或自然的存在，人类统一于物质世界，物质世界是人类生存和发展的根据即本体；作为自为的或自觉的存在，人的世界又只是世界对人的生成，人是自己的根据即本体；作为自在自为的存在，人类以自己的历史活动而实现物的尺度与人的尺度、客观规律与主观目的的统一，由人的历史活动所创造的人类社会存在才是人类自己的安身立命之本。

从自在性、自为性和自在自为性这三个不同的视角去看待人与世界的关系，就形成了三种不同的哲学理论：从自在观点出发的旧唯物论，从自为观点出发的唯心论，以及从自在自为观点出发的现代哲学。由于旧唯物论和唯心论从自在和自为这两极去理解人与世界的关系，所以它们陷入非此即彼的形而上学的思维方式，并成为抽象对立、互不相容的哲学理论。现代哲学在扬弃传统哲学的两极对立的过程中，其视角则愈来愈聚焦在沟通两极的中介环节上，使实践哲学、科学哲学、文化哲学、意义哲学等等成为现代哲学的多元形态。而透视现代哲学多元形态的深层统一性，就会发现，其实质都是以人类的社会存在（或其中的某个特征、部分、方面、环节）为本体的。可以说，整个现代哲学的产生和发展，都是以马克思的实践辩证法理论所实现的伟大哲学革命为实质内容和根本方向的，而不管现代哲学的其他流派是否自觉到或是否承认这一点。马克思是真正的现代哲学的奠基人。

二　生活与生存

人存在于“自然世界”、“文化世界”和“意义世界”的三重世界之中，人的生命活动也具有三重特性：“自然生命”、“社会生命”和“精神生命”。人以自己的三重生命活动而与世界发生关系，便构成了人的三重世界。这表明，以实践活动为基础的人的“三重生命”与“三重世界”是互为“前提”和“结果”的。我们需要从人的生命活动的特殊性去理解人与世界的关系。

人的“生活活动”和“生活世界”

世界上的一切存在，可以分为生命的存在与非生命的存在。生命的存在，可以分为人的生命存在与其他生物的生命存在。人的生命存在的方式是“生活”，其他生物的生命存在则仅仅是“生存”。生活与生存，是人与其他生物的根本区别。

生活与生存的区别，首先在于生活是有意识的生命创造活动，而生存则是无意识的生命适应活动。马克思说，动物是和它的生命活动直接同一的。它没有自己和自己的生命活动之间的区别。它就是这种生命活动。人则把自己的生活活动本身变成自己的意志和意识的对象。他的生活活动是有意识的。……有意识的生活活动直接把人跟动物的生命活动区别开来。①

动物的生命活动就是它的生存，它的生存也就是它的生命活动。动物以自然所赋予的生命本能去适应自然，从而维持自身的生存。这种生存的生命活动是纯粹的自然存在。

人则不仅以生命活动的方式存在，而且意识到自己的生命活动，并且根据自己的意志和意识进行生命活动。这样，人的生命活动就成为实现人的目的性要求的活动，把自己的目的性要求变成人所希望的现实的活动，让世界满足自己的需要的活动。正因如此，人的生命活动就不再是纯粹适应自然以维持自身存在的生存方式，而是改变自然以创造人的世界的生活方式。

生活与生存的区别，还在于动物的生命活动只是按照自己所属的物种的尺度去适应自然的活动，而人的生命活动则是物的尺度与人的尺度相统一的变革自然的活动。这正如马克思所说，动物只是按照它所属的那个物种的尺度和需要来进行塑造，而人则懂得按照任何物种的尺度来进行生产，并且随时随地都能用内在固有的尺度来衡量对象；所以，人也按照美的规律来塑造。②

动物只是按照它所属的物种的尺度进行生命活动，它就只能是按照它所属的物种的本能去适应自然。肉食类动物只能吃肉，草食类动物只能吃草；陆地上的动物只能生存于陆地，水里的动物只能生存于水中；动物只能按照它所属的物种的方式生存，而不能按照其他物种的方式存在；动物只有自己所属的物种的尺度，而没有变革自己的存在方式的“内在”的尺度。人则可以根据任何一种物种的尺度去进行生产，并且按照人的尺度（人的意愿、目的、情感等等）去改变对象的存在。

生活与生存的区别，又在于人的生命活动是创造性的历史活动，而动物的生命活动则是适应自然的非历史活动。动物只是按照它所属的那个物种的尺度本能地适应自然，因此它永远只能是一代又一代地复制自身。这种纯粹自然的物种繁衍，造成一代又一代的本能的生命存在，因而是非历史的存在。人则不然。人在

① 参见马克思：《1844年经济学—哲学手稿》，50页，北京，人民出版社，1979。

② 参见上书，50～51页。

自己的生命活动中，不仅仅是按照物的尺度与人的尺度的统一进行生产，而且不断地在这种生产中改变自身的存在。因此，人不像动物那样一代又一代地复制自己，而是一代又一代地发展自己。只有人才有自己的“历史”，只有人的生命才是历史性的存在。

历史性的存在，就是“文化”的存在。人的生命活动，不仅是改变生活环境的活动，使自然“人化”的活动，把“人属的世界”变成“属人的世界”的活动，而且是改变人类自身的活动，使自身“文化”化的活动，把“属人的世界”变成“文化世界”的活动。

文化又是人类的遗传方式。“在动物和植物中，形成对环境的适应性，是通过其基因型的变异。只有人类对环境刺激的反应，才主要是通过发明、创造和文化所赋予的各种行为。现今文化上的进化过程，比生物学上的进化更为迅速和更为有效”①，获得和传递文化特征的能力，就成为在人种选择上最为重要的了。人类是在文化的遗传与进化中实现自身的历史发展的。

人在自身的历史发展中，永远处于这样的矛盾之中：人既是历史的经常的“前提”，又是历史的经常的“结果”。每一代人的存在都依赖于先前世世代代人所创造的历史条件，同时又以自己的生命活动为后代创造新的历史条件。正是在这种互为“前提”与“结果”的历史活动中，人类的存在具有了越来越丰富的文化内涵，人的世界越来越成为“文化”了的生活世界。

人的生活世界，是人的自然生命、精神生命和社会生命相互融合所创造的世界。人所创造的生活世界，是物质文明、精神文明和制度文明相互融合的文化的世界。

人类存在的历史形态

人以实践方式把自在的、自然的世界变成人化的、属人的“文化世界”、“意义世界”，把人的生命活动变成创造“文化世界”、“意义世界”的“生活活动”。人的“生活活动”是历史性的，由人的“生活活动”所构成的“人的世界”也是历史性的。

关于人类存在的历史形态，马克思从宏观的历史视野作出了如下的总体概括：人的依赖关系（起初完全是自然发生的），是最初的社会形态，在这种形态下，人的生产能力只是在狭窄的范围和孤立的地点发展的。以物的依赖性为基础的人的独立性是第二大形态，在这种形态下，才形成普遍的社会物质交往，全面的关系，多方面的需求以及全面的能力的体系。建立在个人全面发展和他们共同

① ［美］杜布赞斯基：《遗传学与物种起源》，288页，北京，科学出版社，1964。

的社会生产能力成为他们的社会财富这一基础上的自由个性，是第三阶段，第二阶段为第三阶段创造条件。[①] 概括地说，人类存在的三大历史形态是：人的依赖关系；以物的依赖性为基础的人的独立性；以个人全面发展为基础的自由个性。

在"人的依赖关系"的历史形态中，个人依附于群体，个人不具有独立性，只不过是"一定的狭隘人群的附属物"。在"以物的依赖性为基础的人的独立性"的历史形态中，个人摆脱了人身依附关系，而获得了独立性，但这种"独立性"却只能是"以物的依赖性为基础"。人依赖于物，人受物的统治，人与人的关系受制于物与物的关系。只有超越"以物的依赖性为基础的人的独立性"，才能实现"建立在个人全面发展和他们共同的社会生产能力成为他们的社会财富这一基础上的自由个性"。这就是人类存在的三大历史形态的基本特征。人类存在的三大历史形态，是人类存在方式的历史规定性。这种历史的规定性，集中地表现为"自然经济"、"市场经济"和社会生产力高度发达基础上的"产品经济"。

所谓"自然经济"，就是在生产力水平低下或较为低下的情况下的"人的依赖性"或"人对人的依附性"的人的存在方式。在"自然经济"的形态下，"人的生产能力只是在狭窄的范围内和孤立的地点上发展着"。由于生产力水平低下或较为低下所造成的"人对人的依附性"，从人的存在方式上看，"自然经济"的特点是经济生活的禁欲主义、文化生活的蒙昧主义和政治生活的专制主义的"三位一体"。经济生活的禁欲主义既需要文化生活的蒙昧主义，更需要政治生活的专制主义。自然经济的人的存在方式，从本质上看，就是这种禁欲主义、蒙昧主义和专制主义"三位一体"的"人对人的依附性"的存在方式。

按照马克思的观点，超越自然经济的市场经济，实现了人的存在方式由"人对人的依附性"到"以物的依赖性为基础的人的独立性"的历史性转变。马克思提出，在这种"以物的依赖性为基础的人的独立性"的存在方式中，才形成普遍的社会物质交换，全面的关系，多方面的需求以及全面的能力的体系。

如果说"自然经济"的基本特征是经济生活的禁欲主义、文化生活的蒙昧主义和政治生活的专制主义，那么，在与"自然经济"相比较的意义上，我们可以对"市场经济"的特征作出如下的概括：经济生活的反对禁欲主义而要求现实幸福，文化生活的反对蒙昧主义而要求理性自由，政治生活的反对专制主义而要求天赋人权。"市场经济"的这种要求的理论表达，则构成人们所熟知的著名的哲

---

① 参见《马克思恩格斯全集》第46卷上，104页。

学命题，这就是：“我欲故我在”（要求现实幸福）；“我思故我在”（要求理性自由）；“我生而为人”（要求天赋人权）。

如果我们更深入一步地从人的思维方式、价值观念和行为方式等人的存在方式的视角去透视“市场经济”，那么，我们又可以对“市场经济”的特征作出更为实质性的概括。这就是：功利主义的价值态度（以功利原则为价值核心）；工具理性的思维方式（以科学思维为合理性）；民主法制的社会体制（市场经济即法制经济）。市场经济按照自己的要求去塑造全部的社会生活，从而也就塑造了人的新的存在方式（人在市场经济中的存在方式）。对于人的这种存在方式的本质与特征，马克思作出了最为简洁、精辟的理论把握与概括，这就是：“以物的依赖性为基础的人的独立性”。

马克思的概括，深刻地揭示了市场经济以及与之相适应的人的存在方式的二重性：一方面，与自然经济相比，市场经济使人的存在方式由“人对人的依附性”转变为“人的独立性”；另一方面，市场经济中的“人的独立性”，只能是“以物的依赖性为基础”，因此它所实现的由“人对人的依附性”到“人的独立性”的转变，只是由“人的依赖关系”转变为“物的依赖关系”。正是由于市场经济以及与之相适应的人的存在方式的二重性，所以马克思既充分肯定市场经济较之自然经济的巨大的历史进步性，又深刻地揭露了市场经济的内在矛盾，并指出了超越市场经济的人的第三大存在状态——建立在个人全面发展和他们共同的社会生产能力成为他们的社会财富这一基础上的自由个性。

在对人类存在的历史形态的思考中，我们还有必要思考当代哲学界最为关注的“现代性”问题。现代文明创造了一个人工的世界，人工的世界成了现代人的生活世界。试想一下：耸入云天的高楼大厦是现代人的崇山峻岭，呼啸奔驰的车水马龙是现代人的湖海江河，纵横交错的交通网络是现代人的森林原野，五光十色的灯火霓虹是现代人的白日黑夜。现代化，正在使人的日常经验科学化、日常消遣文化化、日常交往社交化、日常行为法治化，并在最广泛的意义上实现着农村生活城市化。人类生活的“现代世界”成为现代哲学反思的对象。

在论述人的时候，恩格斯这样告诉我们：人来源于动物界这一事实已经决定人永远不能完全摆脱兽性，所以问题永远只能在于摆脱得多些或少些，在于兽性或人性的程度上的差异。人以“文化”的方式而越来越使世界文化化、符号化，其结果也造成了对人来说的“自然的退隐”和“人与自然的疏离”。远离自然即远离动物状态，这是人类的进步；远离自然而造成的“人与自然的疏离”，则是进步所付出的代价。现代人正在深切地感受到，生活的意义由于人越来越远离动物状态而日益丰富，同时，生活的意义也由于人越来越远离自然而日益纤弱。这可以说是人类的生命之根的二律背反，这也表明社会历史的发展总是表现为某种片面性。哲学，它的历史任务就是要对社会的总体行为和历史的总体进程进行全面的反应、深层的反省、规范性的矫正和理想性的引导。哲学，它就是人类不断地反观自己的观念与行为的社会的“自我意识”。

三 主体与客体

在最一般的意义上，我们可以说人是认识活动和实践活动的“主体”，而被人认识和改造的对象则是“客体”。然而，主体与客体究竟是一种什么关系？这种主—客体关系是怎样构成的？主—客体关系与主体之间的关系又是怎样的关系？这就是哲学所探讨的主体与客体的关系问题。

“我”与主—客体关系

“主体”与“客体”是一对密不可分的“关系”性的存在；离开“主体”即无谓“客体”，离开“客体”亦无所“主体”。这个道理是易于理解的。但是，为什么只有人与世界之间才发生主—客体关系？这才是一个需要认真思考的哲学问题。

主体与客体的关系，是一种为“我”而存在的关系。马克思和恩格斯曾经极为深刻地指出，凡是有某种关系存在的地方，这种关系都是为我而存在的；动物不对什么东西发生“关系”，而且根本没有“关系”；对于动物说来，它对他物的关系不是作为关系存在的。①“关系”的存在是客观的、普遍的，因为整个的世界就处于普遍的联系和永恒的发展之中。但是，要使“关系”作为“关系”而存在，就必须以“我”的存在为前提，就必须构成主体与客体的关系。纯粹无“我”的事物之间的“关系”，包括动物之间、动物与他物之间的“关系”，既不存在作为“我”的“主体”，也不存在作为“对象”的“客体”，因而“不是作为关系而存在的”。

在以“我”的存在为前提的主体与客体的关系中，“主体”并不是生物学意义上的“人”的存在（这种生物学意义上的“人”与动物并无差别，因而他对他物的关系也不是作为关系而存在的），而是社会的、历史的、文化的存在，即马

① 参见《马克思恩格斯选集》第1卷，81页。

克思所说的作为历史的“结果”的存在；同样，在以“我”的存在为前提的主体与客体的关系中，“客体”也不是与“主体”无关的自在的事物的存在（这种与主体无关的自在的事物并没有成为主体的对象），而是被主体认识和改造的对象性事物的存在。

主—客体关系以“我”的存在为前提，这意味着“主体”对“客体”的“逻辑先在性”。所谓“逻辑先在”，是说主体在“逻辑”上先于客体而存在，而不是主体在“时间”上先于客体而存在，即：只有在“逻辑”上肯定“我”作为“主体”而存在，才能够合乎逻辑地把“我”与“世界”的关系视为“主体”与“客体”的关系。自觉到“主体”对“客体”的“逻辑先在性”，对于我们重新理解“人”与“世界”的关系是至关重要的。这就是：主体在“逻辑”上先于客体，我们就需要从“主体”的实践本性出发去理解人与世界的关系，深刻理解作为“客体”的世界的“二重化”；主体在“逻辑”上先于客体，我们就需要从“主体”把握世界的各种基本方式——神话、宗教、艺术、伦理、科学和哲学——出发去理解“属人世界”的多样性和丰富性；主体在“逻辑”上先于客体，我们就需要从“主体”的历史发展出发去理解人与世界的关系，深刻地理解作为“客体”的“属人世界”的历史性。

中介与主—客体关系

人是社会的、历史的、文化的存在，人是以“文化”为“中介”而构成人与世界之间的主—客体“关系”的。主体与客体是以文化的“中介”为基础而构成的“关系”，我们需要以“中介”的观点去看待主—客体关系。

以“中介”的观点看待主—客体关系，会启发我们重新理解“理论”与“现实”的关系。在相当长的时期内，人们总是把认识的主体与“理论”和“现实”割裂开来，以下述的方式去看待和解释“主体”与“理论”和“现实”的关系，即：“理论”是与认识“主体”无关的“客观真理”，“现实”也是与认识“主体”无关的“客观存在”，而认识的“主体”则成了“一无所有”的“感性存在”；只有当着“主体”进行认识活动的时候，才一方面以空白的头脑去观察与主体无关的“客观存在”的“现实”，而另一方面又去寻找同样与主体无关的作为“客观真理”的“理论”；如果主体既能不受任何“偏见”的污染而以“白板”一样的头脑去反映“客观存在”的“现实”，又能找到某种绝对正确的作为“客观真理”的“理论”去解释“现实”，那么，主体就实现了理论与现实的统一，就获得了科学的认识成果。

这样的理解，首先是把“主体”当做了超历史的、抽象的存在，而没有理解任何时代的认识“主体”都是历史文化的存在；其次是把“理论”同“主体”割裂开来，似乎认识的主体能够没有任何“理论”而进行认识活动，似乎“理论”能够不通过主体的解释而去解释现实；再次是把“现实”同“主体”割裂开来，似乎“现实”对于任何认识者来说都是现成的、既定的认识对象，似乎认识者在无须任何“理论”的前提下都可以把任何“现实”作为认识的对象。

以“中介”的观点去看待主—客体关系，还会启发我们重新思考认识活动中的“理论”与“观察”的关系。在人的认识活动中，认识的对象作为“客体”，它是以“主体”的相应的“知识”或“理论”为前提的。我们知道，虽然X光片或心电图“客观”地存在着，但对于没有相应的医学知识的人，却是“存在着的无”，而无法构成“观察的对象”。同样，对于没有相应的物理的或化学的或生物的或天文知识的人来说，虽然某种（某些）物理的或化学的或生物的或天文的事物存在着，却同样无法构成这些没有相应知识的人的“观察的对象”。黑格尔曾尖锐地提出，如果一个人没有相应的概念，经验的对象就是“有之非有”、“存在着的无”——它存在着，但对没有相应知识的人来说却是“无”。我们在生活中随时都会感到：对于音盲来说，贝多芬并不存在；对于画盲来说，毕加索并不存在；对于科盲来说，爱因斯坦并不存在；对于只读明星轶闻、桃色事件、暴力凶杀的“文盲”来说，孔子与鲁迅、苏格拉底和黑格尔、莎士比亚和托尔斯泰都不存在。这正如马克思所说，只有音乐才能激起人的音乐感；对于不辨音律的耳朵说来，最美的音乐也毫无意义，音乐对它说来不是对象。①

现代哲学以现代科学为基础，深刻地提出了一系列发人深省的哲学命题：“观察渗透理论”，“观察负载理论”，“没有中性的观察”，“观察总是被理论‘污染’”。这种“中介”观点的主—客体关系理论告诉人们：在现实的（而非抽象的）主—客体关系中，客体能否成为观察的对象，它在何种程度或何种水平上成为观察的对象，它被怎样理解和解释，它被怎样改造与利用，是与主体所占有的理论以及主体对理论本身的理解密不可分的。这种“中介”观点的哲学理论，对于我们深刻地认识人与世界之间的主—客体关系，对于我们形成更为合理的世界观理论，具有重大的理论意义和实践意义。

“主体间关系”与主—客体关系

人是作为社会性存在而与世界发生主—客体关系，因此，在人与世界的主—客体关系中，同时存在人与人之间的“主体间关系”。

物质生产活动是人的最基本的实践活动，它总是表现为双重关系：一方面是人与自然之间进行物质交换的“主—客关系”，另一方面则是人与人之间相互交

① 参见马克思：《1844年经济学—哲学手稿》，79页。

往的“主体间关系”。作为物质生产活动的双重化过程，人与自然之间的“主—客关系”和人与人之间的“主体间关系”是互相作用、互相规定、互为中介的。作为“主体”的人并不是单独的个体，而是个体间相互交往构成的“人类”。人是以“类”的方式与自然构成“主—客体关系”的。

在人与世界的主体与客体的关系中，“概念”占有特殊重要的地位。概念既是人类思维的形式，又是人类认识的成果。概念以内涵与外延相统一的方式构成主体对客体的规定性的把握。因此，在人与世界的现实关系中，作为主体的人既以概念的方式去把握、描述、解释和反思人与世界及其相互关系，又要以概念的方式去理解、解释、规范和反思人与世界及其相互关系，又要以概念的方式去建构关于世界的规律性图景以及对世界的理想性、目的性要求。这表明，人类在自己的社会实践活动中，必须和只能以概念的方式去实现对世界的本质性、普遍性、必然性和规律性的把握与解释，也就是以概念的方式实现思想中对世界的占有。概念是人在思想中构筑经验世界的方式，也是将思想中的世界世世代代传递下去的社会遗传方式。概念是人类历史文化的“水库”，也是人类认识发展的“阶梯”和“支撑点”。人们从历史上承继下来的各种概念体系，直接地和深层地制约着和规范着人们的历史性创造活动，制约着和规范着人们对世界的理解、人们之间的相互理解和每个人的自我理解。在这个意义上，人类的文明史也就是概念的形成、演化、变革、更新和发展的历史。这表明，人通过“概念世界”即“历史文化水库”而实现了主体之间的沟通，并实现了人对世界的观念把握。“主体间关系”与“主—客体关系”，在人对世界的观念把握中是统一的。

“主体”及其“自我意识”

人的自我意识，首先是一种主体的自我意识，即自觉到“我是主体”的意识，确认和肯定“我”的主体地位的意识。

主体的自我意识，主要包括自立意识、自重意识、自信意识、自爱意识和自尊意识等等。然而，如果深究这些主体的自我意识，我们就会发现，蕴含在这些主体自我意识中的实质性内容，就是对人自身存在“意义”的自我意识。人们如何理解和对待自身存在的“意义”，便会如何理解和对待自己作为主体的存在。

人是现实的存在，但人又总是不满意和不满足于自己的现实，总是渴望把现实变为人的理想的现实。就此而言，主体的自我意识，总是表现为意识活动的理想性维度。这种意识活动的理想性维度，激发起人的求知、求善、求美的渴望，并以“目的性”而推动人的“对象性”活动，即以“实践”的方式去创造理想的现实。

从“意义”的视角去看主体的自我意识，我们就会看到，主体的自我意识是人自觉到“我”的存在与价值的意识，是确认和肯定“我”的自主性、自为性和自律性的意识，是以“意义”的尺度去反思和评价“我”的存在价值的意识。“我”自觉到“我”是自己的思想与行为的主体，“我”以自己的思想与行为塑造自己的人生，因此“我”要为自己的思想与行为承担责任，并要以自我意识到的“意义”来要求和规范自己的所思所想和所作所为。

主体的自我意识，以自我感觉、自我观察、自我体验、自我分析、自我评价、自我塑造、自我超越和自我反思等形式，来形成关于生活“意义”的自我理解。

主体的自我感觉就是感觉到自我的存在。德国诗人海涅曾经饱含激情地写道：“一个人的命运难道不像一代人的命运一样珍贵吗？要知道，每一个人都是一个与他同生同死的完整世界，每一座墓碑下都有一部这个世界的历史”①。每个人都是首先感觉到自我的存在，才会进而去探寻和追求自我存在的意义与价值。近代哲学所说的“人的发现”，首先便是人的自我感觉的发现，即在人的自我感觉中形成“我是主体”的主体自我意识。

主体的自我感觉，是在自我观察和自我体验中不断强化的。观察和体验自己的言语、思想和行为，观察和体验自己的喜悦、愤怒和悲哀，观察和体验自己的好恶、选择和追求，会使人更强烈地感觉到自我作为主体的存在。主体在对是非、荣辱、福祸、进退、成败、生死等等的自我体验中，会升华对生活“意义”的反省，也会形成较为系统的关于人生的反思的思想。

主体对生活“意义”的反省，更为深切地表现在自我分析与自我评价之中。帕斯卡尔在《思想录》中提出“思想形成人的伟大”，并作出这样的论证：人只不过是一根苇草，是自然界最脆弱的东西；但他是一根能思想的苇草。用不着整个宇宙都拿起武器来才能毁灭他；一口气、一滴水就足以致他死命了。然而，纵使宇宙毁灭了他，人却仍然要比致他于死命的东西更高贵得多；因为他知道自己要死亡，以及宇宙对他所具有的优势，而宇宙对此却是一无所知。因而，我们全部的尊严就在于思想。正是由于它而不是由于我们所无法填充的空间和时间，我们才必须提高自己。因此，我们要努力好好地思想；这就是道德的原则。毫无疑问，帕斯卡尔把人的伟大仅仅归结为思想，这显然是片面的；但是，这种关于人的自我分析，却有力地撞击人们的理论思维，促使人们深切地反思人类存在的意义与价值。

马克思说，人的本质不是单个人所固有的抽象物，在其现实性上，它是一切

① 转引自［苏］科恩：《自我论》，146页，北京，三联书店，1987。

社会关系的总和。[1]主体对“意义”的自我反思，并不是孤立的对“自我”的反思，而是对自我与自然、自我与社会、自我与历史、自我与他人的诸种“关系”的反思。正是在种种“关系”的自我反思中，主体形成了关于自然、社会、历史和人生的自我意识。

四 小我与大我

无论是“主—客体关系”，还是“主体间关系”，都是以“我”的“自我意识”为前提而构成的“关系”。然而，“我”本身却是矛盾性的存在，甚至可以说是集全部矛盾于一身的存在。其中，首要的就是“小我”与“大我”的矛盾。

“我”的内在矛盾

关于“我”，辩证法大师黑格尔有一段颇为精彩的论述。他说：“因为每一个其他的人也仍然是一个我，当我自己称自己为‘我’时，虽然我无疑地是指这个个别的我自己，但同时我也说出了一个完全普遍的东西。”[2]

黑格尔的论述提示我们，“我”是个别与普遍的对立统一。从个别性看，“我”是作为独立的个体而存在，“我”就是我自己；从普遍性看，“我”又是作为人类的类分子而存在，“我”又是我们。作为个体性存在的“我”是“小我”，作为我们存在的“我”则是“大我”。“小我”与“大我”是“我”的两种存在方式。由于“大我”具有明显的层次性，诸如家庭、集体、阶层、阶级、民族、国家和人类，因此又构成多层次的“小我”与“大我”的复杂关系。正是这种多层次的复杂关系，构成了人的无限丰富的社会性内涵。

“我”当然首先是作为个体的“小我”而存在的。这正如马克思所说，任何人类历史的第一个前提无疑是有生命的个人的存在。没有作为个体生命的人的存在，当然不会有人类和人类的历史。但是，人的生命个体之所以能够作为“人”而存在，却又是因为每个人都是作为人的“类”分子而存在。由此便形成以“小我”与“大我”的关系为内容的个体性与普遍性、独立性与依附性、个人利益与整体利益、价值取向与价值导向、价值认同与价值规范等等的矛盾关系。这些矛盾关系又构成了对人类的生存与发展具有重大意义的伦理道德问题、价值规范问

① 参见《马克思恩格斯选集》第1卷，60页。

② ［德］黑格尔：《小逻辑》，81页。

题、政治理想问题、社会制度问题、社会进步问题和人类未来问题。

社会关系中的“小我”与“大我”

人是社会的、历史的存在，人的个体生命是同社会发展的历史过程密不可分的；反过来看，历史就是追求自己的目的的人的活动过程，历史发展又是同人的创造意义的生命活动密不可分的。正因如此，马克思说，首先应当避免重新把“社会”当做抽象的东西同个体对立起来。个体是社会存在物。因此，他的生命表现，即使不采取共同的、同其他人一起完成的生命表现这种直接形式，也是社会生活的表现和确证。人的个体生活和类生活并不是各不相同的，尽管个体生活的存在方式必然是类生活的较为特殊的或者较为普遍的方式，而类生活必然是较为特殊的或者较为普遍的个体生活。我们应当从这样的观点出发去看待“小我”与“大我”的关系。

任何一个社会的价值体系中，都存在着相互矛盾的两个基本方面，这就是社会的价值理想、价值规范和价值导向与个人的价值目标、价值取向和价值认同之间的矛盾。通俗地说，就是社会所引导的“我们到底要什么”与个人所追求的“我到底要什么”之间的矛盾。这就是价值关系中“小我”与“大我”的矛盾关系。

社会中的每个人的价值目标和价值取向总是千差万别、千变万化的，具有极大的主观性、任意性和随机性，似乎仅仅是依据个人的利益、欲望、需要、兴趣甚至是情绪进行价值选择。然而，透过个人的千差万别和千变万化的价值选择，我们会看到，个人的价值目标总是取决于社会所指向的价值理想，个人的价值取向总是“取向”某种社会的价值导向，个人的价值认同总是“认同”某种社会的价值规范。因此，在社会的价值体系中，社会的价值理想、价值规范和价值导向总是处于主导和支配的地位，总是起着决定性的作用。

社会的价值导向对个人的价值取向的决定性作用，首先是表现在个人的价值取向中的社会内容、社会性质和社会形式这样三个方面：其一，从个人的价值取向的内容上看，总是具有社会内容的社会正义、法律规范、政治制度、人生意义等问题，而决不是没有社会内容的纯粹个人问题；其二，从个人的价值取向的性质上看，总是具有社会性质的真善美与假恶丑、理想与现实、历史的大尺度与小尺度、集体利益与个人利益、整体利益与局部利益、长远利益与暂时利益等问题，而决不是与社会无关的所谓纯粹的个人问题；其三，从个人价值取向的形式上看，总是通过具有社会形式的科学、哲学、艺术、伦理、宗教等方式体现出来，而决不是没有社会形式的纯粹的个人表现。

个人的价值取向所具有的社会内容、社会性质和社会形式，表明了社会价值导向对社会成员的价值取向的支配地位和决定作用。现实生活一再告诉我们，个人的价值取向的总体倾向，总是取决于社会的基本的价值导向；个人的价值取向的困惑，总是根源于社会的价值坐标的震荡；而解决个人的价值取向的矛盾，首先必须解决社会的价值导向的矛盾。

当代的中国正处于从“计划经济”向“市场经济”的社会转型的过程中，人的存在方式及其自我意识正在这种社会转型的过程中发生深刻的变化，因而不可避免地形成相互冲突的社会心理和社会思潮。一种“耻言理想、蔑视道德、拒斥传统、躲避崇高、不要规则、怎么都行”的社会思潮（包括社会心理、大众文化和学术思潮）正在引起人们深深的困惑与忧虑。

如果把“躲避崇高”推向极端，势必会形成一种“没有标准的选择的生命中不能承受之轻的存在主义的焦虑”：理想变成了幻想甚至是狂想，因而“耻言理想”；信仰似乎就是迷信和盲从，因而“嘲弄信仰”；道德几乎就是迂腐和愚笨，因而“蔑视道德”；传统似乎等于废品或垃圾，因而“拒斥传统”；规则似乎就是枷锁或镣铐，因而“不要规则”；崇高似乎就是虚伪甚至是愚弄，因而“躲避崇高”。然而，失落了“理想”就是失去了目的，失落了“信仰”就是失去了动力，失落了“道德”就是失去了人伦，失去了“传统”就是失去了依托，失去了“规则”就是失去了尺度，失落了“崇高”就是失去了尊严，“怎么都行”只能是一种“没有标准”的“存在主义的焦虑”。

面对当代中国的现实，人们正在超越两极对立的思维方式，辩证地看待和对待理想与现实、道德与利益、传统与现代、规则与选择、崇高与平凡的关系，在理想主义与功利主义、期待道德与义务道德、统一规范与多样选择之间寻求一种“必要的张力”。

在谈到人生境界时，冯友兰说，一个人了解到“这个社会是一个整体，他是这个整体的一部分。有这种觉解，他就为社会的利益做各种事，或如儒家所说，他做事是为了‘正其义不谋其利’，他真正是有道德的人，他所做的都是符合严格的道德意义的道德行为。他所做的各种事都有道德的意义。所以他的人生境界，是我所说的道德境界”①。

“天地境界”中的“大我”与“小我”

在寻求“天人合一”的中国传统哲学中，“小我”与“大我”不仅是表现为社会中的个体（小我）与社会本身（大我）的矛盾关系，而且首先是表现为生命个体（小我）与宇宙本身（大我）的矛盾关系。

---

① 冯友兰：《中国哲学简史》，291～292 页。

按照中国传统哲学的观点，宇宙并非是一个僵死的存在，而是蕴含着无穷的生机与活力。充盈于天地之间的“生意”使整个宇宙成为融合天地间的有机系统。在这个有机的宇宙中，人生于天地之中，又以自己的创造活动来“赞天地之化育”。在这种“天人合一”的宇宙观与人生观中，宇宙是具有普遍价值的“大我”，它的普遍价值内在于每个生命个体之中；生命个体作为宇宙的普遍价值的体现，又以自己的生命的创造活动而实现自己的尊严与价值。在这个宇宙“大我”与生命“小我”的关系中，“大我”并不是压抑“小我”的某种神秘力量，“小我”也不是“大我”自我实现的手段或工具，而是“大我”与“小我”在生生不息中的“统一”、“合一”、“融合”。

我国哲学家冯友兰说，“一个人可能了解到超乎社会整体之上，还有一个更大的整体，即宇宙。他不仅是社会的一员，同时还是宇宙的一员。他是社会组织的公民，同时还是孟子所说的‘天民’。有这种觉解，他就为宇宙的利益而做各种事。他了解他所做的事的意义。自觉他正在做他所做的事。这种觉解为他构成了最高的人生境界，就是我所说的天地境界”[①]。以这种“天地境界”去思考“小我”与“大我”的关系，对于重新认识人与自然的关系，并因而对于解决当代人类所面对的严峻的“全球问题”，应当说是尚有启发性和建设性的。

五　理想与现实

人是现实的存在，然而，现实的人却总是不满足和不满意于人的现实，总是要把现实变成人所希望的和人所向往的现实。这就是贯穿于人类存在始终的理想与现实的矛盾。哲学，它作为人类关于自身存在的自我意识的理论表征，它的根本问题之一就是理想与现实的矛盾问题。

人对世界的否定性统一关系

理想与现实的矛盾，体现了人对世界的特殊的统一关系，即：人对世界的否定性的统一关系。这种否定性的统一关系，是由人类的存在方式——实践活动——所决定的。

实践活动有两个最基本的特性，一是它的目的性，二是它的现实性。实践活动就是通过它的现实性而实现它的目的性。对此，列宁曾经作过系统的论述。列

① 冯友兰：《中国哲学简史》，292页。

宁提出，“人的**实践**＝要求（1）和**外部**现实（2）”[①]。关于人的实践的“要求”，列宁解释说，世界不会满足人，人决心以自己的行动来改变世界。而关于人的实践对世界的“改变”，列宁则提出：“为自己绘制客观世界图景的人的活动**改变**外部现实，消灭它的规定性（＝变更它的这些或那些方面、质），这样，也就去掉了它的外观、外在性和虚无性的特点，使它成为自在自为地存在着的（＝客观真实的）。”[②]

人的实践的“要求”或“目的”，是“非现实”的观念性的存在，即作为实践活动的动力与指向的“理想性”的存在；人的实践的“外部现实性”，则是把这种“理想性”的要求或目的变成“现实”的客观存在。这表明，实践的本质在于：现实的人总是不满足于自己的现实，总是要把现实变成理想的现实。

人把理想变成现实的实践活动，是以“人给自己构成世界的客观图画”，并“决心以自己的行动来改变世界”为前提的。这就是说，在实践活动的前提中，已经包含着理想性（“人给自己构成”的关于“世界的客观图画”，以及把这种“图画”变成现实的“决心”）与现实性（世界自己的“客观图画”，即尚未被人的“决心”改变的世界）的深刻矛盾。而人的实践过程，则是这样的一种双重化过程，即：一方面是使世界的“现实性”（世界自己的“客观图画”）变成“非现实性”（“变更”世界的“这些或那些方面、质”）；另一方面是使人的“理想性”（“人给自己构成”的关于“世界的客观图画”）变成客观存在的“现实性”（使世界成为自在自为地存在着的客观真实的现实）。这样，实践活动就使自在世界的“现实性”变成了“非现实性”，而使自为的人的“理想性”变成了真正的“现实性”，并从而使世界变成了“自在自为”的现实——按照人的理想所创造的客观存在。

实践活动的“理想性”与“现实性”的矛盾，使人与世界之间构成了一种独特的否定性的统一关系，即：人以“理想性”的要求而“现实”地“否定”世界的现存状态，使世界变成人所要求的现实，并在这种现实中实现人与世界的统一。正是在实践活动的“理想性”与“现实性”的矛盾中，构成了思想自我反思的生活基础：人与世界之间究竟是怎样的关系？人应当如何对待理想与现实？是现实规范理想，还是理想塑造现实？在人的思想活动中，“是”（现实）与“应当”（理想）如何统一？人类思想的“逻辑支撑点”究竟是什么？

---

① 《列宁全集》第55卷，183页。

② 同上书，187页。

人在理想性的追求中实现生命的无限

人的个体性存在是有限的，人类的理想性追求则是无限的。因此，理想与现实的矛盾，总是蕴含着有限与无限的矛盾。

有限与无限，并不仅仅属于自然观范畴，而且具有极为深刻的历史观、人生观和价值观的理论内涵。人对生命意义的理解，人对生活价值的感受，人对历史进程的解释，人对自己的终极关怀，是同有限与无限这对范畴密不可分的。

在纯粹自然观的意义上，自然界的无始无终把人的有限的生命反衬得无法形容其短暂，自然界的无边无际又把人的有限的生命反衬得无法形容其渺小。有限的生命对无限的宇宙而言，无论人的生命放射出怎样耀眼的光芒，无论人的生命创造出怎样“惊天动地”的伟业，无论人的生命具有怎样“感天地而泣鬼神”的美感，都不能不使人发出“寄蜉蝣于天地，渺沧海之一粟”，“哀吾生之须臾，羡长江之无穷”的感慨。

然而，人之所以能够创造人生的意义与价值，正在于人总是不断地超越对有限与无限的纯粹“自然”的理解，而把人生的有限与自然的无限的矛盾转化为、升华为人类实践活动的现实性与理想性的矛盾。面对自然生命的来去匆匆，人总是力图以某种追求去超越个体生命的短暂与有限，从而激起一代又一代人的对人的存在的思考：人应当怎样生活才能使短暂的生命具有最大的意义和最高的价值？生命的永恒是在于族类的世代繁衍、声名的万古流芳还是灵魂在天国的安宁？生命的意义是满足自己的需求、发挥自己的潜能、展示自己的才华还是把个体生命的“小我”溶汇于人类的“大我”之中？人的生命面对着死亡，人又力图以生命的某种创造与追求去超越死亡，生与死的撞击燃烧起熊熊的生命之火，使生命的瞬间具有了永恒的美感。

六 标准与选择

人是寻求意义的存在，人无法忍受无意义的生活。人的存在是创造意义的生活活动，人的世界是有意义的生活世界。“有意义”是人类生命活动的肯定，“无意义”则是人类生命活动的否定。然而，对人来说，究竟什么是“有意义”的，什么是“无意义”的？怎样做是“有意义”的，怎样做是“无意义”的？区分“有意义”与“无意义”的标准是什么？人对种种不同的“标准”如何作出自己的“选择”？“标准”与“选择”的矛盾，把“主体与客体”、“小我与大我”、“理想与现实”的矛盾在人的生命活动中凸现出来。

哲学作为理论形态的人类自我意识，即“意义”的社会自我意识，它在人类的社会生活中，始终是作为人的思想与行为的深层根据和评价标准而存在的。纵观哲学史，人们会非常惊讶地发现，凝聚着人类最高智慧的哲学，竟然是自始至终地对最简单的“一”的追求！从古代哲学的寻求“万物的统一性”到“理念的统一性”以至“原理的统一性”，从近代哲学的寻求“意识的统一性”到“逻辑的统一性”以至“人性的统一性”，从现代哲学的寻求“世界的统一性”到“科学的统一性”、“文化的统一性”、“语言的统一性”以至“人类活动的统一性”，哲学始终以其“爱智之忱”的“形上智慧”不倦地进行着对“一”的追求。

在哲学走向成熟的漫长过程中，它对自己的“一”的追求曾经作过难以胜数的和莫衷一是的解释与回答。“始基”、“基质”、“存在”、“理念”、“共相”、“形式”、“上帝”、“实体”、“本体”、“物质”、“概念”、“逻辑”、“科学”、“文化”、“语言”、“符号”、“理解”等等，都曾经充当过哲学所寻求的“一”。然而，透过这些令人眼花缭乱、扑朔迷离的解释与回答，深究哲学的这种不倦寻求对人的“生活世界”的“意义”，我们就会对哲学苦苦求索的“一”及其独具的生活价值获得新的认识。

人类的全部“生活活动”的指向与价值，在于使世界满足人类自身的需要，把世界变成对人来说是真善美相统一的世界，即实现人的自我发展的有“意义”的世界。因此，哲学所寻求的“一”，并不是某种统一性的“存在”，而是判断、解释和评价“有意义”与“无意义”、“真善美”与“假恶丑”的根据、标准和尺度；哲学的生活价值，并不是直接地创造人的“生活世界”，而是以其对“一”的求索、解释和回答，批判性地反思人类的全部“生活活动”及其所创造的“生活世界”，使人类形成作为生活“最高支撑点”的“意义”的社会自我意识。

在人类历史的发展进程中，社会所悬设和承诺的“意义”的“标准”，与个人对这个“标准”的选择与认同，总是处于矛盾之中。特别是在人类生活世界发生时代性变革的过程中，由于常识意识、科学精神、审美意识和伦理文化的全面变化而引起的“意义范式”的转换，总是造成时代性的“意义危机”。这种“意义危机”，既会激发“意义”的个体自我意识的新的感受和领悟、新的期待和追求，也会引发“意义”的个体自我意识的新的困惑与迷惘、新的矛盾与冲突。“我到底要什么”的价值取向和价值认同与“我们到底要什么”的价值导向和价值规范，正是深刻地体现了各个时代的“标准”与“选择”的矛盾。

人在自然经济的“人对人的依附性”的存在方式中，必然形成马克思所说的“人在神圣形象中的自我异化”。这种人的自我异化的文化内涵，可以概括为“没有选择的标准的生命中不堪忍受之重的本质主义的肆虐"。

所谓"没有选择的标准"，就是人的思想与行为的"标准"被异化为某种绝对确定、不容置疑、不可改变、至高无上的"神圣形象"，如欧洲中世纪的规范一切和裁判一切的"上帝"。对于这个作为"神圣形象"的"标准"，人们只能是顶礼膜拜，而根本无法"选择"。对于这个"标准"的任何蔑视或怀疑，都会被视为离经叛道和大逆不道。生活在这种"没有选择的标准"之中，人们不能不强烈地感受到一种"生命中不堪忍受之重"。人的每时每刻，都被像"宪兵"和"警察"一样的"上帝"窥视着、监督着，人的一言一行、一举一动，都需要向"无处不在"、"无所不知"、"无所不能"的"上帝""汇报"，这的确是生命中的不堪忍受之重。

人在"神圣形象"中的这种"自我异化"，人在"没有选择的标准"中的"不堪忍受之重"，表现在哲学的层面上，集中地体现为以"共相"扼杀"个别"、以"本体"凌驾"变体"、以"统一"排斥"选择"，这就是现代哲学所批判的传统哲学的"本质主义的肆虐"。

近代以来的哲学，它的根本性的时代内涵就是"消解"人在超历史的"神圣形象"中的自我异化，把异化给"上帝"的人的本质归还给人自身。这就是所谓"人的发现"，也就是市场经济所要求的反对禁欲主义、蒙昧主义和专制主义。近代哲学以"我思故我在"、"我欲故我在"、"我生而为人"的哲学命题表征了这种时代精神。

市场经济，就其实质而言，是一种"以物的依赖性为基础的人的独立性"。一方面，它在反对禁欲主义、蒙昧主义和专制主义的过程中，倡言现实幸福、理性自由和天赋人权，要求和实现"人的独立性"；另一方面，它所要求和实现的"人的独立性"，又必须和只能是"以物的依赖性为基础"。因此，这种"以物的依赖性为基础的人的独立性"并没有解决人的自我异化问题，而是如马克思所说，只是把自然经济中的"人在神圣形象中的自我异化"，变成了市场经济中的"人在非神圣形象中的自我异化"。

人在这种"非神圣形象中的自我异化"中，深切地感受到一种二重化的矛盾：一方面，"神圣形象"的消解，或者如尼采所说"上帝被杀死了"，人们既感受到了没有了"窥视"自己、"惩罚"自己的"上帝"的解放了的愉悦，又感受到了一种没有"规范"自己、"约束"自己的"标准"的空虚；另一方面，在"非神圣形象"即"法"、"政治"等等"世俗"化的"规范"中，人们既感受到新的"束缚"和"压抑"，又感到"非神圣形象"作为"标准"的"非神圣性"，因而也感受到一种无所皈依的烦躁。这种烦躁就是一种"没有标准的选择的生命中不能承受之轻的存在主义的焦虑”。

在市场经济中，“现代性的酸”使得传统的天经地义的“标准”失去了神圣的灵光。当着人们进行“选择”的时候，却总是难以确认选择的“标准”。捷克著名小说家米兰·昆德拉曾把他的一部风靡全球的小说命名为《生命中不能承受之轻》。这种“轻”，就是生命难以承受的“没有标准的选择”之“轻”，也就是生命难以承受的“存在主义的焦虑”之“轻”。

在现代哲学中，西方的“存在主义”曾经把它之外的一切哲学都斥为“本质主义”哲学。然而，由于“存在主义者把整个理念世界作为无用的精神建筑而加以抛弃，结果他们却碰到这样一个令人痛苦的矛盾：他们必须在一无选择的原则，二无任何他们可以用以衡量他们是否选择得好的标准的情况下进行选择”，由此便造成了“存在主义的焦虑”。

哲学作为“意义”的社会自我意识，它对当代人类的巨大的生活价值，就是对时代性的“意义危机”作出全面的反应、批判的反思、规范性的矫正和理想性的引导。因此，真正的哲学，总是以自己提出的新的问题、新的提问方式以及对新问题的新的求索，批判性地反思人类生活的时代意义，理论性地表征人类生活的矛盾与困惑、理想与选择，为人类的思想与行为提供自己时代的根据、尺度和标准，从而塑造和引导新的时代精神。

第九章 民族性的哲学特色

哲学问题的人类性，不仅仅表现在古今中外的哲学总是面对诸如“人与世界”、“思维与存在”、“主体与客体”、“小我与大我”、“理想与现实”、“标准与选择”等重大问题，而且表现在古今中外的哲学总是以反思性的哲学思维、本体论的哲学追求、派别性的哲学论争去求索这些重大问题。正因如此，在论及中西哲学的关系时，我国当代著名哲学家贺麟认为：“无论中国哲学西洋哲学都同是人性的最高表现，人类理性发挥其光辉以理解宇宙人生，提高人类精神生活的努力，无论中国哲学，甚或印度哲学，都是整个哲学的一支，代表整个哲学的一方面。我们都应该把它们视为人类的公共精神产业，我们都应该以同样虚心客观的态度去承受，去理会，去撷英咀华，去融会贯通，去发扬光大。”①

与此同时，我们还必须看到，人类性的哲学问题总是以具有民

① 贺麟：《中国哲学与西洋哲学》，见《哲学与哲学史论文集》，127页，北京，商务印书馆，1990。

族特征的思维方式予以求索，人类性的哲学问题总是展现在具有民族特征的哲学范畴之中，人类性的哲学问题也总是在不同民族的哲学中得到各有侧重的研讨与回答。因此，我们应当在哲学的人类性与民族性的矛盾统一中深化对哲学自身的理解。

一 哲学传统的民族性

民族，是指在历史上形成的具有共同语言、共同地域、共同经济生活以及共同文化、共同心理素质的稳定的人群共同体。共同地域是民族形成的自然环境，也是民族进行共同经济生活的必要条件；共同语言是民族得以持续存在的最稳定、最明显的纽带；共同文化和共同心理素质则是各个民族的文明程度、精神面貌和心理特征的最丰富、最深刻的体现。

民族的形成和发展是一个历史过程。原始社会末期，随着社会生产和社会分工的出现，在原始部落和部落联盟的基础上形成了古代民族（亦称部落）。古代民族不再以血缘关系为基础，而是在发展共同经济生活、共同语言和共同文化的基础上，在共同地域上形成的社会共同体。

民族的存在与发展，是同民族传统的延续与继承密不可分的。语言是历史文化的“水库”，共同的民族语言“储存”了共同的历史与文化，从而“储存”了具有民族性的共同经验、思维方式、价值观念、审美情趣和终极关怀。民族语言以社会遗传的方式使得各个民族的每个个体都生活在民族传统之中。

以语言为中介的民族文化传统，体现在各个民族的宗教信仰、伦理生活、审美活动和哲学理论之中，并形成了相应的宗教传统、道德传统、艺术传统和哲学传统。

学界普遍认为，哲学脱胎于宗教。然而，起源于不同宗教精神的不同哲学思想，却形成了各具特色的哲学传统。从知情、身心分裂的观念出发，基督教讲原罪、性恶；西方哲学在道德观上倾向于性、情的分裂，在知识论上偏向于“真理”与“意见”的对峙。与西方哲学传统不同，立足于血缘亲情的祖先崇拜的宗教伦理精神，中国哲学表现为一种以价值为核心的道德形上学，并形成了以人格教化与修养为主流的中国哲学传统。

二　哲学旨趣的民族性

哲学作为理论形态的人类自我意识，即理论地把握到的人类关于自身的存在、焦虑、理想和选择的自我意识，无论中国哲学还是西方哲学，都是以批判地反思和历史地建构人类生活的精神坐标为根本使命，也就是以阐扬崇高和贬抑渺小为根本使命。然而，在对崇高的理解上，在追求崇高的方式与途径上，不同民族的哲学却表现出重大的差异。

总结西方哲学的历史与逻辑，我们会发现，西方哲学家们苦苦求索的根本目标，就是说明人及其思维与世界内在统一的根据，即亚里士多德所说的作为"最高原因的基本原理"；而哲学家们在自己时代的水平上以理论形态所表达的"基本原理"，则构成古往今来的形形色色的"哲学本体论"。

哲学本体论追求人及其思维与世界内在统一的"基本原理"，因此它所研究的不是世界矛盾运动的这个领域或那个领域、这种形式或那种形式，它所关注的不是何者为真、何者为善、何者为美，而是探寻"存在是什么"，追究"真善美是什么"。哲学本体论把"存在"和"真、善、美"作为主词而予以探寻和追究，这就最为集中而鲜明地显示了哲学本体论的真实意义：为人类提供判断、解释和评价"存在"与"真、善、美"的根据、标准和尺度，也就是说明人类经验中的一切事物并规范人类全部行为的"基本原理"。

哲学本体论所具有的这种真实意义，使其在人类把握世界的各种方式（宗教的、伦理的、艺术的、科学的、常识的等等）中，在人类创建的全部知识体系（数学、自然科学、社会科学、人文科学、思维科学等等）中，扮演了一种独特的角色，即：以其所提供的"基本原理"或其所承诺的"本体"作为最高的或最终的根据、标准和尺度，批判地反思人类一切活动的全部知识的各种前提，为人类的存在和发展提供自己时代水平的"最高的支撑点"。对此，美国当代哲学家罗蒂指出："自希腊时代以来，西方思想家们一直在寻求一套统一的观念，……这套观念可被用于证明或批评个人行为和生活以及社会习俗和制度，还可以为人们提供一个进行个人道德思考和社会政治思考的框架"。那么，哲学如何保证它所寻求和提供的这套"观念"或"框架"的合法性与有效性呢？罗蒂说，"作为一门学科的哲学，把自己看成是对由科学、道德、艺术或宗教所提出的知识主张加以认可或揭穿的企图。它企图根据它对知识和心灵的性质的特殊理解来完成这一工作。哲学相对于文化的其他领域而言能够是基本性的，因为文化就是各种知识主张的总和，而哲学则为这些主张进行辩护”①。

在西方传统哲学看来，对崇高的追求，最根本的是超越“意见”而获得“真理”，认识“必然”而实现“自由”，为此，就必须寻求超越全部知识而又解释全部知识的“最高原因的基本原理”，超越经验世界而又规范经验世界的永恒不变的“本体”。超验的“本体论”是西方传统哲学的基本特征和核心内容。它企图把各种事物综合成一个整体，提供出一种统一的图景或框架，在其中我们经验中的各式各样的事物能够在某些普遍原理的基础上得到解释，或可以被解释为某种普遍本质或过程的各种表现。② 这表明，西方传统哲学对崇高的追求，是一种理性主义的或逻辑主义的追求，是一种求知的或求证的知识论立场或科学主义立场的追求，而不是中国传统哲学的体悟的或内省的或直觉的追求。

中国传统哲学一向是以“为天地立心，为生民立命”为己任，以“究天人之际，通古今之变”为内容，以“修齐治平”、“内圣外王”为门径，去建构人类生活的精神坐标和确立人类生活的“安身立命”之本。追求崇高，这可以说是中国传统哲学坚忍不拔、始终如一的目标。对此，近代以来的中国哲学家作出了深切的总结与阐述。梁启超先生在《儒家哲学是什么》一文中提出，儒家哲学范围广博，概括说起来，其用功所在，可以《论语》“修己安人”一语括之。其学问最高目的，可以《庄子》“内圣外王”一语括之。做修己的功夫，做到极处，就是内圣；做安人的功夫，做到极处，就是外王。至于条理次第，以《大学》上说得最简明。《大学》所谓“格物致知诚意正心修身”，就是修己及内圣的功夫；所谓“齐家治国平天下”，就是安人及外王的功夫。他还特别地指出，“中国先哲虽不看轻知识，但不以求知识为出发点，亦不以求知识为归宿点，直译的 Philosophy，其函义实不适于中国，若勉强借用，只能在上头加上个形容词，称为人生哲学。中国哲学以研究人类为出发点，最主要的是人之所以为人之道：怎样才算一个人？人与人相互有什么关系。……世界哲学大致可分三派：印度、犹太、埃及等东方国家，专注重人与神的关系；希腊及现代欧洲，专注重人与物的关系；中国专注重人与人的关系”③。

对于中国传统哲学的目标与功能，冯友兰先生作出了更为系统的论证。他提出：“‘为天地立心，为生民立命，为往圣继绝学，为万世开太平。’此哲学家所应自期许者也。况我国家民族，值贞元之会，当绝续之交，通天人之际，达古今

① ［美］理查德·罗蒂：《哲学和自然之镜》，11 页，北京，三联书店，1987。

② 参见［美］M. W. 瓦托夫斯基：《科学思想的概念基础》，14 页。

③ 《梁启超哲学思想论文选》，488 页，北京，北京大学出版社，1984。

之变，明内圣外王之道者，岂可不尽所欲言，以为我国家致太平，我亿兆安心立命之用乎？虽不能至，心向往之。”① 因此，他认为“安身立命”的哲学必须是对人生的深切思考，对于人生的有系统的反思的思想。“每一个人，只要他没有死，他都在人生中。但是对于人生有反思的思想的人并不多，其反思的思想有系统的人就更少。哲学家必须进行哲学化；这就是说，他必须对于人生反思地思想，然后有系统地表达他的思想。”②

冯先生认为，这种思考人生的哲学，是对理想境界的追求。他指出：“按照中国哲学的传统，它的功用不在于增加积极的知识（积极的知识，就是指关于实际的信息），而在于提高心灵的境界——达到超乎现世的境界，获得高于道德价值的价值。…… 中国传统哲学里有为学、为道的区别。为学的目的就是我所说的增加积极的知识，为道的目的就是我所说的提高心灵的境界。哲学属于为道的范畴。”③ 他还更为具体地加以论证：“中国的儒家，并不注重为知识而求知识，主要的在求理想的生活。求理想生活，是中国哲学的主流，也是儒家哲学精神所在。理想生活是怎样？《中庸》说：‘极高明而道中庸’，正可借为理想生活之说明。儒家哲学所求之理想生活，是超越一般人的日常生活，而又即在一般人的日常生活之中。超越一般人的日常生活，是极高明之意；而即在一般人的日常生活之中，乃是中庸之道。所以这种理想生活，对于一般人的日常生活，可以说是‘不即不离’，用现代的话说，最理想的生活，亦是最现实的生活。理想和现实本来是相对立的。超越日常生活，和即在一般人日常生活之中，也是对立的。在中国旧时哲学中，有动静的对立，内外的对立，本末的对立，出世入世的对立，体用的对立。这些对立，简言之，就是高明与中庸的对立。儒家所要求的理想生活，即在统一这种对立。极高明而道中庸，中间的‘而’字，正是统一的表示。但如何使极高明和中庸统一起来，是中国哲学自古至今所要解决的问题。此问题得到解决，便是中国哲学的贡献”④。

三　哲学范畴的民族性

任何一种真正的哲学理论，总是表现为以哲学范畴为核心的哲学概念体系。

---

① 冯友兰：《三松堂学术文集》，496 页，北京，北京大学出版社，1984。

②③ 冯友兰：《中国哲学简史》，4、8 页。

④ 冯友兰：《儒家哲学之精神》（1943 年），载《中央周刊》，第 5 卷，第 41 期。

因此，哲学理论的民族性，总是表现为哲学范畴的民族特色和民族特征。

哲学范畴的民族性，首先是与哲学旨趣的民族性密切相关的。以“究天人之际，通古今之变”，“为天地立心，为生民立命”为己任的中国传统哲学，它致力于达到“天人合一”的“天地境界”，因此，它的哲学范畴总是表现为在对应性和辩证性中实现融合与和谐。自先秦以降，中国传统哲学多以天、地、道、德、性、命、礼、义、体、用、理、气、知、行为思考对象，而又以天地、道德、性命、礼义、体用、理气、知行之平衡、互补、融合为出发点与归宿。与中国传统哲学不同，以寻求“最高原因的基本原理”为己任的西方传统哲学，则总是把解释一切的最终的根据与被解释的各种各样的对象区别开来，对立起来，把二者推向对立的两极，由此便构成本体与变体、共相与个别、实体与属性、思维与存在、主体与客体、感性与理性等等的二元对立。

哲学范畴的民族性又是同哲学思维的民族特性息息相关的。实际上，在哲学旨趣的民族性中，已经蕴含着哲学思维的民族特性。以寻求“天人合一”、“知行合一”、“情景合一”为旨趣的中国传统哲学，在其致思取向上，表现出了显著的辩证性。“天地絪　，万物化醇”，“诚于中，形于外”，“大乐与天地同和，大礼与天地同节”。把宇宙、人生均视为生生不已的过程，并以这样的辩证智慧对待内外、人己、义利、仁智、道器、理欲等哲学范畴所体现的种种矛盾，就把一切的矛盾的化解提升为和谐化的辩证法思想。宗白华说，“艺术的境界，既使心灵和宇宙净化，又使心灵和宇宙深化，使人在超脱的胸襟里体味到宇宙的深境”①。中国传统哲学的思维方式，正是这种提升人的境界的辩证智慧。与中国传统哲学不同，注重思维与存在、主体与客体、现象与本质二分的西方传统哲学，其哲学范畴总是以主与从、真与假、是与非的对立方式，去寻求深层的根据。如果可以把中国传统哲学称做“和谐化”的辩证法，那么就可以在对比的意义上把西方传统哲学称做“冲突化”的辩证法。“冲突化”的辩证法是通过消解内在的逻辑矛盾而达到矛盾双方的融合与和谐。就此而言，中西哲学的致思取向是具有互补性的。

哲学范畴的民族性，又是同哲学的历史任务不可分割的。在《未来哲学原理》一书中，费尔巴哈提出，“近代哲学的任务，是将上帝现实化和人化，就是说：将神学转变为人本学，将神学溶解为人类学”②。中世纪的西方哲学，曾经长期充当神学的“婢女”，为“上帝”作论证。因此，西方近代哲学的根本任务

---

① 宗白华：《美学散步》，72页。

② 《费尔巴哈哲学著作选集》，122页，北京，三联书店，1958。

是把哲学从神学中解放出来，把异化给“上帝”的人的本质归还给人本身，也就是实现“上帝现实化和人化”。在实现“消解神圣形象”这一历史任务的过程中，西方近代哲学凸现了实体与属性、思维与存在、主体与客体、本体与变体等等的关系问题，并形成了具有西方哲学民族特色的哲学范畴。在现代西方哲学“消解非神圣形象”的过程中，又凸现了“消解”、“治疗”、“拒斥”这样一些颇具刺激性的哲学范畴。而在所谓的“后现代主义哲学”中，则更为明确地把消解认识的主体与客体的二元对立、逻辑的现象与本质的二元对立、历史的本源与派生的二元对立、文化的深层与表层的二元对立作为自己的历史任务，从而使“摧毁”、“解构”、“断裂”这些更具刺激性的哲学范畴占据哲学思考的核心的位置。在跨世纪的哲学思考中，我们应当从新的时代精神与新的历史任务出发，去重构哲学的范畴体系。

第十章

反思性的哲学思维

哲学作为人类把握世界的一种基本方式，它的根本特征，在于它是一种区别于常识的经验的思维方式、宗教的幻化的思维方式、艺术的形象的思维方式和科学的逻辑的思维方式的哲学思维方式。

关于哲学的思维方式，黑格尔曾经提出，“哲学思维无论与一般思维如何相同，无论本质上与一般思维同是一个思维，但总是与活动于人类一切行为里的思维，与使人类的一切活动具有人性的思维有了区别”。在黑格尔看来，哲学思维的特殊性是在于，它是“以思想的本身为内容，力求思想自觉其为思想”，也就是“对思想的思想”，“对认识的认识”。这就是“反思”。①

反思，就是思想以自身为对象反过来而思之。这表现了人类思维的特殊维度，也表现了人类思维的一种特殊的方式，又表明了反思的思维是以关于世界的思想为对象，而不是直接地以世界本身为对象。而在对思想的反思中，则又构成了对思想的前提批判。只有

① 参见［德］黑格尔：《小逻辑》，38、39页。

在对思想的前提批判的意义上，才构成真正的哲学思维活动。

一　反思的维度

“反思”，是思维对存在的一种特殊关系。思维对存在的“反思”关系，从根本上说，就是思维把“思维和存在的关系”作为“问题”（对象）来思考。思维对存在的这种“反思”关系，构成了人类思想的哲学维度。

思维对存在的反思关系，是同哲学的基本问题——思维和存在的关系问题——密切相关的。思维与存在之间具有无限丰富的矛盾关系，这些矛盾关系，是作为人类把握世界的全部方式的共同对象而存在的。人类以常识、神话、宗教、艺术、伦理和科学等各种方式把握世界，从而构成思维与存在之间的经验的、幻想的、直觉的、体悟的、审美的、逻辑的等等无限丰富的矛盾关系，并以这些矛盾关系作为自己的对象。同时，我们也可以反过来说，正因为人类是以各种不同的方式（如常识、神话、宗教、艺术、伦理和科学）去构成思维与存在之间的矛盾关系，人类才得以形成关于思维与存在之间的无限丰富的矛盾关系的自我意识。这表明：思维与存在的矛盾关系本身，并不就是哲学的重大的“基本问题”（人类把握世界的各种方式的“基本问题”，都可以说是“思维和存在”的矛盾关系）；只有在思维把“思维和存在的关系”当做“问题”进行“反思”时，“思维和存在的关系问题”才成为哲学的重大的“基本问题”。正是思维对“存在”（这里的“存在”是指“思维和存在的关系”）的这种特殊关系，构成了人类思想的哲学维度——哲学的“反思”维度。

这里，我们必须首先强调地指出的是，思维与存在之间虽然具有无限丰富的矛盾关系，但是，从人类思想的“维度”上看，“思维与存在的关系”却可以归结为两个最基本的“维度”：一是构成思想的维度，也就是思维以人的认识活动和实践活动为中介而实现的思维与存在相统一的维度；二是反思思想的维度，也就是思想以自身为中介实现的把“思维和存在的关系”作为“问题”而予以“反思”的维度。这就需要我们从“构成思想”与“反思思想”这两个思想维度的比较中，去理解哲学的“反思”。

“构成思想”与“反思思想”，是人类思想的两个最基本的维度。“反思思想”是人类思想的哲学维度，“构成思想”则是人类全部认识活动的思想维度。

“构成思想”，是以某种具体的方式（如常识的、神话的、宗教的、艺术的、伦理的和科学的方式）去形成某种认知的、价值的、审美的关于存在的思想，并把这种思想作为某种目的性要求，以实践活动的方式获得某种形式的现实性。这就是“构成思想”的维度所形成的“思维和存在”在认识活动和实践活动中的统一。

“反思思想”，则是以人类把握世界的诸种方式（如常识、神话、宗教、艺术、伦理和科学）及其全部成果（知识形态的常识、神话、宗教、艺术、伦理和科学）作为“反思”的对象，去追问“思维和存在”统一的根据，去考察断定“思维与存在”相统一的标准，去揭示“思维与存在”之间的更深层次的矛盾，从而实现人类思想在逻辑层次上的跃迁。

对比“构成思想”与“反思思想”这两个维度，我们会看到：“构成思想”是以“世界”（神话的世界、常识的世界、宗教的世界、艺术的世界、伦理的世界和科学的世界）为对象，历史地（发展地）构筑“属人的世界”；“反思思想”则是以“思想”（人类把握世界的各种方式所形成的认识成果）为对象，揭露这些“思想”的内在矛盾，以及这些“思想”之间的矛盾，从而为人类思想敞开自我批判的空间，推动人类思想的变革，并从而推动人类社会的进步与发展。

在人类把握世界的全部基本方式当中，哲学具有其特殊的价值与功能。哲学的这种特殊的价值与功能，就在于它是一种特殊的思想维度——反思的思想维度。

需要说明的是，哲学作为人类思想的反思维度，或者说，哲学作为“反思思想”的思想，它本身也是“构成思想”的一种方式。但是，在人类把握世界的全部方式中，哲学不只是“构成思想”的一种方式，而且是“反思思想”的方式。正是后者，标志着哲学理论的特殊性质，标志着哲学思维方式的特殊功能。

对此，我们可以通过对哲学与科学以及哲学与人类把握世界的其他各种基本方式的比较来阐发这种思想。所有的具体科学，有一个共同的根本特点，都把思维与存在的统一性作为“理论思维的不自觉的和无条件的前提”，运用理论思维去研究各种具体的存在，而不去追问理论思维的“前提”。或者说，在具体科学那里，不管是数学和自然科学，还是社会科学和人文科学，他们都不自觉地和无条件地把思维和存在的统一性当做自己认识世界的“前提”。不仅如此，在人类把握世界的诸种方式中，除哲学之外的各种方式也都把理论思维的“前提”当做不言而喻和不证自明的东西，而去进行生产劳动、经验累积、科学探索、技术发明、工艺改进、艺术创新、政治变革、道德践履等等。就是说，它们的使命都不是研究理论思维的前提、探索思维与存在的关系，都不是把“思维和存在的关系”作为“问题”来研究，而是使“思维和存在”在观念和实践两个基本层次上获得现实的、具体的统一。它们现实地实现思维和存在的统一，但不去“反思”实现这种统一的前提——思维和存在的关系问题。与此相反，哲学则是把“思维和存在的关系”作为“问题”而予以“反思”，从而不断地揭示隐含在理论思维的“不自觉的和无条件的前提”之中的矛盾，实现人类在思维方式上的变革。

哲学，它作为人类思想的“反思”的维度，深深地根植于人类的存在方式——实践本性——之中。人类作为改造世界的实践—认识主体，其全部活动的指向和价值，在于使世界满足人类自身的需要，把世界变成对人来说是真、善、美相统一的世界。因此，具有理论思维能力的人类，不仅仅是把思维和存在的统一当做“理论思维的不自觉的和无条件的前提”，去探索自然的、社会的和人生的奥秘，而且总是对“前提”本身提出质疑，力图在最深刻的层次上把握人及其思维与世界的内在统一性，并以人类所把握到的统一性去解释人类经验中的一切事物和规范人类的全部行为。哲学的特殊性质就在于，它是人类的这种最深层的渴望与追求的理论表达；哲学的独特价值就在于，它在反思理论思维前提的进程中，使人类不断地深化对思维和存在关系问题的认识，从而不断地更新人类的思维方式、价值观念和审美意识，并引导人类现实地变革自己的生存状态和生活方式。

需要指出的是，当着我们这样来理解哲学的时候，并不是说科学家、文学家、艺术家、政治家、军事家等等都不去思考作为世界观矛盾的理论思维前提问题。恰恰相反，正因为“思维和存在的关系问题”是一切理论思维活动的“前提”，所以人们在理论思维活动的一切领域都会不可逃避地提出理论思维的“前提”问题。也正因如此，哲学反思的领域是极为广阔的，甚至可以说在人类活动的一切领域是无所不在的。问题在于：当着人们在各种不同的活动领域中自觉地提出上述的“前提”问题，并试图对这些“前提”问题进行理论的反思和给予理论的解释时，就超越了自己的特定的研究对象和研究领域，而进入到了哲学的问题领域，进行了哲学的“反思思想”的活动。

毫无疑问，作为“思想”的哲学，只能是以“知识”的形态出现。但是，问题的实质在于，哲学是人类思想的一种特殊维度，而不是人类关于经验世界的某种特殊知识，因此，只有深切地理解和真正地把握哲学的“反思”的特性，才能形成哲学的思维方式，并运用哲学的思维方式去“反思”人类创建的全部科学和人类把握世界的各种方式及其成果。

人类关于经验世界的任何认识成果，都凝聚、结晶在关于经验世界的概念规定之中。概念、范畴，它们作为人类认识和掌握“自然现象之网的网上纽结”，构成了人类认识和人类实践发展的“阶梯”和“支撑点”。在人类的文明史上，人类认识的“网上纽结”是需要不断地扩展和深化的，人类认识的“阶梯”和

"支撑点"是需要不断地"提高"和"强化"的。这就需要实现概念、范畴的逻辑层次的跃迁。而这种概念、范畴的"逻辑层次的跃迁",首先是以对概念、范畴的批判性反思为前提的。正是在这里,人类思想的哲学维度——反思——显示了它的不可取代的特殊价值。

二 反思的思维

人类思想的反思维度,在人类的理论思维的发展过程中,构成了反思的思维方式,这就是哲学的思维方式。对此,黑格尔曾经提出,哲学乃是一种特殊的思维方式,——在这种方式中,思维成为认识,成为把握对象的概念式的认识。所以哲学思维无论与一般思维如何相同,无论本质上与一般思维同是一个思维,但总是与活动于人类一切行为里的思维,与使人类的一切活动具有人性的思维有了区别。黑格尔还具体地指出,这种哲学思维的特殊性,就在于它"以思想的本身为内容,力求思想自觉其为思想"①。黑格尔把这种哲学的反思的思维称做"思辨的思维"。

对于这种"思辨的思维",黑格尔通过"感觉"、"直观"、"想象"、"意志"同"思维"的对比来予以解释。他说:"精神,作为感觉和直观,以感性事物为对象;作为想象,以形象为对象;作为意志,以目的为对象。但就精神相反于或仅是相异于它的这些特定存在形式和它的各个对象而言,复要求它自己的最高的内在性——思维——的满足,而以思维为它的对象"②。这就是人类思维的反思活动,即人类思维以自身为对象反过来而思之。因此,我们应当通过对"表象思维"和"形式思维"与黑格尔所说的"思辨思维"的比较,来阐释"反思"的"哲学思维"。

黑格尔说:"表象思维的习惯可以称为一种物质的思维,一种偶然的意识,它完全沉浸在材料里,因而很难从物质里将它自身摆脱出来而同时还能独立存在。与此相反,另一种思维,即形式推理,乃以脱离内容为自由,并以超出内容而骄傲;而在这里,真正值得骄傲的是努力放弃这种自由,不要成为任意调动内容的原则,而把这种自由沉入于内容,让内容按照它自己的本性,即按照它自己

---

① [德]黑格尔:《小逻辑》,39页。

② 同上书,51页。

的自身而自行运动，并从而考察这种运动。”① 这就是说，作为“反思”的“哲学思维”，它既不是以经验材料为对象而形成关于经验世界的各种知识的“表象思维”，也不是以思维的形式推理为对象而形成关于思维的结构与规则的知识的“形式推理”。正是在这个意义上，哲学是“对认识的认识”、“对思想的思想”，也就是思想以自身为对象的“反思”。

哲学，它作为思想以自身为对象的“反思”，必然是一种“概念性的认识”，也就是把“概念”作为再思想、再认识对象。但也正因如此，哲学的思维方式不仅是难于掌握的，甚至也是难于理解的。黑格尔曾经指出，“一般人所说的哲学的**难懂性**”，一部分是由于他们“**不惯于**作抽象的思维”，另一部分是由他们“亟欲将意识中的思想和概念用表象的方式表达出来”。这就是说，人们总是习惯于寻求某种“熟习的”、“流行的”“观念”或“表象”来思想，而“意识一经提升到概念的纯思的领域时，它就不知道究竟走进世界的什么地方了”②。

在《黑格尔〈逻辑学〉一书摘要》中。列宁曾摘录黑格尔这样的一段论述：凡是没有思维和概念的对象，就是一个表象或者甚至只是一个名称；只有在思维和概念的规定中，对象才是它本来的那样。对此，列宁评论道：“这是对的！**表象和思想**，二者的发展，而不是什么别的”③。而在“辩证法是什么?”的标题下，列宁又提出，辩证法就是“概念的相互依赖”，“**一切**概念的毫无例外的相互依赖”，“一个概念向另一个概念的转化”，“一切概念的毫无例外的转化”，“概念之间对立的相对性”，“概念之间对立面的同一”。在《黑格尔〈哲学史讲演录〉一书摘要》中，列宁曾经更为尖锐地提出问题，对于“发展原则”，在20世纪(以及19世纪末叶)，“大家都已经同意”。不过这种表面的、未经过深思熟虑的、偶然的、庸俗的“同意”，是一种窒息真理、使真理庸俗化的同意。如果一切都发展着，那么一切就都相互过渡，因为发展显然不是简单的、普遍的和永恒的生长、增多（或减少）等等。既然如此，我们首先就要更确切地理解进化，把它看做一切事物的产生和消灭、互相过渡。其次，如果一切都发展着，那么这是否也同思维的最一般的概念和范畴有关？如果无关，那就是说，思维同存在没有联系。如果有关，那就是说，存在着具有客观意义的概念辩证法和认识辩证法。④ 这表明，只有升华为“概念性的认识”，才能达到哲学思维。

① ［德］黑格尔：《精神现象学》上卷，40页，北京，商务印书馆，1979。

② ［德］黑格尔：《小逻辑》，40～41页。

③ 《列宁全集》第55卷，194页。

④ 参见上书，215页。

三　反思的对象

“反思”，是思想以自身为对象反过来而思之。显然，“反思”的对象就是“思想”。

“思想”，是关于思想对象的思想；没有思想的对象，就不会有“思想”。这正如马克思所说，意识在任何时候都只能是被意识到了的存在。观念的东西不外是移入人的头脑并在人的头脑中改造过的物质的东西而已。因此，在关于“反思”的对象的思考中，我们就不能局限于对“反思”与“思想”二者关系的思考，而必须是扩展为对“反思”、“思想”和“思想对象”三者关系的思考。从这三者的关系中，我们既会看到“反思”对象的普遍性，又会懂得“反思”对象的特殊性，从而在“反思”对象的普遍性与特殊性的统一中，深化对“反思”的哲学思维的理解。

以下我们分析“思想”与“思想对象”的关系。在人类的“构成思想”的思想维度中，“思维与存在的关系”中的“存在”就是“思想”的对象。在这种“构成思想”的维度中的“存在”，不仅是指“物质性”的存在，而且是指“精神性”的存在。如果借用英国科学哲学家卡尔·波普的“三个世界”来表述作为思想对象的“存在”，那么，这里的“存在”主要包括三个方面：(1) 所谓“物理自然世界”，即客观物质世界；(2) 所谓“人的意识世界”，即主观精神世界；(3) 所谓“客观知识世界”，即语言文化世界。实际上，作为“思想”对象的“存在”，就是构成思想对象的全部的存在。

与“构成思想”的思想维度不同，哲学反思的直接对象是“思想”，而不是思想的对象。如果反思的对象仍然是作为思想对象的“存在”，那么，这仍然是“构成思想”的思想维度，它所形成的也仍然是关于世界的思想。正因为“反思”的对象是“思想”，而不是思想的对象，因此，“反思”才把“思维和存在的关系”作为“问题”来思考。就是说，在人类思想的反思维度中，不是具体地实现思维与存在之间的统一，从而构成关于“存在”的某种“思想”；恰恰相反，人类思想的反思维度，是揭露思维与存在之间的矛盾，对各种关于“存在”的“思想”进行反省和批判。正因为“思想”的“对象”是构成思想的全部“存在”，“思想”本身是无限丰富、复杂的，所以，反思的对象是无限开阔的，古往今来的各种哲学从未停息对“思想”的“反思”，当代哲学则愈来愈强烈地感受到

"反思"的任重道远。

把"反思"同"思想"和"思想对象"联系起来，我们就会发现：当着哲学企图坚守自己的固有领地的时候，即哲学直接地把"自然界"、"社会"或"思维"作为自己的对象的时候，它越来越感到自己"无家可归"；当着哲学被"驱逐"出它的全部世袭领地之后，它却真正实现了"四海为家"。这就是因为："思想"，是关于"世界"的思想，人们正是在"思想"中才能达到对"世界"的把握、理解和解释；"反思"，是对"思想"的反思，关于"世界"的全部"思想"都是哲学"反思"的对象。

哲学确认自己的"反思"的思维方式，并确认"思想"为反思的对象，经历了漫长的过程。在古代，"哲学"曾经充当包罗万象的"知识总汇"，也就是关于"世界"的全部"思想"；在近代，"哲学"曾经充当凌驾于科学之上的"科学的科学"即"全部知识的基础"，也就是关于"世界"的最具普遍性的"思想"；只有当着"科学"能够提供关于"世界"的各种"思想"的时候，"思想"才真正成为"反思"的对象，哲学才能够确认自己的思维方式及其反思的对象。

关于哲学的这种总体发展趋势，恩格斯在他的几部哲学名著中都作出过具体的论证，并得出了共同的结论。在《反杜林论》一书中，恩格斯提出，一旦对每一门科学都提出了要求，要它弄清它在事物以及关于事物的知识的总联系中的地位，关于总联系的任何特殊科学就是多余的了。于是在以往的全部哲学中还仍旧独立存在的，就只有关于思维及其规律的学说——形式逻辑和辩证法。其他一切都归到关于自然和历史的实证科学中去了。在《路德维希·费尔巴哈和德国古典哲学的终结》一书中，恩格斯又提出，现在无论在哪一方面，都不再是要从头脑中想出联系，而是要从事实中发现这种联系了。这样，对于已经从自然界和历史中被驱逐出去的哲学来说，要是还留下什么的话，那就只留下一个纯粹思想的领域：关于思维过程本身的规律的学说，即逻辑和辩证法。

现代科学的一个突出特点，是以语言学、心理学、逻辑学、脑科学等等为主要内容的"思维科学"的飞速发展。"思维"作为"思想"的对象，已经日益成为"科学"的领域。这样，"世界"的三大领域——自然、社会和思维——都已经成为"科学"的对象，"哲学"被"驱逐"出了它的全部"世袭领地"。因此，正是在现代哲学中，关于"世界"的"思想"真正成为"反思"的对象，哲学也以"无家可归"的形式而真正地实现了"四海为家"。

我们应当看到：思维与存在的矛盾关系既是"无处不在"的（人类把握世界的任何方式都包含着这种矛盾关系），又是"无时不有"的（人类把握世界的各种方式在其历史的全部过程中都包含着这种矛盾关系）；思维与存在的矛盾关系既是“无限扩展”的（人类的实践活动和认识活动的发展揭示出思维与存在之间的更为丰富的矛盾关系），又是“无限深化”的（人类的实践活动和认识活动的发展揭示出思维与存在之间的更深层次的矛盾关系）。因此，哲学“反思”的对象既是“无处不在”和“无时不有”的，又是“无限扩展”和“无限深化”的。

我们还应当看到：以“思想”为对象的“反思”，不仅是反思“被构成的思想”，而且要反思“构成思想的活动”，还要反思“构成思想的方式”。这后两个方面，是哲学反思的不容忽视的重要对象。

思想，不仅需要思想的对象，而且需要构成思想的活动与方式。构成思想的活动，首要的是思想构成自己的根据和原则，也就是思想构成自己的“逻辑支撑点”。它规范着思想的主体想什么和不想什么、怎么想和不怎么想，也就是规范着思想主体的思想内容和思想方式。因此，反思思想构成自己的根据和原则，揭示思想构成自己的“逻辑支撑点”，是哲学反思的深层使命。

构成思想的方式，从根本上说，就是人类把握世界的各种基本方式。人们以常识的、神话的、宗教的、艺术的、科学的等等不同的方式去把握世界，也就形成了关于世界的各种思想。因此，在哲学反思中，人类把握世界的各种基本方式是极为重要的反思的对象。通过对人类把握世界的各种基本方式的反思，人类就能够在哲学的层面上不断地更新自己的世界图景，并从而变革自己的思维方式、价值观念和审美意识，实现人类自身的发展。

四　反思的特性

人类思想的反思活动，是“对思想的思想”、“对认识的认识”，也就是以“思想”为对象的再思想、再认识的特殊维度的思想活动。由此便决定了反思活动的“超验性”、“批判性”、“综合性”和“前提性”的基本特性。

超验性

所谓“超验性”，就是反思活动的超越经验的性质。这是反思活动的首要的和基本的特性。

反思是以“思想”为对象的思维活动。“思想”本身已经是源于经验而又超越经验的理性认识，对思想的思想，就既不是黑格尔所批判的沉浸于经验内容之中的“表象思维”，也不是黑格尔所批评的超然于经验内容之外的“形式思维”，而是超越于经验之上的关于经验内容的思考。这是反思的超验的特性。

反思的超验性具有二重含义。其一是说反思的超越经验的性质，就是说，反思不是直接地关于经验对象的思考，反思的直接对象是关于经验对象的“思想”。正因如此，反思需要自己的超越经验科学的特殊方式和特殊方法，也需要反思的主体经过较为系统的反思的训练和培养。反思的超验性的另一重含义，是指哲学的反思是“超越经验”，而不是“脱离经验”，即哲学的反思并不是脱离经验内容的玄思和遐想。自近代以来的哲学，逐步地形成了一种关于思想内容的逻辑即“内涵逻辑”，它构成了哲学反思的对象。因此，黑格尔在论述哲学的反思时，总是强烈地批判那种“以脱离内容为骄傲”的“形式思维”。

既超越于经验内容之上，又反观于经验内容之中，这就是哲学反思对“经验”的二重性内涵。反思的这种“超验性”，决定了它既要以“批判性”的方式对“思想”进行再思想，又要以“综合性”的方式去实现对“思想”的批判。由此便构成了哲学反思的批判性和综合性。

批判性

所谓哲学反思的批判性，是指哲学反思对“思想”的否定性的思考方式，或者说，把“思想”作为“问题”予以追究和审讯的思考方式。从一定的意义上说，批判性是反思的最本质的特性。

“批判”是人类特有的活动方式，它包括观念形态的精神批判活动和物质形态的实践批判活动这两大批判形态或批判方式。在人类的现实的历史发展过程中，否定世界的现存状态而把世界变成人所要求的现实的实践批判活动，它既是精神批判活动的现实基础，又以精神批判活动为前提。这是因为，在观念上否定世界的现存状态、并在观念中构建人所要求的现实的精神批判活动，既为实践活动提供改变世界的理想性图景，又为实践活动提供满足人的需要的目的性要求。

毫无疑问，哲学的反思活动是一种观念形态的精神批判活动，它直接地表现为对“思想”的批判过程。这主要是表现为揭示思想（使含混的思想得以澄清）、辨析思想（使混杂的思想得以分类）、鉴别思想（使混淆的思想得以阐释）和选择思想（使有用的思想得以凸现）的过程。

哲学反思对思想的揭示、辨析、鉴别和选择，并不是通常所理解的以某种确认的思想去代替其他的思想；恰恰相反，在哲学的反思中，所有的思想都是反思的批判对象。哲学批判所要实现的，是整个思想的逻辑层次的跃迁，也就是实现人类的思维方式、价值观念、审美意识和终极关怀的变革。

关于哲学反思的批判性，马克思提出，批判的武器当然不能代替武器的批判，物质力量只能用物质力量来摧毁；但是理论一经掌握群众，也会变成物质力量。理论只要说服人，就能掌握群众；而理论只要彻底，就能说服人。哲学反思作为“批判的武器”，它以自身的巨大的逻辑征服力去撞击人们的理论思维，从而使人们敞开思想自我批判和思想自我超越的空间，形成更为合理的理想性图景和目的性要求，从而以实践批判的方式使世界变成更加理想的世界。

综合性

所谓哲学反思的“综合性”，是指哲学的批判性反思是通过各种思想的相互撞击和“对话”而实现的。没有广博深厚的“思想”，就没有哲学的“反思”；没有各种各样的“思想”的相互撞击，也无法实现哲学的批判。

哲学反思的综合性，源于对人类把握世界各种方式的超越性综合。人类以科学的方式探索世界之真（为何如此），以伦理的方式反省世界之善（应当怎样），以艺术的方式体验世界之美（是与应当的融合），以宗教的方式追寻世界之永恒（超自然的或彼岸的真善美的存在），以实践的方式让世界满足自己的需要（把世界变成对人来说是真善美相统一的现实）。科学、伦理、艺术、宗教和实践，它们作为人类把握世界的基本方式，在人类自身的历史发展中是相互渗透、相互融合的，而不是孤立自在、彼此绝缘的。知、情、意融会一体，真、善、美相互依存。因此，人类不仅追求“天人合一”的真，“知行合一”的善，“情景合一”的美，而且始终追求真善美的统一，渴望达到对人的存在方式的统一性把握，从而为人类的全部思想和行为提供自己时代水平的最高的支撑点，即人类的安身立命之本。哲学，它作为人类把握世界的一种基本方式，其独立存在的根据和价值，就在于它是对其他方式的超越性综合。

前提性

所谓哲学反思的前提性，是指哲学的反思是对思想的各种“前提”的批判，而不是一般所理解的对思想的“内容”的批判。哲学反思的前提性，既构成了哲学反思的真实对象，又决定了哲学批判的真实意义。理解哲学反思的前提性，是掌握哲学的反思的思维方式的根本性要求。

哲学的批判性反思，总是对反思对象的批判；没有作为反思对象的“思想”，也就没有作为反思活动的批判。然而，值得我们深思的是：反思的对象不只是作为思想内容的思想，而且包括构成思想的根据。这种构成思想的根据，是思想得以形成的前提。它是哲学反思的真实对象，因而哲学的反思具有“前提批判的性质”。

在哲学的意义上，思想的前提是构成思想的根据，推演思想的支点，评价思想的尺度和检验思想的标准。对思想的前提批判，也就是对思想的根据、支点、尺度和标准的批判。这种“前提批判”的出发点和归宿，是实现思想的逻辑层次的跃迁。这表明，哲学的反思是反思的特定层次——前提批判的反思活动。

五　前提的反思

思想的自我反思有两个基本层次：一是思想对自己的思想内容的反思，二是思想对构成自己的根据和原则的反思。前者是普遍地存在于各种思想活动之中的思想自我反思，后者则是属于哲学层面的哲学反思。

人们在各种各样的思想活动中，不仅仅要“构成思想”即实现思维与存在的具体的统一，而且总要反省、追究已经构成的思想是否实现了思维与存在的统一。所谓“反复思考”，“三思而后行”等等，都是指这种思想对自己的思想内容的反思。由此可见，这种思想内容的自我反思，是普遍地存在于人类的全部思想活动之中的。这种层次的反思，还不是专属于哲学的反思。这里，我们以人们对科学的反思为例，来说明两个不同层次的反思，并从而理解哲学层次的反思。

在科学的发展史上，人们总是通过对科学思想的反思与批判，来推进科学思想的进一步发展。在一定的意义上，科学的发展史，就是科学思想的自我批判史。但是，这种科学思想的自我批判，并不直接就构成哲学层面的反思。

科学的发展表现为以新的科学理论去“扬弃”旧的科学理论，因此，新的科学理论必须同时具有以下两方面的性质：一是它必须具有“向上的兼容性”，即能够对原有的科学理论作出更为合理的理论解释；二是它必须具有“论域的超越性”，即能够提出和回答原有的科学理论所没有提出或没有解决的问题。前者属于原有逻辑层次上的理论的延伸、拓宽和深化，后者则要求突破原有的思维方式，实现逻辑层次的跃迁。这表明，科学思想的自我反思和自我批判，并不只是一个反思层次，而是包含两个反思层次。

科学思想自我反思和自我批判的第一个层次，是在遵循既定的逻辑前提的基础上，扩展和深化已有的科学思想；科学思想自我反思和自我批判的第二个层次，则是对科学思想的逻辑前提的批判与变革。这种对科学思想的逻辑前提的批判与变革，从根本上说，就是对人们普遍认同的、占有统治地位的“公理”的挑战。在科学的发展史上，“日心说”之于“地心说”，“进化论”之于“创生论”，“非欧几何”之于“欧氏几何”，“相对论”和“量子力学”之于“经典物理学”，“剩余价值学说”之于“古典政治经济学”，“科学社会主义”之于“空想社会主义”，都可以说是对“公理”的挑战，并且以新的“公理”去取代了旧的“公理”，其中包括把旧的“公理”作为新“公理”的特例而涵于新“公理”之中。

显而易见，科学思想的自我反思和自我批判所实现的对科学理论的逻辑前提的变革，以及由此而实现的世所公认的权威性的“公理”的转换，是科学的划时代的重大发现。它深刻地改变了人们的世界图景、思维方式和价值观念，以至变革了人们整个的生活方式。这种指向思想的逻辑前提、并从而改变了思想的逻辑前提的科学思想的自我反思，已经不再仅仅是思想内容的自我反思，而是一种关于思想的逻辑前提、思想的逻辑基础的反思，因而它属于对构成思想的根据和原则的反思，即哲学层面的思想自我反思。

伟大的科学家爱因斯坦一再强调，在科学研究中，“提出一个问题比解决一个问题更重要”，“想象比知识更重要”。这就是因为，一般所说的“解决问题”，就是在原有的逻辑层次上去解决问题，并没有实现论域的拓宽和逻辑的跃迁；而这里所说的“提出问题”，则是在新的领域或新的逻辑层次上发现新的问题，提出新的问题，为思想前提的逻辑跃迁开拓道路。因此，这种“提出问题”，就不仅仅是科学自身的思考方式，而且是科学家对科学思想的哲学反思。或许正因如此，人们经常说，大科学家必然是大哲学家，不是大哲学家难以成为大科学家。

以思想构成自己的根据和原则为对象的哲学反思，当然不止于科学研究中的哲学层面的反思，而且包括一切思想活动中对构成思想的根据和原则的反思。任何思想，不管是常识思想还是宗教思想，不管是艺术思想还是科学思想，都蕴含着构成其具体内容、从而也是超越其具体内容的根据和原则。这些根据和原则，是思想构成其自身的一只“看不见的手”。它以文化传统、思维模式、价值尺度、审美标准、行为准则、终极关怀等形式而构成思想的立足点和出发点。

这种思想的立足点和出发点，作为思想构成自己的逻辑前提而隐含在思想构成自己的过程和结果中，并对思想构成其自身的进程与结果发挥逻辑的强制性力量——由既定的思想逻辑支点出发而形成特定的思想。因此，要变革思想，就必须变革构成思想的逻辑支点。这就要求人们必须从思想自我反思的第一个层次——思想内容的反思，跃迁到思想自我反思的第二个层次——对思想构成自己的根据和原则的反思，也就是对思想前提的反思。这就是哲学的前提批判。

思想的前提，就是思想构成自己的根据和原则，也就是思想构成自己的逻辑支点。人的任何思想，都蕴含着构成自己的前提；对思想的前提批判，就是思想的逻辑层次的跃迁。

应当看到，对思想的前提批判，既是哲学反思的实质性内容，又是哲学的艰巨使命。哲学反思的艰巨性，就在于思想前提所具有的“隐匿性”、“强制性”；而哲学反思的现实性，则在于思想前提所具有的“可选择性”和“可批判性”。作为思想前提批判的必要性与可能性的统一，则在于思想前提的“普遍性”。

思想前提的“隐匿性”和“强制性”

思想前提，它作为构成思想的根据和原则，是思想中的“一只看不见的手”，也是思想构成自己的“幕后的操纵者”。比如，在一般的思维过程中，我们总是按照形式逻辑的三段论的方式去思考问题，并且不自觉地遵守着形式推理的各种规则。这些形式推理的规则，在我们构成思想的进程和结果中，只是“默默地奉献”，深深地隐匿在思想活动之中。还应看到的是，在我们的思想活动中，并不仅仅是不自觉地遵循着思维运动的规律与规则，而且“隐匿”着更多的“幕后操纵者”。比如文化传统，这就像《我的中国心》里唱的，“洋装虽然穿在身，我心依然是中国心”。文化传统无条件地烙印在人们的思想之中，并以不自觉的方式规范着人们的所思所想和所作所为。同样，人们的思维模式、价值观念、审美意识、终极关怀等等，都以不自觉的和无条件的方式而规范着人们的思想内容和行为内容。

思想构成自己的根据和原则虽然深深地“隐匿”在思想的过程与结果之中，但它作为思想中的“看不见的手”和“幕后的操纵者”，却直接地规范着人们想什么和不想什么、怎么想和不怎么想、做什么和不做什么、怎么做和不怎么做。这就是思想前提对构成思想的“强制性”。比如，在“常识”范围内，我们必须遵循“经验”的方式去构成思想，任何“超验”的思考，都是对“常识”的“挑战”。同样，在各种特定的理论框架中，我们必须以这些理论框架提供的基本原则为思想的前提，并依据这些思想前提去形成思想。在平面几何的论域内，我们必须（而且只能）是从三角形三内角之和等于180°出发去思考三角形问题，而不能（不允许）从其他思想前提去构成思想。这就是思想前提对构成思想的逻辑强制性。

思想前提的“隐匿性”和“强制性”，构成了哲学反思的必要性。这就是，只有通过哲学反思，才能超越对思想内容的反思，而达到对构成思想的前提的反思；也只有通过对构成思想的前提的哲学反思，才能揭示出“隐匿”在思想的过程和结果中的“前提”，并以哲学批判的方式去解除这些思想前提的“逻辑强制性”，从而使人们解放思想，创立新的思想。

思想前提的“可选择性”和“可批判性”

哲学对思想前提的反思，不仅是由于人类思想的发展需要不断地揭示隐匿于思想之中的前提，并不断地“解除”这些思想前提的“逻辑强制性”，而且是因为，思想前提自身所具有的“可选择性”和“可批判性”，为哲学的前提批判提供了现实的可能性。

哲学对思想的前提批判，首先是因为任何思想的前提或思想的任何前提都具有“可选择性”。这就是说，思想的前提具有二重性：一方面，它在构成思想的特定过程和特定结果中，这是确定的，不可变易的，因而它的逻辑强制性是合理的；另一方面，它在思想的历史发展过程中，它在纷繁复杂和多种多样的思想领域中，又是不确定的，可以变易的，因而它的逻辑强制性又是应当和可以解除的。

哲学对思想的前提批判，还因为任何思想的前提或思想的任何前提都具有“可批判性”。这就是说，我们在对任何思想的反思中，都不仅可以反思思想的内容，而且能够反思思想的前提。思想的前提在思想的过程和结果中是“隐匿”的，但人们却可以通过哲学的反思去揭示这些隐匿的前提，对这些前提进行“分析”或“解释”，使它们以文化传统、思维模式、价值尺度、审美标准和终极关怀等方式而成为哲学批判的对象。

思想前提的“普遍性”

哲学对思想的前提批判，其必要性与可能性的统一，在于思想前提的“普遍性”。这就是说，在人的思想的过程和结果中，思想前提是“无处不在”和“无时不有”的。这种思想前提的“普遍性”，既构成了哲学对思想的前提批判的必要性（任何思想都“隐匿”着需要揭示和批判的“前提”），又构成了哲学对思想的前提批判的可能性（从任何思想中都能够揭示出予以批判的“前提”）。以“思想”为对象的哲学之所以能够“四海为家”，从根本上说，就在于思想的“前提”具有普遍性。

思想前提的普遍性，首先表现在任何思想都有构成其自身的根据。具体地说，任何思想的自我构成，都是以某种“世界观”、“认识论”和“方法论”为前提的。这就是说，人们在构成具体的思想之前，总有某种关于世界的整体图景，总有某些构成思想的方法，总有某些对思想进行解释和评价的解释原则和评价标准。

思想前提的普遍性，又表现在思想的过程总要遵循思维的规则和运用思维的方法。这些思维的规则和方法正是思想构成自己的重要前提。学习形式逻辑，是要求人们自觉地掌握和运用思维的规则去构成思想和交流思想。思想的前提批判则是要求对构成思想的思维规则和思想方法进行哲学反思。在论述辩证法时，列宁指出，辩证法是活生生的、多方面的（方面的数目永远增加着的）认识，其中包含着无数的各式各样观察现实、接近现实的成分……。以社会实践为基础的人类认识具有生理的、心理的、语言的、逻辑的、经验的、情感的、意志的、文化的多质性及其错综复杂的矛盾关系。人类在其前进的发展过程中，又不断地生成多方面的、方面的数目永远增加着的各式各样的认识成分，从而构成思维与存在之间的日益丰富的矛盾关系，并实现思维与存在的辩证的、历史的、具体的统一。揭示和批判地考察这些认识成分、认识环节和认识方法等等，是哲学的前提批判的重要内容。

思想前提的普遍性，还表现在思想的构成总要以人类把握世界的基本方式为前提。这就是说，任何思想的构成，都是通过常识的、神话的、宗教的、伦理的、艺术的、科学的或哲学的方式构成的；没有把握世界的某种特定方式，也就没有某种特定的关于世界的思想。问题在于，人类把握世界的各种基本方式，都不是凝固的和僵死的，而是在人类的前进的发展中历史地变化的。哲学的前提批判，就是揭示思想在自我构成中，究竟是以怎样的方式为前提。通过这样的哲学前提批判，就会变革和更新人类把握世界的基本方式，从而实现思想的逻辑层次的跃迁。

思想前提的普遍性，最深层地表现为“理论思维的前提”。恩格斯曾经强调地指出，在人的全部思想中，隐含着一个最普遍的、“不自觉的”和“无条件的”前提，这就是思维与存在的统一性。我们的主观的思维和客观的世界服从于同样的规律，因而两者在自己的结果中不能互相矛盾，而必须彼此一致，这个事实绝对地统治着我们的整个理论思维。它是我们的理论思维的不自觉的和无条件的前提。人类思想的哲学维度，就在于它不像各门具体科学和人类把握世界的其他方式那样，把理论思维的“前提”当做毋庸置疑的出发点，去实现思维和存在的某种形式的统一，而是把理论思维的这个“不自觉的和无条件的前提”作为考察的对象，去反思“思维和存在的关系问题”。因此，只有理解哲学对理论思维的前提批判，才能理解哲学基本问题的真实意义，才能把握哲学的反思的思维方式。

六　超越哲学的知识论立场

理解哲学思维的反思特性，确立对“思想”进行“前提批判”的哲学意识，是同超越哲学的知识论立场密不可分的。更为明确地说，只有超越哲学的知识论立场，才能真正理解哲学反思，并实现对“思想”的“前提批判”。

所谓“哲学的知识论立场”，从根本上说，就是把哲学视为具有最高的概括性（最大的普遍性）和最高的解释性（最大的普适性）的“知识”，并以知识分类表的层次性来区分哲学与科学，从而把哲学归结为“全部知识的基础”。这种知识论立场在西方传统哲学中是根深蒂固的。从亚里士多德“寻取最高原因的基本原理”，到黑格尔构建“一切科学的逻辑”，始终以“科学的科学”的姿态君临天下。在现代科学迅猛发展并不断地把哲学“驱逐”出其“世袭领地”的过程中，这种知识论立场的直接后果，就是科学主义思潮的兴起及其对传统哲学的讨伐与批判：如果哲学是知识或科学，就应当而且必须以知识或科学的标准——表述经验事实并被经验事实证实或证伪——来要求哲学和评判哲学；如果哲学不符合知识或科学的标准——不是表述经验事实也不能被经验事实所证实或证伪，哲学就只不过是“理性的狂妄”和“语言的误用”，因此应当而且必须“治疗”哲学或“消解”哲学。

对于这种“哲学的知识论立场”，逻辑实证主义的代表人物之一卡尔纳普，曾以区分语言的两种职能——“表述”职能和“表达”职能——为前提，而作出了较为明确的阐释。卡尔纳普提出：语言的“表述”职能构成关于经验事实的命题，这种命题能够通过经验本身（比如科学实验及其技术应用）来判定其真伪，因而是“有意义”的“真问题”；语言的“表达”职能所构成的则不是关于经验事实的命题，而是关于人的情感或意愿的种种看法，它们既不可验证也无所谓真伪，因而是“无意义”的“假问题”。据此，卡尔纳普系统地批判了传统哲学的三个组成部分——“形而上学”、“认识论”和“逻辑学”，并得出这样的结论：全部传统哲学的实质，就在于它总是以语言的“表达”职能去充任语言的“表述”职能，也就是以种种的“朴素类比法”或“图解语言”去充任对世界的“普遍性解释”，其结果是哲学“给予知识的幻相而实际上不给予任何知识”，因此，对全部传统哲学，只能而且必须是予以“拒斥”。

卡尔纳普所代表的这种“强硬”的科学主义立场，遭到了来自不同方向的哲学批判。然而，透视这些对批判的批判，人们会非常惊讶地发现，这种反批判在总体上是沿着卡尔纳普区分语言的两种职能的思路去申辩哲学的现代生存权力和寻求哲学的现代出路，而不是针对卡尔纳普作为立论出发点的思路去反思哲学的真实意义和探索哲学的现代使命。其结果，或者是沿着卡尔纳普所说的语言“表述”职能的思路，固守和强化哲学的知识论立场，坚持寻求哲学的“科学化”；或者是沿着卡尔纳普所说的语言“表达”职能的思路，弱化和放弃哲学与世界的现实关系，把哲学变成某种“拟文学”的活动。这两种哲学态度，前者可以说是以卡尔纳普之是为是（科学的哲学必须履行语言的“表述”职能），后者则可以说是以卡尔纳普之非为是（履行语言“表达”职能的哲学具有某种非科学的“意义”）。

固守和强化哲学知识论立场的哲学流派，从总体上看，是从两个相反的方向去“破解”对哲学的科学主义批判和“寻求”哲学的科学化道路。这就是“弱化”科学本身的“科学性”的方式和“强化”哲学本身的“科学性”的方式。

所谓“弱化”科学本身的“科学性”的方式，就是通过揭露科学与非科学的常识的无法割断的联系，科学自身的假设与猜测的性质，以及科学所蕴含的“本体论承诺”等“形上”基础，来“缓和”对“形而上学”的科学主义批判，从而以“模糊”科学分界的方式来实现哲学合理性的自我辩护。说得通俗一些，这种“弱化”科学本身的“科学性”的方式，就是以论证“科学”本身并非如人们所说的那样“科学”的方式，来反对“拒斥”哲学的极端思潮。逻辑实证主义之后的西方“科学哲学”，如以证伪主义著称的波普的批判理性主义，以精致证伪主义著称的拉卡托斯的科学研究纲领方法论，以科学范式理论著称的库恩的历史主义，以“怎么都行”著称的费耶阿本德的认识论无政府主义等等，从其演化的逻辑线索上看，均致力于“弱化”科学本身的“科学性”，“缓和”对“形而上学”的批判，从而使哲学跻身于“科学”的工作。

所谓“强化”哲学的“科学性”方式，就是把“合理形态”的哲学归结为以科学为基础而实现的“对科学的概括和总结”，寻求以系统论、控制论、信息论等现代科学理论作为哲学的“拟化形态”，用“系统”、“结构”、“信息”、“反馈”、“自组织”以及“场”等科学概念来改造和重构哲学对世界的解释体系，探索哲学“形式化”的可能与途径等等来构建“科学化”的哲学体系。

应当看到，无论是“弱化”科学的“科学性”，还是“强化”哲学的“科学性”，其深层的思想前提，仍然是把哲学视为具有最大普遍性和最大普适性的“知识”，仍然是把哲学视为对世界作出统一性解释的“基础”，因而总是把“科学化”视为哲学的合理趋向与最终期待。正是这个深层的思想前提，决定哲学的知识论立场在本质上是“科学主义”的；它对“科学主义”的任何“反驳”与“破解”，都只不过是以新的方式强化对哲学的科学主义要求——使哲学“科学化”。

对于这种根深蒂固的哲学知识论立场和难以割舍的哲学科学化要求，不能不迫使人们提出如下的问题：在人类实现自我发展的历史活动和历史过程中，“科学”是否惟一有意义的活动方式？“哲学”是否只有跻身于科学才有意义？趋向于或囊括于科学之中的“哲学”还有什么独立存在的价值？使哲学科学化的企图与努力是不是对哲学本身的遗忘？哲学是否只有充任语言的“表述”职能才有生存的权力？

在哲学科学化“此路不通”的警告中，现代哲学的某些流派似乎不仅是得到了一种启示，而且是受到了一种鼓励：不以卡尔纳普之是为是，而以卡尔纳普之非为是；放弃语言的“表述”职能，而履行语言的“表达”职能；割舍哲学的科学化追求，而开拓哲学的“拟文学”事业。这种哲学倾向在理查德·罗蒂的反表象主义的“后哲学文化”中得到集中的体现。

对于哲学的知识论立场，罗蒂持有一种激烈的和严厉的批判态度。他认为，哲学把自己视为全部知识的基础和裁判人类全部思想与行为的观念框架，是源于一种错误的诱惑——把万事万物归结为“第一原理”或在人类活动中寻找一种“自然等级秩序”的诱惑。在他看来，大多数当代西方哲学家的共同点，就是对是否存在这样一种称做“哲学”的自然人类活动产生怀疑。而这种“怀疑”的结果，则是“哲学文化”被他所说的“后哲学文化”所取代。他提出，在这种“后哲学文化”中，哲学既没有任何特别的问题需要解决，也没有任何特别的方法可以运用，既没有任何特别的学科标准可以遵循，也没有任何集体的自我形象可以作为专业，因而是一种没有支配原则、没有核心、没有结构、最具有语言的自由使用和词汇的任意创造的“拟文学”的活动。

罗蒂的“后哲学文化”，不仅更深刻地暴露了“存在主义的焦虑”和“相对主义的困境”——无标准的选择和无根据的判断，而且更彻底地否弃了全部传统意义的哲学——作为知识基础的哲学和作为人类规范的哲学。然而，透过这种激烈并且严厉的言辞，人们不难看到这种“后现代文化”观及其所倡言的“拟文学”活动的虚弱与猥琐——舍弃掉哲学的知识论立场和科学化要求，就是“哲学”的自我否定，就不存在作为“自然人类活动”的“哲学”。这表明，在罗蒂声言与“哲学”断裂的“后哲学文化”观中，隐含着一个与“哲学科学化”殊途同归的思想前提——无法割舍的哲学知识论立场。这个根深蒂固的思想前提，必然导致新的“哲学科学化”要求，即以某种新的知识论立场去“消解”当代哲学的“存在主义的焦虑”和“相对主义的困境”，从而实现某种对“客观主义和相对主义”的“超越”。

现代哲学的曲折历程表明，超越哲学的知识论立场，确立反思性的哲学思维，是一个艰难的理论进程。虽然早在 19 世纪后期恩格斯就已经明确地提出哲学“只留下一个纯粹思想的领域”，即哲学只是以“思想”本身为对象，然而，要理解哲学的反思的维度、反思的思维、反思的对象以及哲学的前提批判，还必须深入地理解哲学的基本问题即“思维和存在的关系问题”的真实意义，还必须具体地探讨哲学的批判性本质。

第十一章

批判性的哲学本质

哲学在本质上是批判的，批判性是哲学的根本特性。

哲学的批判性是由它的反思性的思维方式决定的。反思的哲学，不仅以思想为对象反过来而思之，并且要寻找构成思想的根据、尺度和标准，把思想的前提作为考察的对象。由于思想前提在思想中的“隐匿性”和“强制性”，就决定了以思想前提为对象的哲学的批判本性：其一，哲学的反思是要把“隐匿性”的“思想前提”由“幕后的操纵者”变为“前台的表演者”，这就必须批判地对待各种思想，从而揭示出“隐匿”于思想之中的“前提”；其二，哲学的反思不仅要揭示出构成思想的前提，而且要解除原有的思想前提的“逻辑强制性”，从而以新的思想前提为逻辑支撑点去建构新的思想，因此，哲学反思必须是以批判的方式去揭示已有的思想前提的狭隘性和暂时性。哲学的批判性，根植于它的反思的思维方式。

承认哲学的批判本质，这几乎是一种常识；理解哲学的批判本质，则是一件极为艰难的理论工作。让我们在“撞击理论思维”的过程中来体会哲学的批判本性。

一　“清理地基”的工作方式

学习和研究哲学，人们会发现一个奇特而有趣的现象：“爱智”的哲学总是“反思”一些“不成问题的问题”，也就是把人们习以为常、不予追究的问题作为“问题”去追究，把人们视为不言而喻、不证自明的问题作为“问题”进行反思。就此而言，“对自明性的分析”，这既是哲学研究的出发点，也是哲学智慧的座右铭。

对“自明性”的分析，根源于“熟知而非真知”，因而也就是从“熟知”中去寻求“真知”。例如，人们经常以一种毋庸置疑的态度说“规律是看不见的，又是可以被认识的”。对此，爱智的哲学就要追问：“看不见”的规律何以能够“被认识”？我们认识到的“规律”是客观世界自身所具有的还是我们的思维逻辑的产物？这种规律性的认识如何被检验是否正确？这种规律性的认识是否发展的以及是怎样发展的？这种追问所提出的就是哲学始终关注的“思维和存在的关系问题”。

人们还常常以一种不容争辩的口吻说“艺术是一种创造”。然而，爱智的哲学却要追问：何为“创造”？艺术“创造”了什么？“画家创造不出油彩和画布，音乐家创造不出震颤的音乐结构，诗人创造不出词语，舞蹈家创造不出身体和身体的动态”①，为什么把艺术称为“创造”呢？我们用什么来评价艺术“创造”的水平呢？我们又是怎样接受艺术的创造呢？同样，当着人们说“科学发现”或“技术发明”的时候，爱智的哲学又要追问：何谓“发现”和“发明”？科学所“发现”的“规律”不是“客观存在”的吗？“客观存在”的“规律”为什么不是人人都能“发现”？科学是怎样“发现”规律的？由此便提出现代哲学越来越关注和追问的“语言”、“符号”、“文化”与“意义”的问题。

人们又常常以“真”“善”“美”和“假”“恶”“丑”来评论人的思想与行为。对此，爱智的哲学就要追问：何谓“真”“善”“美”？何谓“假”“恶”“丑”？区分“真”“善”“美”与“假”“恶”“丑”的标准是什么？这种区分的标准是绝对的还是相对的，是永恒的还是历史的，是客观的还是主观的？“真”与

① ［美］苏珊·朗格：《艺术问题》，1页。

"善"是何关系?"真"与"美"又是何关系?人们普遍承诺的真善美的原则是什么?人们追求真善美的根据是什么?哲学的追问把人们据以形成其结论的"前提"暴露出来,使这些"前提"成为批判性反思的对象,从而使人们意识到"未经审视的生活是无价值的生活"。

人们常说"狼是凶残的",因为狼吃羊。然而,当我们"涮羊肉片"、"剁羊肉馅"、"吃羊肉串"的时候,为何不说"人是凶残的"?我们是以什么标准来断言狼的凶残与人的合理?在呼唤"生态平衡"、"保护动物"、"与大自然交朋友"的今天,究竟应当怎样理解"生态伦理"问题?人类能够超越"人类中心主义"吗?非人类中心的"主义"是什么样的"主义"?人类对自然的改造与利用和人类对自身的反省与控制到底是何关系?究竟如何看待和对待人类实践活动的"正效应"与"负效应"?这就是当代哲学特别关注和追问的"全球问题"。

由此我们可以看到,"熟知"并非就是"真知",正是在"熟知"中隐含着"无知"。"熟知"是对世界的"名称"式的把握,"真知"则是对世界的"概念"式的把握。把"熟知"误为"真知",从根本上说,是把"名称"误做"概念"。哲学对"自明性"的分析,最重要的,就是对"熟知"的"概念"反思。

例如,我们面前有一张桌子,任何一个正常的普通人都会说"这是一张桌子"。而爱智的哲学却要从"思维和存在的关系"提出问题:究竟什么叫"桌子"?如果我没有"桌子"的概念,我怎么会把"这个东西"称做"桌子"?离开我对"这个东西"的"感知",我能否知道"桌子"的存在?我怎样判断这个"桌子"的真与假、善与恶、美与丑?我为什么会爱护这张"桌子"而不是毁坏它?我们为什么会把不是"这个东西"的"桌子"也称做"桌子"?我们为什么能够"创造"出比我们已有的"桌子"更"高级"的"桌子"?如此等等。

有人说,科学的特点是把复杂的东西变简单,而哲学则是把简单的东西变复杂。的确,我们在这里所提出的种种关于"桌子"的问题,在非哲学的思考中会被认为是荒唐、无聊和可笑的;然而,在对"桌子"的这种追问中,却的确是蕴含着无限丰富的哲学问题。让我们简略地分析这些问题:

其一,主体和客体的关系问题。"我们"在认识"桌子",而"桌子"在被"我们"认识,因此,我们是认识的"主体",而桌子是认识的"客体"。那么,为什么"我们"与"桌子"之间会构成认识的"主体"与"客体"的关系?究竟什么是认识的"主体"、什么是认识的"客体"?哲学是如何看待和回答"主体"与"客体"的关系问题的?

其二,感性和理性的关系问题。我们用眼睛所看到的"桌子",只能是桌子的"现象";我们用思想把握到的"桌子",却是桌子的"本质"。我们用"感性"

“看到”的永远是客体的“现象”而不是客体的“本质”，我们用“理性”“把握到”的又永远是客体的“本质”而不是客体的“现象”；我们的“感性”和“理性”永远处于矛盾之中，被认识的客体的“现象”和“本质”也永远处于矛盾之中。那么，人的“感性”与“理性”究竟是何关系？事物的“现象”和“本质”到底是何关系？人的“感性”和“理性”同事物的“现象”和“本质”又是什么关系？

其三，思维和存在的关系问题。如果这里没有桌子，那么谁也不能说“这里有一张桌子”；反之，如果这里有一张桌子，那么谁也不能说“这里没有桌子”。然而，即使这里真的有一张桌子，而一个根本不知“桌子”为何物的人，又能否把面前的这个“东西”看做是“桌子”？即使别人告诉他“这是桌子”，他又能否懂得“桌子”为何物？由此我们就会追问：“桌子”的存在与关于“桌子”的观念究竟是何关系？人为什么能够把千差万别、千变万化的“东西”既区别开来又统一起来？

其四，个别与一般的关系问题。“桌子”的形状有大有小、有高有矮、有方有圆，“桌子”的材料有木头的、有塑料的、有玻璃的、有金属的，“桌子”的颜色有红的、有黄的、有白的、有黑的，“桌子”的用途有书桌、有餐桌……。那么，我们为什么能够把所有“这样的东西”都称为“桌子”？是“个别”包含着“一般”，还是“一般”包含着“个别”？“一般”与“个别”的区分是绝对的还是相对的？

其五，真善美的关系问题。我们把面前的“这个东西”称做“桌子”，这并不只是一个简单的事实判断，而是一个融事实判断、价值判断和审美判断为一体的综合判断。因此当我们说“这是一张桌子”的时候，在我们的观念中既包括断定“这个东西”是不是“桌子”的真与假的事实判断，又包括“这个东西”是否有用以及有何用途的价值判断，还包括“这个东西”是使我愉悦还是使我讨厌的审美判断。那么，真善美三者之间究竟是何关系？我们判断真善美与假恶丑的根据和标准又是什么？

其六，现实与理想的关系问题。我们把面前的“这个东西”称做“桌子”，并不意味着我们认定只有“这样”的东西才是“桌子”，恰恰相反，它会引发我们对“桌子”的样式、属性和功能的无限的联想和想象，从而去创造更好用、更漂亮、更新颖、更高级的“桌子”。这就是现实与理想的矛盾。在这种矛盾中，蕴含着更为丰富和更为深刻的哲学问题：人的目的性要求与客观规律是何关系？人的现实性存在与理想性期待是何关系？人对现实的反映与人对世界的改造是何关系？人所创造的世界与自在的世界是何关系？

其七，人与世界的关系问题。这是由“桌子”所引发的最深层的哲学问题。

人来源于自在的自然世界，人又创造了属于人的生活的世界，并且永远在创造人所理想的世界。人在改造世界的过程中，又在改造和发展人本身。那么，人究竟是一种怎样的存在？人与世界之间究竟是怎样的关系？人如何认识和改造世界？人怎样改造和发展自身？人是以“白板”式的头脑去反映“桌子”吗？人仅仅以自己的肉体器官去制造“桌子”吗？究竟什么是人的“认识”和“实践”？人的经验、常识和理论在“认识”和“实践”活动中起什么作用？人的思维、情感和意志在人的“认识”和“实践”活动中起什么作用？人类的历史、文化和传统在人的“认识”和“实践”活动中又起什么作用？人的认识和实践是如何“发展”的？人类的未来是怎样的？人们应当形成怎样的世界观、历史观和人生观？

如此想来，我们就不会认为“桌子”问题是荒唐、无聊和可笑的了，而是亲切地体会到“熟知而非真知”的道理，体会到“名称不是概念”的道理，体会到对“熟知”的“名称”进行“概念”式追问的意义与魅力。

进一步说，如果我们把对“桌子”的追问拓展为对“科学”、“艺术”、“伦理”和“宗教”的追问，拓展为对“历史”、“文化”、“语言”和“逻辑”的追问，拓展为对“真理”、“价值”、“认识”和“实践”的追问，我们就会更加深刻地体会到反思的哲学智慧的意义与魅力。而要真正地进行这种哲学的追问和反思，则需要培养和锻炼我们的理论思维能力，特别是善于从哲学层面上提出问题和分析问题的能力。

“爱智”是批判的智慧、反思的智慧，是追本溯源、究根问底的智慧。在“爱智”的追求与追问中，一切既定的知识和现成的结论都是批判与反思的对象，因而一切的“有知”在批判性的反思中都成了“无知”。歌德说，人们只是在知识很少的时候才有准确的知识，怀疑会随着知识一道增长。在一定的意义上说，人们的学习和生活的过程，就是从“有知”发现“无知”，从“熟知”求索“真知”的过程。

“爱智”的哲学，内含着以否定性的思维去对待人类的现实，提示现实所蕴含的多种可能性；内含着以否定性的思维去反思各种知识和理论的前提，揭示知识和理论的前提所隐含的更深层次的前提；特别是内含着以否定性的思维去对待哲学家个人所占有的理论，从而实现理论的变革与创新。

哲学是批判与反思的智慧，而决不是可以到处套用的刻板公式和现成结论。恩格斯曾经嘲讽过的所谓“官方黑格尔学派”，就是这种“诡辩师”的生动写照。恩格斯说，自从黑格尔逝世之后，把一门科学在其固有的内部联系中来说明的尝试,几乎未曾有过。官方的黑格尔学派从老师的辩证法中只学会搬弄最简单的技巧,拿来到处应用，而且常常笨拙得可笑。对他们来说，黑格尔的全部遗产不过是可以用来套在任何论题上的刻板公式，不过是可以用来在缺乏思想和实证知识的时候及时搪塞一下的词汇语录。……这些黑格尔主义者懂一点"无"，却能写"一切"。[1] 如此这般地应用"哲学智慧"，怎么能不是"讲套话"、"说空话"呢？怎么能不是"诡辩师"呢？又怎么能掌握和创建哲学的"大智慧"和"大聪明"呢？

关于哲学的批判本性，古今中外的哲学家都曾予以高度重视和进行深切的思考。德国古典哲学的奠基人康德，把哲学视为一种"清理地基"的工作，认为"哲学家的事业"就是对"自明性的东西"进行分析，所以他给自己提出的哲学任务是追究"认识何以可能"的前提。现象学大师胡塞尔提出，在所谓的"自然的思维态度"中，认识是深不可测的，而认识的可能性却是"自明"的；但在反思的哲学思维中，认识的可能性却成为理性批判的对象。[2] 他们都把哲学批判的锋芒指向了人类认识何以可能的"前提"，并迫使这个前提由"幕后"走上"前台"，由"看不见的手"变成"看得见的手"，从而遭到哲学反思的无情的批判。就此而言，康德的先验方法和胡塞尔的现象学还原的方法，都可以称之为哲学的前提批判的方式。

现代的哲学家们都对哲学的批判本质作出了深切的论述。法兰克福学派的主要代表人物霍克海默提出，"哲学的真正社会功能在于它对流行的东西进行批判"[3]。他还具体地提出，"哲学认为，人的行动和目的绝非是盲目的必然性的产物。无论科学概念还是生活方式，无论流行的思维方式还是流行的原则规范，我们都不应盲目接受，更不能不加批判地仿效。哲学反对盲目地抱守传统和在生存的关键性问题上的退缩。哲学已经担负起这样的不愉快任务：把意识的光芒普照到人际关系和行为模式之上，而这些东西已根深蒂固，似乎已成为自然的、不变的、永恒的东西"[4]。英国哲学家I. 伯林提出："如果不对假定的前提进行检验，将它们束之高阁，社会就会陷入僵化，信仰就会变成教条，想象就会变得呆滞，智慧就会陷入贫乏。社会如果躺在无人质疑的教条的温床上睡大觉，就有可能会渐渐烂掉。要激励想象，运用智慧，防止精神生活陷入贫瘠，要使对真理的追求（或者对正义的追求，对自我实现的追求）持之以恒，就必须对假设质疑，向前提挑战，至少应做到足以推动社会前进的水平"[5]。这些论述，对于我们理解哲

---

① 参见《马克思恩格斯选集》，2版，第2卷，40页，北京，人民出版社，1995。

② 参见［德］胡塞尔：《现象学的观念》，19～23页，上海，上海译文出版社，1986。

③ ［德］麦克斯·霍克海默：《批判理论》，250页，重庆，重庆出版社，1989。

④ 同上书，243页。

⑤ ［英］布莱恩·麦基编著：《思想家——当代哲学的创造者们》，4页，北京，三联书店，1987。

学的批判本质是有启发的。

以“语言转向”为标志的现代哲学，充分利用“语言”自身所具有的客观性、公共性、多样性、历史性、可分析性和可解释性，以一种前所未有的广阔视野展开了对各种各样的文化形式的思想前提批判。构成人的神话世界、常识世界、宗教世界、艺术世界、伦理世界和科学世界的神话语言、常识语言、宗教语言、艺术语言、伦理语言和科学语言，在这种追问“思想前提”的哲学反思中，不得不一一走上思想自我反思和自我批判的“前台”，暴露自己得以存在的“前提”，申诉自身继续存在的“根据”，变革自身发展的方式。这样，在“语言转向”的现代哲学批判中，“隐匿”在各种语言系统（文化样式）之中的“文化传统”、“思维模式”、“价值尺度”、“审美标准”、“行为准则”和“终极关怀”等，不仅在这种“清理地基”的工作中被显现出来，而且遭受到了空前深刻的哲学批判。因此，以“语言转向”来标志现代哲学对近代哲学乃至整个传统哲学的变革，并非仅仅是指哲学的研究对象或研究重点的转换，而且主要地是凸现了哲学前提批判的自觉与强化。

哲学对思想的前提批判，并不是纯粹的思想的结果，而是以人类生活的历史发展为坚实基础的。哲学前提批判的自觉与强化，其现实基础正如马克思所说，彼岸世界的真理消逝以后，历史的任务就是确立此岸世界的真理。人的自我异化的神圣形象被揭穿以后，揭露非神圣形象中的自我异化，就成了为历史服务的哲学的迫切任务。于是对天国的批判就变成对尘世的批判，对宗教的批判就变成对法的批判，对神学的批判就变成对政治的批判。近代哲学的前提批判，主要是对“上帝本体论”的批判，即对“神圣形象”的批判；现代哲学的前提批判，则主要是对“非神圣形象”的批判，也就是对“尘世”中的各种文化样式的批判。

马克思正是以哲学的前提批判，深刻地揭示了“隐匿”在德国古典哲学、英国古典政治经济学和英法空想社会主义中的诸种“前提”，空前深刻地揭露和批判了人在各种“非神圣形象中的自我异化”，才创立了马克思主义学说，实现了人类思想史上的伟大变革。而现代哲学所进行的“形而上学”批判、“意识形态”批判、“科学技术”批判、“意义世界”批判、“话语方式”批判等等，从根本上说，都是对现代社会中的各种“非神圣形象”的思想前提的批判。

在思想前提的批判中，主要应当注重于以下四个方面：一是形成哲学反思的自觉，也就是形成一种自觉的前提批判意识。在思想的自我反思中，不停滞于对思想内容的反思，而是深入到对构成思想的根据和原则的反思。二是注意揭示思想中的隐含的前提，也就是注重于“蓦然回首”，在“灯火阑珊处”去发现真正的问题。三是“消解”前提的强制性，也就是以逻辑的力量去摧毁已有逻辑的强制性。这是整个思想前提批判的实质性内容，也是由批判主体的综合素质所决定的批判的力度与深度的实现过程。四是修正和转换构成思想的前提，以新的思维方式、价值观念、审美意识等去建构思想的新的逻辑支点，实现思想的逻辑层次的跃迁。

二 “真”的哲学反思

真理的问题是哲学研究的最重要问题之一。然而，值得我们深思的是，哲学并不是“教”给我们关于真理的知识，而是启发我们对真理问题进行批判性的反思。

人们经常提出这样的问题：“这是真的吗?”如果对这个问题稍加分析，我们就会发现，人们是在几种不同的意义上使用“真”这个概念的。

其一，在最直接的意义上，“这是真的吗”所追问的是，“这”（例如这个人或这件事）是否“存在”。这里的“真”的含义是“有”或“存在”，而对“真”的否定则是“无”或“非存在”。由此我们可以知道，哲学本体论对“在”的寻求，直接地就是对“真”的寻求。“真”的第一层含义，是在“有”与“无”、“存在”与“非存在”的关系中得以成立的。“真”就是“有”或“存在”。

其二，“这是真的吗”并不是在是否“存在”意义上的追问，而是对具体的“在者”的规定性的追问。或者说，在这种追问中，被追问的对象的“存在”不成问题，成为问题的是被追问的对象是否具有某种特定的规定性。

任何特定的事物即“在者”，总是具有某种（某些）特定规定性的存在；具有这种（这些）特定的规定性的事物，便是这种“在者”，而不具有这种（这些）特定的规定性的事物，则不是这种“在者”；因此，对于特定事物来说，具有该事物的规定性的“在者”是“真的”，不具有该事物的规定性的“在者”则是“假的”。例如，我们面前有“一个东西”，别人说这是“一张桌子”，而我们提问说：“这是真的吗?”这就是在这个“东西”是否具有“桌子”的规定性的意义上提出问题。由此可见，“真”的第二层含义，是在“真实的”与“虚假的”关系中成立的。“真”就是“真实的”。“真”的这层含义不同于“有”或“存在”的含义。

其三，无论是关于事物是否“存在”或关于事物是否具有某种（某些）规定性的追问，总是关于“对象”的追问，而“这是真的吗”的第三层含义，则不是对“对象”的追问，而是对关于“对象”的表象和思想的追问。或者说，在这种追问中，认识“对象”的存在及其“真实性”不成问题，成为问题的是关于“对象”的“表象”和“思想”，即在认识主体的表象和思想中是否符合对象本身地再现了对象。这是明确地对主体的认识提出的问题，即所谓认识论问题。

认识的对象外在于认识的主体而存在，对象的存在对认识主体来说具有客观性。但是，认识的对象只有成为主体的“映象”，即由外在于主体的“对象”变成内在于主体的“映象”，主体才能认识“对象”。而“对象”变为“映象”的过程，即是主体对客体的认识过程。在认识的过程中，主体既可能“正确地”再现了对象，也可能“错误地”再现了对象。在认识论上提出“真”的问题，是对“映象”是否符合“对象”的追问。由此可见，“真”的第三层含义，是在人的认识“正确的”与“错误的”关系中成立的。“真”就是“正确的”认识。正是在“真”的认识论意义上，即人的认识是否“正确”的意义上，才构成了“真理”的问题。

其四，“这是真的吗”并不是对“对象”与“映象”的关系的追问，而是对作为“映象”自身的“表象”和“思想”的关系的追问。或者说，在这种追问中，成为问题的是“表象”与“思想”的关系。这种追问，具有更为深刻的哲学认识论意义。

作为认识主体的人，既具有“表象”对象的“感性”机能，又具有“思想”对象的“理性”机能，人的认识活动就是在“感性”与“理性”、“表象”与“思想”的矛盾中进行的。人的“感性”机能所构成的关于对象的“表象”，只能是“表象”对象的“感性存在”即“现象”，人的“理性”机能所构成的关于对象的“思想”，则是“思想”对象的“内在规定”即“本质”。人的“理性”无法“思想”对象的“现象”，人的“感性”无法“表象”对象的“本质”。那么，究竟是“理性”所“思想”的对象的“本质”是真实的，还是“感性”所“表象”的对象的“现象”是真实的？从人的“感性”与“理性”、“表象”与“思想”的矛盾中提出“真”的问题，是对感性经验与理论思维何者为真的追问。由此可见，“真”的第四层含义，是在“感性”与“理性”、“表象”与“思想”、“经验”与“超验”的关系中成立的。正是由于对这个层次上的“真”作出了各不相同的回答，才构成了哲学中的“经验论”与“唯理论”的长期的派别冲突。由此可见，在真理观的哲学视野中，“真”和“真理”的问题，深层地表现为人的“感性”与“理性”、“表象”与“思想”、“经验”与“超验”的矛盾关系问题。而对这个层次上的“真”的辩证理解，则意味着对“真”的理解必须从属于对人的存在方式——实践——的理解。

其五，“这是真的吗”并不是对认识结果的“真”或“假”的追问，而是对认识主体关于认识对象的评价的追问。或者说，在这种追问中，成为问题的已经不是“存在论”和“认识论”问题，而是“价值观”和“审美观”的问题。

关于这个问题，黑格尔曾经作过生动而又深刻的论述。他说：“譬如我们常说到一个真朋友。所谓一个真朋友，就是指一个朋友的言行态度能够符合友谊的概念。同样，我们也常说一件真的艺术品。在这个意义下，不真即可说是相当于不好，或自己不符合自己本身。一个不好的政府即是不真的政府，一般说来，不好与不真皆由于一个对象的规定或概念与其实际存在之间发生了矛盾。对于这样一种不好的对象，我们当然能够得着一个正确的观念或表象，但这个观念的内容本身却是不真的”①。

一个对象可以是“真实地”“存在着”，并且我们的表象和思想也“正确地”构成了关于它的“映象”，但是，我们仍然可以发问：“这是真的吗?”这表明，这里所追问的“真”，已经不是对象是否“存在”的真，也不是映象是否“正确”的真，而是我们关于“对象”及其“映象”的“评价”：“好的”或“美的”才是“真的”，“坏的”或“丑的”则是“假的”。这是超越关于“真”的存在论和认识论追问的价值论追问。

总结关于“真”的上述五层含义，我们可以把“真”的问题概括为三个方面：一是“有没有”的问题，即所谓“存在论”或“本体论”问题；二是“对不对”的问题，即所谓“认识论”或“逻辑学”问题；三是“好不好”的问题，即所谓“价值论”或“伦理学”问题。

经过这样的分析、总结与概括，我们就会发现，“真”的概念是一个多义性的概念，“真”的问题是一个复杂的问题。从哲学上看，“真”的问题当然主要是“对不对”的问题，也就是人的认识（表象和思想）是否“正确地”把握到对象的存在（现象和本质）的问题，因此人们通常主要是从“认识论”或“逻辑学”去看待和研究“真”的问题。但是，从“真”的概念的多义性去看待“真”的问题，就需要把“有没有”、“对不对”、“好不好”这三个方面的问题联系起来，从存在论、认识论和价值论的统一中去理解“真”，也就是从人与世界、思维与存在之间的整体关系中去理解“真”。

“真”和“真理”这两个概念，既具有密切的相关性，又具有重要的差异性。在关于真理的认识中，既不能把它同“真”割裂开来，也不能把它同“真”混为一谈。

---

① ［德］黑格尔：《小逻辑》，86页。

在通常的理解中，主要的倾向是把“真”和“真理”混为一谈，既把“真”的问题说成是“真理”问题，又把“真理”问题视为“真”的问题。这种通常理解表现在哲学理论中，则是往往既把“存在论”问题与“认识论”问题混为一谈，又把“存在论”问题与“认识论”问题割裂开来。

“真”的问题，首先是一个“存在论”问题，即“存在”与“非存在”、“有”与“无”的问题。但同时它又是一个“认识论”问题，即关于对象的映象的“正确”与“错误”的问题。而这里的“存在论”问题与“认识论”问题又是密切相关的：一方面，意识在任何时候都只能是被意识到了的存在，没有相应的“存在”就没有相应的“意识”；另一方面，意识中的存在，又只能是“被意识到了的”存在，没有被意识到的存在，对意识来说又只能是“非存在”。因此，“真”的问题需要在“存在论”与“认识论”的统一中去思考。不仅如此，由于“真”的问题是“有没有”、“对不对”、“好不好”等存在论、认识论和价值论问题的统一，所以，“真”的问题需要从人与世界、思维与存在的总体关系中去思考。

与“真”的概念不同，对“真理”概念的通常解释是，“对客观事物及其规律的正确反映。同‘谬误’相对。真理与谬误的区别在于是否正确地反映着客观实际”①。

关于“真理”的这种解释，首先是表明，“真理”的问题不是认识的对象自身如何的问题，而是人的认识（表象和思想）与认识的对象的关系如何的问题，即，“真理”的问题不是“存在论”问题，而是“认识论”问题。与“真理”不同，“真”的问题则首先是确认对象是否存在的“存在论”问题。

如果对“真理”概念作进一步的辨析，我们就会发现，把“真理”解释为“对客观事物及其规律的正确反映”，非常容易混淆一个重要问题，这就是：“真理”是关于“客观事物及其规律”的正确认识，还是关于“规律”本身的正确认识？这个问题，对于如何理解“真理”来说，是至关重要的。

把“真理”定义为关于“客观事物及其规律”的正确认识，这意味着，“真理”既是对“客观事物”的正确认识，又是对事物的“规律”的正确认识。我们知道，人的认识是以感性和理性的双重机能去把握对象，从而形成关于对象的现象形态的“表象”和关于对象的内在本质的“思想”。如果我们把“真理”说成是关于“客观事物及其规律”的正确认识，那就是说，“真理”可以分解为关于对象的现象形态的“表象”真理，以及关于对象的内在本质的“思想”真理。这是对真理的庸俗化理解。

---

① 《辞海》，141页，上海，上海辞书出版社，1980。

“真理”是关于“普遍必然性”的认识，是能够对某种（某些）纷繁复杂的现象作出理论性解释的认识，因而可以简洁地定义为“关于事物的规律性的正确认识”。这就是说，被称之为“真理”的认识只能是指关于事物的共性、本质、必然、规律的认识，而不能是指关于事物的现象形态的认识。恩格斯曾经辛辣地嘲讽那种随意地使用“真理”这个概念的做法。他说，如果把“巴黎在法国”、“人不吃饭就会饿死”等等称做永恒真理，那只能被认为是喜欢对“极简单”的事物使用“大字眼”。

真理是关于“普遍必然性”的认识，因此，真理的问题是“思想的客观性”问题。

思想的客观性问题，就其实质而言，是思维和存在、人的认识和客观世界在规律层次上的统一问题。思想的客观性问题，主要地包括两个基本层次的问题：在其表层，是思维规定（指关于对象的概念、范畴、命题以及由它们的逻辑联结所构成的各种理论体系）是否表述经验对象的共性、本质、必然和规律的问题；在其深层，则是思维运演的逻辑（指由思维形式、思维范畴、思维规则、思维方法所构成的思维运动）能否描述存在运动规律的问题，也就是思维和存在在规律层次上的统一问题。

由此我们可以知道，作为“思想的客观性”问题的真理问题，既是一个“思维规定”与“对象本质”是否和如何统一的“认识论”问题，又是一个“思维逻辑”与“事物逻辑”能否以及如何统一的“逻辑学”问题。

“真理”问题首先是“思想的客观性”问题，理解这个问题，是十分重要的。正因为“真理”是在规律的层次上实现“思维和存在”的统一，所以黑格尔、马克思和列宁都强调如何以概念的逻辑运动去把握和描述事物的运动规律的问题；正因为“真理”是在规律的层次上实现“思维和存在”的统一，所以不能以“直观”的方式去检验真理，而必须诉诸人类的实践活动。

哲学对思想客观性问题的批判性反思，经历了漫长、曲折、复杂的发展过程，提出了发人深省的多角度、多层次的重大理论问题，积累了启迪后人深入思索的经验教训。

人对自己提出“思想的客观性”问题，是以人意识到“表象”与“思想”的分裂为前提的。在哲学史上，对思想客观性问题的关注与追问，发端于古代哲学寻求“本体”的困惑之中；具体地说，就是发端于关于“本体”的经验与超验、表象与思想的理论困惑之中。这种理论困惑的具体表现形式，就是人的表象（经验）与思想（概念）同万物的“存在”与“非存在”、“本体”与“变体”的关系问题。

在人与世界的认识关系中，一方面是人作为现实的认识主体，以感性与理性、表象与思想的对立统一的方式“自为”地把握世界；另一方面是世界作为不依赖于人的意识的客观存在，以现象与本质、偶然与必然的对立统一的方式“自在”地存在。然而，当着人们以反思的方式去寻求万物的“始基”、“基质”、“本原”、“本体”，并进而反思把握世界的人的意识，以及人的意识所把握的世界时，却首先是惊愕于人的意识的自我分裂，以及世界的自我分裂。

人们在反思中所发现的人的意识以及世界的自我分裂是：对人的“表象”（经验）所显现的世界，总是个别性的、流变性的、偶然性的、杂多性的、现象性的存在，对人的思想即理性认识所显现的世界，则是普遍性的、不变性的、必然性的、规律性的、本质性的存在；对人的表象所显现的事物感性存在，对人的思想是非存在（思想无法把握事物的感性存在）；对人的思想所显现的事物本质存在，对人的表象又是非存在（表象无法把握事物的内在本质）；经验对象只对经验表象而存在，超验本质只对超验思想而存在。由此便形成了人的意识自我分裂的哲学意识——表象世界与概念世界的分裂。把这种人的意识自我分裂的哲学意识对象化给意识所把握的世界，则形成世界自我分裂的哲学意识——世界的感性存在与内在本质的分裂。

意识到表象与思想的自我分裂，并使之获得具体的哲学理论内容，思想的客观性问题就凸现出来了：人能否认识“看不见”的存在？人类思维运演的逻辑能否描述存在运动的规律？人如何认识“看不见”的存在？是以表象为基础并通过对表象的归纳、分析、抽象、概括来实现，还是通过超越表象的“理性直观”？人所认识到的“看不见”的存在，究竟是自在之物的本质（宇宙为理性立法），还是思维赋予存在的规定（理性为宇宙立法）？正是对这些问题的不同回答，构成了哲学论争的重要理论内容，也正是在这种哲学论争的历史发展中，展现了真理问题内在的复杂环节。

三　“善”的哲学追问

哲学对“真”的寻求，并不仅仅是为了获得某些“普遍必然性”的知识，从而对世界上千差万别、千变万化的事物作出理论解释；哲学对“真”的寻求，更重要的是为了获得规范人的思想与行为的“根据”、“标准”和“尺度”，从而奠定人类自身在世界中的“安身立命之本”或“最高的支撑点”。因此，在哲学的意义上，对“真”的寻求，深层的是对“善”——人自身的幸福与发展——的寻求。

古希腊哲人苏格拉底以“对话”的“辩证法”开启了对“善”的哲学追问。苏格拉底式的“对话”，是引导人们明确地意识到并且承认自己的各种看法中的“矛盾”。在这种“对话”中，苏格拉底引导人们离开各种特殊的事例而去思索“普遍的原则”，明确人们所确信的真、善、美的普遍原则到底是什么。这样，苏格拉底就把人们据以形成其基本信念的“根据”或“前提”暴露出来，使之成为审视和批判的对象。然后，苏格拉底再从人们所确信的这些普遍原则中引申出与之恰相反对或恰相矛盾的命题。黑格尔说，苏格拉底这样做，是为了唤醒人们的思想，在人们的信心动摇之后，他就引导人们去怀疑他们的前提，而他们也就被推动而自己去寻求肯定的答案。① 正是在这种“对话”的“辩证法”中，苏格拉底开启了“善”的哲学追问。

特别值得注意的是，苏格拉底的“对话”的“辩证法”，“并没有致力于对世界的起源和实在的结构进行关于自然的思辨，而是献身于在人类的社会生活和政治生活这种最普通的背景中找寻我们的认识和信念的依据”，致力于“思考有关诸如勇气、虔诚、义务、死亡以及对死亡的恐惧这类平常问题”②。这样，苏格拉底就“把哲学从天上带到了地上”（西塞罗语），使人们意识到“未经审视的生活是无价值的生活”。这就使哲学的追问聚焦于对“善”的思考。

苏格拉底的哲学追问，是对概念的定义的追问，而不是对概念所表述的对象的追问。柏拉图在《美诺篇》中曾记载了苏格拉底对“美德”的追问。美诺提出男人的美德、女人的美德，以及老人、孩子和青年的美德，而苏格拉底则要求美诺回答“包括一切的普遍的美德”。美诺认为，这种“包括一切的普遍的美德”就是“能够取得人所要求的那些善”。至此，苏格拉底则明确提出对“善”的解释。这样，关于“善”的哲学追问，就发展成对整个生活信念的前提批判了。

由苏格拉底对“善”的哲学追问，我们可以知道，在哲学思考中，“善”是批判、反思的对象，而不是某种现成的、教条的结论。这种关于“善”的哲学追问，贯穿于整个的哲学发展史，并在20世纪的哲学中获得了新的发展。

当代哲学认为，人要“理智地委身于一种生活方式”，就必须对“善”进行哲学追问，也就是批判地反思“善”的观念。这是因为，“人的行动和目的绝非是盲目的必然性的产物。无论科学概念还是生活方式，无论是流行的思维方式还

---

① 参见［德］黑格尔：《哲学史讲演录》第2卷，53页。

② ［美］M. W. 瓦托夫斯基：《科学思想的概念基础》，115页。

是流行的原则，我们都不应盲目接受，更不能不加批判地仿效"[①]。哲学反对盲目地尊崇传统和在生存的关键性问题上的退缩。以当代的各种理想的冲突为广阔的思考背景，真切地展开对"善"的哲学追问，既有助于我们对"善"的理解，也有助于我们对追问"善"的哲学的理解。

四　哲学前提的自我批判

在人类的各种各样的思想中，思想的前提规范着人们想什么和不想什么、怎么想和不怎么想，也规范着人们做什么和不做什么、怎么做和不怎么做。而在规范人们的所思所想和所作所为的全部思想前提中，最深层的和最根本的思想前提，就是人们的哲学思想。因此，哲学的前提批判的历史发展，最深层地表现为哲学前提的自我批判。理解这个问题，对于哲学的自我理解是至关重要的。

黑格尔认为，哲学是"思想中所把握到的时代"；马克思则更为明确地提出，任何真正的哲学都是自己时代精神的精华。哲学作为思想的前提，首先在于它是时代精神的自我意识，即人们对自己所生活的时代的时代精神的总体认识。因此，哲学前提的自我批判，就是对这种时代精神的自我意识的反思。通过这种反思，揭示出隐匿在思想中的对时代精神的总体认识，进而批判地审视这种总体认识。例如，19世纪中叶以来的哲学，正是在对思想中的哲学前提的批判性反思中，形成了对"理性"、"真理"、"价值"、"实践"、"发展"等根本性范畴的新的时代性理解。

哲学作为"时代精神的精华"，它是特定时代的人类对人与世界相互关系的自我意识。这就是说，在把哲学解释为"时代精神的精华"的时候，是有特定含义的。具体地说，这种特定含义包括两个方面：其一，"精华"是指人类关于人与世界相互关系的自我意识，它表现为对人与世界相互关系的解释原则，以及用以观照人与世界相互关系的价值观念和审美意识等等；其二，这种关于人与世界相互关系的解释原则及其价值观念、审美意识等等表现为时代水平的把握和解释人与世界相互关系的"统一性原理"即哲学理念。因此，可以说，"时代精神的精华"，即是每个时代的哲学理念，也就是每个时代的哲学的本体观念——这个时代的哲学所形成的终极存在、终极解释和终极价值。

---

① ［德］麦克斯·霍克海默：《批判理论》，243页。

哲学的发展史表明，每个时代的哲学家，都企图在最深刻的层次上形成自己时代的哲学理念，从而以此把握和解释人与世界的相互关系，并以其解释人类经验中的一切事物，以及关于这些事物的全部知识。这种时代水平的哲学理念，在人类的社会生活和历史发展中具有极其重要的作用。它构成人们反思常识、宗教、艺术、伦理、科学和人类全部实践活动的哲学前提，并因而成为思想解放和社会发展的推动力量。因此，哲学前提的自我批判，从根本上说，就是对每个时代的哲学理念的批判性反思。

哲学理念，是人类思维中关于人与世界相互关系的"统一性原理"；哲学理念的性质，需要从人类思维的性质去解释。关于思维的性质，恩格斯说，人类的思维是"至上性"与"非至上性"的辩证统一。按它的本性、使命、可能和历史的终极目的来说，是至上的和无限的；按它的个别实现和每次的现实来说，又是不至上的和有限的。

作为思想前提的哲学理念，首先是根植于人类思维的"本性、使命、可能和历史的终极目的"，即根植于人类思维的"至上性"和"无限性"，也就是根植于思维对"终极性"的寻求。哲学理念作为思想中的"最高的支撑点"，正是表达了人类思维对确定性、普遍性、必然性、统一性和终极性的寻求。然而，哲学理念作为时代精神的精华，它只能是自己时代的产物；哲学理念作为哲学家思维着的头脑所建构的统一性原理，它只能是思维的"个别的实现和每次的现实"。因此，任何时代的哲学理念又都是"不至上的"，"有限的"。

由此便形成了思想前提中的最深层的矛盾——哲学前提的自相矛盾：哲学理念作为思想的最深层的根据、尺度和标准，它要求最高的权威性和最终的确定性；哲学理念作为时代精神的精华，它具有历史的局限性和内在的否定性。

哲学从其产生开始，就蕴含着两个基本矛盾：其一，它指向对人及其思维与世界的"统一性原理"的终极占有和终极解释，力图以这种"统一性原理"为人类的生存和发展提供永恒的最高支撑点；而人类的历史发展却总是不断地向这种终极解释提出挑战，动摇它所提供的"最高支撑点"的权威性和有效性。这就是哲学所承诺的"统一性原理"与人类历史发展的矛盾。其二，哲学以自己所承诺的"统一性原理"作为判断、解释和评价一切的根据、标准和尺度，也就是以自己作为"理论思维的不自觉的和无条件的前提"，从而造成自身无法解脱的哲学解释循环。因此，哲学家只有通过对哲学前提的自我批判，重新奠定哲学的"地基"，才能使哲学的解释循环不断地跃迁到高一级层次。这就是哲学前提自身的内在矛盾，以及由此所决定的哲学前提自我批判的根据，也就是哲学本体论自我批判的根据。

每个时代的哲学所进行的思想前提批判，都只能是以该时代所形成的哲学理念为前提，因此，哲学的前提批判总是最深刻地表现为哲学前提的自我批判。这里的关键问题在于：每个时代的哲学理念，就是这个时代的人类思想的最高支撑点；同时，每个时代的人类思想的最高支撑点又只能是人类思想在其前进的发展中所建构的“阶梯”和“支撑点”，因而又必须通过哲学前提的自我批判而实现人类思想的自我超越。因此，哲学的思维方式，应当是一种批判的、反思的、变革的思维方式，是一种辩证法的思维方式。

第十二章
派别性的哲学论争

哲学的历史贯穿着哲学的自我反思、自我批判和自我超越，而哲学的自我反思、批判与超越，又总是在哲学的派别冲突中实现的。哲学的派别冲突是哲学发展的重要的基本形式。

哲学的派别冲突是与人类存在的矛盾性和历史性密不可分的。哲学作为理论形态的人类自我意识，它必然是以理论的方式表征人类存在的矛盾性。这其中主要是表现在下述几个方面：表征人对自然的依赖性与人对自然的超越性的唯物主义与唯心主义的理论冲突；表征人类存在的确定性与非确定性的辩证法与形而上学的理论冲突；表征人的感性与理性的矛盾的经验论与唯理论的理论冲突；表征人类存在的逻辑性与人文性的矛盾的科学主义与人本主义的理论冲突。

根植于人类的矛盾性存在的哲学派别冲突，又是在人类文明的历史发展中展开的，因此哲学的派别冲突又必然是表现为不同时代不同水平的哲学论争。离开特定时代的哲学论争，就会把哲学的派别冲突简单化、抽象化以至于漫画化，从而也就会把哲学本身庸俗化。因此，我们应当从人类性与历史性、派别性与时代性的统一中去探索哲学的派别冲突。

哲学发展史上的最深层的理论冲突，是对哲学本身的相互矛盾的理解。哲学发展的最重要的方式，也是通过哲学的自我反思、自我批判和自我超越来实现的。因此，我们应当把哲学的派别冲突与哲学观的论争统一起来，在探讨哲学的自我前提批判的过程中深化对哲学派别冲突的理解，又在探讨哲学的派别冲突的过程中深化对哲学自身的理解。

一　自然与超自然：唯物主义与唯心主义

哲学的唯物主义与唯心主义，是贯穿于整个哲学史的最基本的哲学派别。在哲学的层面上认识唯物主义与唯心主义的派别冲突，是学习哲学的重要目的，也是深化哲学的自我理解的重要途径。

“本原”问题

关于哲学的唯物主义与唯心主义，通常作如下解释：人们以总体方式把握世界，首先遇到的就是世界的本质问题，即精神和物质何者为第一性，何者为第二性，二者归根到底谁先谁后、谁依赖谁、谁决定谁的问题。对于精神和物质何者为第一性问题的回答，基本上只有唯物主义的和唯心主义的两种，哲学家也依照他们如何回答这个问题而分为唯物主义和唯心主义两大阵营。凡是主张物质自然界是本原，物质第一性、意识或精神是第二性的，都属于唯物主义阵营；凡是断言精神对自然界来说是本原，意识或精神是第一性的，物质是第二性的，从而归根到底承认某种创世说的，都属于唯心主义阵营。[①] 在此基础上，我们需要以马克思主义哲学的实践观进行深入的探讨。

人类作为物质世界链条上的特定环节，即作为物质世界长期发展的产物，人类统一于物质世界，物质世界是人类生存和发展的根据；人类作为认识和改造世界的主体，即作为超越纯粹自然性的人的存在，人类自己的创造活动是人类生存和发展的根据。人类对自然的依赖性与人类对自然的超越性，构成了哲学在“本原”或“本体”问题上的矛盾冲突。

---

① 参见李秀林等主编：《辩证唯物主义和历史唯物主义原理》，7页，北京，中国人民大学出版社，1990。

传统的唯物主义哲学和唯心主义哲学，分别从对立的两极去思考自然界与精神的关系问题，因而始终僵持于“本原”问题的自然本体与精神本体的抽象对立，并以还原论的思维方式去说明二者的统一。由于旧唯物论以自然为本体，只是从被动的观点去理解人与世界的关系，取消了人的能动性，因此它所坚持的是一种单纯的、自在的客体性原则；由于唯心论以精神为本体，只是从能动的观点去理解人与世界的关系，抽象地发展了人的能动性，因此它所坚持的是一种单纯的、自为的主体性原则。这样旧唯物论和唯心论就不仅固执于“本原”问题上的自然本体与精神本体的抽象对立，而且造成了思维方式上的客体性原则与主体性原则的互不相容。

它们把这种本原问题上的抽象对立和思维方式上的互不相容扩展到全部哲学问题，就使它们自身成为片面夸大两极的哲学理论。马克思在《关于费尔巴哈的提纲》中对全部旧哲学的批评，正是精辟地揭露了这种两极对立的哲学的根本缺陷，指出了在其原有的思维方式内无法解决的内在矛盾。

马克思说，从前的一切唯物主义（包括费尔巴哈的唯物主义）的主要缺点是：对对象、现实、感性，只是从客体的或者直观的形式去理解，而不是把它们当做感性的人的活动，当做实践去理解，不是从主体方面去理解。因此，和唯物主义相反，能动的方面却被唯心主义抽象地发展了，当然，唯心主义是不知道现实的、感性的活动本身的。在这段简洁精辟的文字中，马克思既尖锐地指出了旧唯物主义的“主要缺点”，又深刻地揭露了唯心主义“抽象地发展了”能动的方面的本质。而这二者的共同之处，则在于它们都不懂得“革命的”、“实践批判的”意义。

对于旧唯物主义的批判，马克思突出强调的是它“只是”从客体的或者直观的形式去理解对象、现实、感性，而“不是”把它们当做感性的人的活动，当做实践去理解，不是从主观方面去理解。

很明显，在马克思对旧唯物主义的总体评价中，包含着两个方面或两个层次的意思：第一方面或第一层次，马克思并不否认旧唯物主义从客体的或者直观的形式去理解对象的积极意义，恰好相反，马克思在他的全部著作中都首先是坚定不移地承认外部自然界对人及其思维的“优先地位”，承认唯物主义的基本原则及其思想路线，并一再声明他自己是“唯物主义者”。第二方面或第二层次，马克思则批评旧唯物主义“只是”从客体的或者直观的形式去理解对象、现实、感性，而“没有”从实践的方面去理解。正是在这第二方面或第二层次，马克思展开了对旧唯物主义的批评，并在这种批评中提出了新的理论思维方式。

对于唯心主义的批判，马克思突出强调的是它“抽象地”发展了能动的方面，并且进一步指出，它“当然”是不知道真正现实的、感性的活动本身的。

在马克思对唯心主义的总体评价中，也包含着两个方面或两个层次的意思：第一方面或第一层次，在与旧唯物主义“只是”从客体的或者直观的形式去理解对象、现实、感性相对比的意义上，马克思指出，唯心主义发展了“能动的方面”，即从人的感觉（如贝克莱）或思维（如黑格尔）出发去看待思维对存在的关系。第二方面或第二层次，马克思尖锐地指出，唯心主义不仅是“抽象地”发展了能动的方面，而且它只能是“抽象地”发展能动的方面，因为它作为唯心主义哲学，“当然”不知道真正现实的、感性的活动本身。正是在这第二方面或第二层次上，马克思展开了对唯心主义的批判，并在这种批判（以及对旧唯物主义的批判）中，提出了新的理论思维方式，即以实践论的思维方式回答了人对自然的依赖性与人对自然的超越性的辩证关系。

“认识路线”问题

近代以来的西方哲学，实现了所谓的“认识论转向”，认识论问题逐渐成为哲学研究的重心。因此，哲学的发展提出了如何从认识论上划分唯物主义与唯心主义的问题。按照列宁提出的两条认识路线，从认识论上划分唯物主义与唯心主义，就看它们从什么出发，把什么作为认识的根据和前提，把什么作为认识的对象和内容来源。“从物到感觉和思想”，就是把“物”作为认识的出发点，因而是哲学的唯物主义；反之，“从思想和感觉到物”，就是把“思想和感觉”作为认识的出发点，因而是哲学的唯心主义。

列宁在自己的哲学论著中，不仅提出了“从物到感觉和思想”与“从思想和感觉到物”的“两条认识路线”，而且深刻地论述了认识的辩证本质和辩证过程。列宁认为，辩证法是人类的全部认识所固有的，辩证法是活生生的、多方面的（方面的数目永远增加着的）认识，而形而上学的唯物主义的根本缺陷就是不能把辩证法应用于反映论，应用于认识的过程和发展。因此，在对“两条认识路线”的理解中，我们既要坚持“本原”问题上的唯物主义原则，又要克服“形而上学的唯物主义”的“根本缺陷”，辩证地理解认识的本质及其发展过程。

在现实生活中，我们经常强调要“一切从实际出发”，“实事求是”，“按照事物的本来面目去认识事物”。这当然首先就需要我们坚持“从物到感觉和思想”的认识路线。但是，人们却常常把这些根本性的要求及其所蕴含的唯物主义认识路线，简单化地理解为认真地“看”与仔细地“听”，而忽视“思想”及其所包含的“理论”对“看”和“听”的能动作用，甚至把“理论”与“观察”对立起来。我们应把人合理地看成历史文化的存在，在哲学的层面上深入地探讨“主体”与“客体”、“主观”与“客观”、“理论”与“观察”等等的辩证关系，达到对人的认识的辩证唯物主义理解。

哲学唯心主义的认识论根源

在所有的哲学问题当中，人们经常感到最为大惑不解的问题，就是哲学唯心主义何以能够长期存在，一些“聪明”的哲学家何以会成为唯心主义者的问题。这是因为，任何一个正常的普通人都知道这样一个基本事实（科学事实）：先有地球，后有人类及其意识；物质世界是“本原”性的存在，而精神世界是“派生”性的存在；先有事物的存在，后有关于事物的观念。那么，为什么会有这种认为“意识第一性、物质第二性”的唯心主义哲学呢？为什么会有“聪明”的哲学家搞这种唯心主义呢？

对此，列宁在《哲学笔记》一书中作出了精彩的回答。列宁说，从“粗陋的、简单的、形而上学的唯物主义”的观点看，哲学唯心主义只能是“胡说”；与此相反，从辩证唯物主义的观点看来，哲学唯心主义是把认识的某一个特征、方面、部分片面地、夸大地……发展（膨胀、扩大）为脱离了物质、脱离了自然的、神化了的绝对。

人的认识不是直线，而人们在理解人的认识的时候，却往往是从认识的某个环节出发，把它作为解释人的认识的出发点。由此便造成了认识中的“直线性和片面性，死板和僵化，主观主义和主观盲目性”，而这些却恰恰是哲学唯心主义的“认识论根源”。这里的最为重要也是最为困难的理论问题，就是“时间先在性”和“逻辑先在性”及其相互关系问题。

“时间先在性”是易于理解的：它是对经验事实（包括科学事实）的陈述，即表述经验对象之间在时间序列中的先后顺序。具体地说，一事物先于他事物而存在，这一事物较之他事物就具有时间上的“先在性”。自然界先于人类意识而存在，因而“物质”是“意识”的“本原”；客观世界先于人的意识内容而存在，因而“客观世界”是“意识内容”的“本原”；这不仅符合人类的经验常识，而且不断地被科学所证实。正因如此，旧唯物主义才对哲学唯心主义感到大惑不解：把意识说成是物质的本原，这不是纯粹的“胡说”吗？

为了超越旧唯物主义的这种简单的认识，并从而认清哲学唯心主义的认识论根源，就必须引进“逻辑先在性”问题。“逻辑先在性”是相对于“时间先在性”而言的。它所陈述的并不是事物之间在时间序列中的先后顺序，而是事物之间在“逻辑”上的“优先地位”。显而易见，相对于“时间先在性”问题，“逻辑先在性”问题是难于理解的，它需要辩证的思维方式。人们往往是从旧唯物主义的观点（而不是辩证唯物主义的观点）去看待哲学唯心主义，并简单地将其指斥为“胡说”。

从总体上看，事物之间在“逻辑”上的“优先地位”问题，可以分为“自在”与“自为”两种情况。哲学唯心主义的产生与演化，特别是近代以来的哲学唯心主义的演化，是同片面地夸大以至歪曲这两种情况的“逻辑先在性”密不可分的。

“自在”意义的逻辑先在问题，是指事物的本质对事物的现象在“逻辑”上具有优先地位，即事物的本质决定事物的存在（如俗话所说的“种瓜得瓜，种豆得豆”)。这里所说的逻辑优先地位，并不是说先有事物的本质、后有事物的现象，而是说事物的本质决定事物自身的产生、演化和灭亡。人们在认识事物时，之所以要“透过现象发现本质”，之所以要“从感性认识上升到理性认识”，正是因为事物的本质较之事物的现象具有逻辑上的优先地位。

需要认真思考的是，这种自在意义上的本质对现象的逻辑上的优先地位，只能是成立于人类关于世界的认识的“逻辑”之中，是人们在自己的认识活动中以“逻辑”关系去把握事物的本质与现象的产物。就事物自身说，现象是本质的现象，本质是现象的本质，两者之间并不存在孰先孰后的问题。而人们在认识事物的过程中，却必须肯定本质对现象的逻辑先在性，从而以普遍性、必然性、规律性去把握和说明纷繁复杂的现象。一旦人们把这种认识的“逻辑”对象化给事物本身，并把这种认识中的“本质”与“现象”以逻辑的形式对立起来，就会歪曲这种自在意义的“逻辑先在性”，把“本质”看成是独立于“现象”之外，并且决定事物存在的某种“本原”的东西。古希腊著名的哲学家柏拉图之所以“野蛮地”（列宁语）把“理念”与“事物”割裂开来，认为“理念”是“事物”的“原型”，而“事物”不过是“理念”的“摹写”，其根源就在于柏拉图歪曲地“夸大”了本质对现象的“逻辑先在性”。

如果说古代的哲学唯心主义主要是“野蛮”地“夸大”自在意义的“逻辑先在性”，那么，近代以来的哲学唯心主义则主要是“夸大”了自为意义的“逻辑先在性”。

所谓“自为”意义上的“逻辑先在性”，是指人的认识活动中的主—客体关系。马克思说，凡是有某种关系存在的地方，这种关系都是为我而存在的；动物不对什么东西发生“关系”，而且根本没有“关系”；对于动物来说，它对他物的关系不是作为关系而存在的。马克思在这里所说的“为我而存在的”“关系”，就是人与世界的主—客体关系。在这种主—客体关系中，主体对客体具有“逻辑”上的“优先地位”，即：从“逻辑”上看，客体作为主体认识和改造的对象，客体之所以是客体，是以主体存在为前提的；没有成为主体对象的存在，只是某种“自在之物”，而不是主—客体关系中的客体。这说明，在人的认识活动和实践活动中的主—客体关系，是以“我”(主体) 的“逻辑先在”为前提的。进一步说，主体在何种程度上把握到客体，客体在何种程度上成为主体的对象，又是以主体的实践水平和认识水平为前提的。例如，马克思曾经说过，你要欣赏音乐，你就要有能够欣赏音乐的耳朵。如果你不懂音乐，再美妙的乐曲也不能成为欣赏的对象。同样，如果一个人没有相应的医学知识，X 光片对他来说只不过是一张黑白相间的图片，而不具有任何诊断价值。这就是主体的“经验”、“知识”、“思想”等等对客体的“逻辑先在性”。

进一步说，在人的认识世界和改造世界的过程中，在社会历史领域内进行活动的，是具有意识的、经过思虑或凭激情行动的、追求某种目的的人；任何事情的发生都不是没有自觉的意图，没有预期的目的的。① 因此，在人与世界的主—客体关系中，主体的“意识”、“激情”、“意志”、“目的”等等，也具有一种“逻辑先在性”。

毫无疑问，主体对客体的“优先地位”，只能是一种“逻辑”上的先在性，而决不是主体的情感、意志、思维等等在“时间”上先于客体而存在。但是，近代以来的唯心主义哲学，在“认识论转向”的过程中，却歪曲地“夸大”了主体对客体的“逻辑先在性”，把主体的感觉（如贝克莱）、思维（如黑格尔）、意志（如叔本华）视为本原性的存在，把客观世界视为派生性的存在，也就是列宁所说的把认识的某一个特征、方面、部分片面地、夸大地……发展（膨胀、扩大）为脱离了物质、脱离了自然的、神化了的绝对。正是由于“粗陋的、简单的、形而上学的唯物主义”还不懂得“时间先在性”与“逻辑先在性”的区别，因而也就不懂得列宁所说的“哲学唯心主义是经过人的无限复杂的（辩证的）认识的一个成分而通向僧侣主义的道路”这样一个道理，所以只能是简单地把哲学唯心主义指斥为“胡说”。要想超越形而上学的唯物主义而达到辩证唯物主义对唯心主义的理解，就必须从“逻辑先在性”的视角深入研究哲学唯心主义的认识论根源。

如果我们把哲学唯心主义的产生与演化同科学进步的特点联系起来，会有助于我们深化对“逻辑先在性”及其与哲学唯心主义的认识论根源的相互关系的理解。

科学的发展总是表现为学科发展的不平衡性，某种科学理论的划时代发现，总是突出了人类的某种认识成分。它的璀璨夺目的光芒使得其他的认识成分在一个历史时期内相形见绌，黯然失色。其结果是吸引其他学科都试图运用这种认识

① 参见《马克思恩格斯选集》第 4 卷，247 页。

成分来研究自己的领域。与此同时，各个时代的哲学家也试图以某种被科学家们普遍接受的认识成分来解释和说明人类的全部认识活动，并从这种认识成分出发去构筑自己整个的哲学体系，从而导致整个哲学概念框架的变革。

科学和哲学发展的这种规律，更为显著地凸现了主—客体关系中的“逻辑先在性”问题。由于每个时代的哲学家都试图以某种被人们（首先是科学家）普遍接受的“认识成分”来解释和说明人类的全部认识活动，这种“认识成分”也就具有了“先入为主”的“逻辑先在性”。

哲学发展进程中的这种状况具有二重性：一方面是深入地研究了这种具有“逻辑先在性”的认识的某种成分，并以新的角度去理解人与世界的关系；另一方面，则往往片面地夸大这种具有“逻辑先在性”的认识的某个成分，并从这种被夸大了的认识成分出发去构筑具有某种极端性和片面性的哲学理论体系。仅从近代以来的西方哲学看，笛卡尔的唯理论、贝克莱的经验论、康德的不可知论、黑格尔的泛逻辑主义、马赫的经验论、胡塞尔的现象学、杜威的实用主义、卡尔纳普的逻辑实证主义、波普的证伪主义……都是如此。而一旦把认识的某一个特征、方面、部分片面地、夸大地……发展（膨胀、扩大）为脱离了物质、脱离了自然的、神化了的绝对，这种哲学就成了唯心主义哲学。

唯物主义的历史形态

正如人们常常对“唯心主义”这个概念感到困惑并从而产生误解一样，人们也经常对“唯物主义”这个概念产生种种误解。在《路德维希·费尔巴哈和德国古典哲学的终结》一书中，恩格斯针对当时人们对“唯物主义”的误解与偏见，十分愤慨地指出，庸人把唯物主义理解为贪吃、酗酒、娱目、肉欲、虚荣、爱财、吝啬、贪婪、牟利、投机，简言之，即他本人暗中迷恋着的一切龌龊行为；而把唯心主义理解为对美德、普遍的人类爱的信仰，总之，对“美好世界”的信仰。

与这种侮辱和咒骂哲学唯物主义的误解和偏见相反，在一个时期内，人们又简单地以政治上的革命与反动、进步与保守、正确与错误等等去划分哲学的唯物主义与唯心主义，似乎凡是“唯物主义”便是革命、进步与正确，凡是“唯心主义”则是反动、保守与错误。其结果，就不仅仅是使哲学唯心主义抽象化和漫画化，而且也把哲学唯物主义简单化和凝固化了。尤为严重的是，人们往往从这种贴标签式的简单划分中，以最一般的、最抽象的唯物主义去看待和解释马克思主义哲学。为此，我们不仅需要了解哲学唯物主义的基本历史形态，而且需要理解这些历史形态之间的变革，特别是马克思的唯物主义思想所实现的革命性变革。

古代的唯物主义哲学是在反对原始宗教的斗争中产生的。它的主要特征是以自然原因去解释自然现象。它构成了人类最早的理论思维形式。在西方，唯物主义哲学大约产生于公元前7世纪至公元前6世纪的古希腊。在中国，唯物主义思想大约产生在殷周之际。

古代的唯物主义哲学把万物的“本原”归结为某种物质形态，是依靠笼统的直观，即通过经验观察再加上想象和猜测而形成的理论，具有明显的自发性和朴素性，因而人们往往称之为“自发的唯物主义”或“朴素的唯物主义”。这种朴素的唯物主义确信人的感觉和思想与经验对象的一致性，以及感觉和思想的可靠性，并没有明确地提出和自觉地探索“思维和存在的关系问题”，而是通过直接断言世界本身的意义去寻求“万物的统一性”。就此而言，古代的唯物主义还是一种非反思的即“独断”的理论形态。

近代的唯物主义是唯物主义哲学的第二种历史形态。它萌芽于14世纪至16世纪，形成于16世纪至17世纪，在18世纪达到发展的高峰。近代唯物主义的主要代表人物是英国的培根、霍布斯、洛克，荷兰的斯宾诺莎，法国的拉美特利、狄德罗、爱尔维修和霍尔巴赫，以及德国的费尔巴哈。

近代的唯物主义以近代实验科学对自然现象的实证研究为基础，以新的实证知识和科学方法论证世界的物质统一性，摆脱了古代唯物主义的素朴性；近代的唯物主义自觉地提出和探讨了“思维和存在的关系问题”，主要是研究了认识内容的来源等问题，确认了唯物主义的反映论和可知论原则；在对人的哲学思考中，德国哲学家费尔巴哈在批判宗教神学和黑格尔的思辨哲学的过程中，提出人的“感性存在”是思维和存在统一的基础，创立了人本学唯物主义，从而使近代唯物主义发展到一个新的水平。但是，近代的唯物主义具有明显的局限性：其一，机械性。它把自然界中各种现象和过程统统归结为机械运动，一概用力学规律加以解释。其二，形而上学性。它没有达到对“概念”本性的辩证理解，无法以概念的运动去描述事物的运动，因而也就不可能以矛盾的观点去解释世界。其三，唯物主义的不彻底性。马克思和恩格斯曾对费尔巴哈作出这样的评论：当费尔巴哈是一个唯物主义者的时候，历史在他的视野之外；当他去探讨历史的时候，他决不是一个唯物主义者。在他那里，唯物主义和历史是彼此完全脱离的。自然观的唯物主义而历史观的唯心主义，这是整个旧唯物主义的“通病”。

由马克思和恩格斯创立的现代唯物主义，是哲学唯物主义的高级形式。对于这种现代唯物主义，有“辩证唯物主义”和“历史唯物主义”以及“实践唯物主义”等几种称谓。这些称谓从不同的侧面表述了马克思和恩格斯创立的现代唯物主义的总体特征。

以“辩证唯物主义”来称谓马克思的“现代唯物主义”，其突出强调的是：辩证唯物主义全面地论证了思维与存在相统一的物质基础，彻底地坚持了唯物主义的认识路线。它认为：思维运动作为物质运动的高级形式，是由物质运动的低级形式发展而来的，思维和物质在本质上服从于同一物质运动规律，这就从思维的起源上论证了物质是思维和存在统一的基础；思维运动作为人脑这种高度发达的物质的机能和属性，它依赖于人脑这个物质载体，这就从思维运动的物质承担者方面论证了物质是思维和存在统一的基础；思维运动作为物质的反映特性的高级形式，它的内容是对存在的反映，而不是主观自生的，这就从思维内容的派生性上论证了物质是思维和存在统一的基础；思维运动作为人类特有的自觉的能动的反映活动，以人类的物质实践活动为基础，并作为人类实践活动的内在环节而存在，这就从思维运动的现实性上论证了物质是思维和存在统一的基础。

“历史唯物主义”亦称“唯物主义历史观”、“唯物史观”。关于“历史唯物主义”与“辩证唯物主义”的关系，长期以来比较通行的观点是，历史唯物主义是把辩证唯物主义原理应用和推广到社会历史领域的结果。这就是所谓的“推广论”。近年来，理论界提出的另一种观点是，历史唯物主义是马克思哲学的基础和核心，即认为历史唯物主义在马克思主义哲学体系中起着“基础”和“核心”的作用。这两种观点的共同点则在于，都把历史唯物主义理解为仅仅适用于社会历史领域的学说，即都是“狭义的历史唯物主义概念”。与此相反，理论界的又一种观点是“广义的历史唯物主义概念”。这种观点认为，马克思并没有创立过历史唯物主义以外的任何其他的哲学，历史唯物主义就是马克思主义哲学。

“实践唯物主义”这一提法，首先是突出了马克思主义哲学的根本特性即实践性。实践观贯穿于全部辩证唯物主义和历史唯物主义的各个环节，离开实践观就不能合理地和完整地理解马克思主义哲学的本质，因此，当代中国哲学界力图以“实践唯物主义”来理解和论述马克思主义哲学。

唯物主义的历史形态向我们表明：哲学发展进程中的每个历史时代的唯物主义与唯心主义的对立与斗争，既包含着普遍原则问题，又具有历史的规定性；唯物主义不仅是在与唯心主义的对立和斗争中发展的，而且也是在不同历史形态的唯物主义的对立与斗争中发展的；马克思恩格斯所创建的“现代唯物主义”，是以实践的观点去理解人与世界的关系，去解决全部哲学问题，“实践的唯物主义”是马克思主义哲学的建构原则和本质特征。究竟如何在“辩证唯物主义”、“历史唯物主义”和“实践唯物主义”的统一中去深化对马克思所创建的“现代唯物主义”的理解，是需要我们共同深入探讨的重大问题。

二　概念与表象：辩证法与形而上学

在哲学世界观理论中，思维方式问题占有突出的重要地位。它决定人们如何理解世界以及人与世界之间的关系。辩证法与形而上学就是人类把握世界的两种基本的思维方式。这两种思维方式的冲突，深深地根植于人类把握世界的概念与表象的矛盾之中，因此我们应该从概念与表象的矛盾去深化对辩证法与形而上学及其矛盾冲突的理解。

辩证法的思维方式与形而上学的思维方式

辩证法一词源出古希腊文，原意是谈话和论战。古希腊哲学家把在辩论时通过揭露和克服对方议论中的矛盾以取得胜利的艺术称做辩证法。

在当代中国，“辩证法”是一个十分流行的概念。然而，无论是在人们的日常理解中，还是在通行教科书的阐述中，都存在着许多亟待澄清的问题。由于后者（通行教科书的阐述）是前者（人们的日常理解）的理论根源，因此，我们试图以通行教科书对辩证法的阐述为出发点，对“辩证法”这一概念的哲学意义进行辨析与澄清。

关于辩证法的通常理解，主要存在以下问题：一是在经验常识的思维方式中去解释辩证法及其与形而上学的关系，从而把辩证法的哲学思维方式变成冠以哲学名词的常识思维方式；二是离开哲学的基本问题即思维和存在的关系问题去看待辩证法，从而把辩证法变成列宁所批评的“实例的总和”；三是离开辩证法的认识史基础和认识史内容去解说和应用辩证法，从而把辩证法变成到处套用的简单公式；四是以知性思维方式去理解辩证法，从而把辩证法变成公式化、形式化的教条主义的“语录词汇”；五是仅仅把辩证法的批判性视为辩证法的理论功能，而不是把批判性作为辩证法的“本质”，因而使辩证法成为一种非反思的思维方式，并从而把辩证法当做某些知识性的现成结论。下面，我们具体地分析这些问题。

第一，通常是在经验常识的思维方式中去解释辩证法及其与形而上学的关系。例如，关于辩证法和形而上学的通常解释是：“辩证法认为，世界上一切事物都是发展变化的，事物发展的原因在于它内部的矛盾性。相反，形而上学用孤立的、静止的和片面的观点去看世界，把一切事物看成彼此孤立的和永久不变的，如果说到变化，也只是限于数量的增减和位置的变更，而不承认事物的实质的变化；并且硬说一切变动的原因在于事物外部的力量的推动”[①]。这种解释的问题在于，它没有区分经验层面的常识思维与概念层面的哲学思维，以至人们的思想总是滞留在经验层面，以常识思维去看待哲学思维。列宁在《哲学笔记》一书中，以黑格尔对古希腊哲学家芝诺的著名命题“飞矢不动”的分析为例，深刻地阐述了经验层面的常识思维与概念层面的哲学思维的区别，得出了极为重要的哲学结论：问题不在于有没有运动，而在于如何在概念的逻辑中表达它。

在经验的层面上承认“联系”、“运动”和“发展”，这当然也可以说是“辩证法”，但这只不过是“朴素的”辩证法。正是由于这种“朴素的”辩证法无力解决概念中的矛盾，因而它在回答“运动的真实性”等“思维和存在的关系问题”时，往往又陷入“形而上学”的思维方式，即以“是就是，不是就不是；除此以外，都是鬼话”的思维方式去理解和解释各种问题。因此，在对辩证法的理解中，我们首先需要超越经验层面的常识思维方式，而跃迁到概念层面的哲学思维方式。

第二，通常是离开哲学的基本问题即“思维和存在的关系问题”去解释辩证法，即把辩证法视为与“思维和存在的关系问题”无关的另一类问题。其结果，就把作为哲学世界观的辩证法变成了列宁所批评的“实例的总和”。

按照通常解释，哲学基本问题被分解为关于思维和存在“谁为第一性”（何者为“本原”）的“本体论问题”，以及思维和存在“有无同一性”（思维能否认识存在）的“认识论问题”。作为这种理解的逻辑延伸，辩证法就被分别地解释为下述三种形态：其一，与“本体论”相联系的辩证法，即关于客观世界矛盾运动的“客观辩证法”（包括“自然辩证法”和“历史辩证法”）；其二，与“认识论”相联系的辩证法，即关于人类认识和人类思维矛盾运动的“主观辩证法”（包括“认识辩证法”和“思维辩证法”）；其三，作为“客观辩证法”和“主观辩证法”的总和，辩证法则被解释成关于自然、社会和思维的发展的“普遍规律”的学说。

对于这种通常解释，我们应当思考这样一些问题：其一，能否把所谓的“客观辩证法”看成是与“思维和存在的关系问题”无关的“存在”的辩证法？其二，能否把所谓的“主观辩证法”看成是与“思维和存在的关系问题”无关的“思维”的辩证法？其三，能否把关于“普遍规律”的学说看成是离开“思维和存在的关系问题”的关于“整个世界”的辩证法？

如果离开“思维和存在的关系问题”，把辩证法看成是关于“存在”的“客

① 艾思奇主编：《辩证唯物主义历史唯物主义》，6页，北京，人民出版社，1978。

观辩证法”、关于“思维”的“主观辩证法”以及关于“自然、社会和思维”的作为“普遍规律”的辩证法，辩证法就变成了关于“存在”和“思维”的实证知识，因此人们也就会把辩证法变成列宁所批评的“实例的总和”，也就是把辩证法变成“原理加实例”。

第三，通常是离开辩证法的认识史基础和认识史内容去解说和应用辩证法，因而往往把辩证法变成到处套用的简单公式。

哲学发展的最基本的逻辑，在于哲学理论是一种历史性的思想，而哲学史则是思想性的历史。正因为哲学理论是历史性的思想，离开历史性的思想，哲学就会变成空洞的教条和现成的结论；正因为哲学史是思想性的历史，具有深厚的历史感的哲学，才会成为具有丰富的思想内容的哲学。这是哲学的历史与逻辑的统一，当然也是辩证法理论的历史与逻辑的统一。

我们经常说，辩证法是世界观、认识论和方法论的统一。辩证法理论的世界观意义，在于它是列宁所说的“对世界的认识的总计、总和、结论”；辩证法的认识论意义，在于它是列宁所说的“活生生的、多方面的（方面的数目永远增加着的）认识”；辩证法的方法论意义，在于它是列宁所说的“是活生生的实在的内容的形式，是和内容不可分离地联系着的形式”。辩证法理论的世界观、认识论和方法论的统一，也是它的历史与逻辑的统一，即“思想性的历史”与“历史性的思想”的统一。因此，只有“建立在通晓思维的历史和成就的基础上的理论思维”，才能成为具有生命力的辩证法理论。

第四，对辩证法的最大曲解，就是以知性思维方式去理解辩证法，从而把辩证法变成某种公式化、形式化的东西。

所谓知性思维，主要是指形式逻辑思维。它的基本特点是：（1）形式性。它使思维脱离具体思想内容而作单纯的形式推理，这就避免不了形式推理的主观任意性。（2）抽象性。它把“普遍性”与“共同点”混为一谈，并使“共同点”脱离对象内容而成为经验归纳的知识。（3）外在性。它把知识或科学看成是主体站在客体之外的观察、控制和整理，进而也把客观对象看做是相互外在，可以进行比较、编排的东西，从而把知识看成是相互隔绝的、凝固不变的东西。① 以这种知性思维去理解和解释辩证法，辩证法很容易被曲解为诡辩论一类的东西。

辩证法作为思维的逻辑，它是列宁所说的那种逻辑，即形式是具有内容的形式，是活生生的实在的内容的形式，是和内容不可分离地联系着的形式。在这种内容和形式不可分离的辩证法的思维逻辑中，任何思想（概念）都具有“联系的

① 参见孙利天：《论辩证法的思维方式》，192页，长春，吉林大学出版社，1994。

必然性”和“差别的内在的发生”，因而也就具有“矛盾的必然性”和“内在的否定性”。正因如此，列宁说：辩证的东西＝“在对立面的统一中把握对立面”。①

显而易见，这种辩证思维是对思想内在矛盾的把握，而不是对思想的形式性、抽象性和外在性的把握。如果以知性思维去理解辩证法，并以这样理解的“辩证法”去对思想进行形式分析，就会出现难以避免的双重后果：一是“使思维陷入貌似机智的绝对混乱之中”，二是使辩证法名誉扫地，乃至被讥笑为“变戏法”。

第五，由于未对辩证法的“批判性”引起应有的重视，或者仅仅把“批判性”视为辩证法的一种“功能”，因而使辩证法成为一种非反思的思维方式，并从而把辩证法当做某些知识性的现成结论。

辩证法之所以在本质上是批判的，从根本上说，是因为人对世界的统一关系是否定性的统一，思维对存在的统一关系是否定性的统一。人对世界的关系，是人以“任何物种的尺度”和人的“内在固有的尺度”去改造世界，把世界变成人所期待的世界，让世界满足人的需要。因此，在人与世界、思维与存在的关系中，一方面是以认识活动在观念中否定世界（存在）的现存状态，并在观念中建构人所要求的现实，另一方面，则是在实践活动中现实地否定世界（存在）的现存状态，把观念中的目的性要求和理想性图景变成现实的存在。这种人与世界、思维与存在之间的否定性统一关系，构成了辩证法批判本性的现实基础，即：人以否定的、批判的态度去看待现存的一切。马克思说，辩证法在它的“合理形态”上，就是在对现存事物的肯定的理解中同时包含对现存事物的否定的理解，即对现存事物的必然灭亡的理解；辩证法对每一种既成的形式都是从不断的运动中，因而也是从它的暂时性方面去理解；辩证法不崇拜任何东西，按其本质来说，它是批判的和革命的。

与辩证法的批判本性相反，形而上学的本性则在于它的非批判性。

哲学层面的形而上学理论，并不是一般地否认“矛盾”、“运动”、“变化”和“发展”，而主要是否认思维与存在的“矛盾”，否认思维和存在的矛盾关系的“发展”。形而上学的思维方式之所以是在“绝对不相容的对立中思维”，之所以认为“是就是，不是就不是，除此之外，都是鬼话”，从根本上说，就在于它离开人的实践活动及其历史发展，不是把思维与存在的统一看做矛盾运动中的统一、历史发展中的统一，而是看做直接的统一、不变的统一。因此，它在对现存

---

① 参见《列宁全集》第55卷，83页。

事物的“肯定的理解”中总是排斥对它的“否定的理解”，它对每一种“既成的形式”总是排斥从它的“暂时性方面”去理解。这就是与辩证法相对立的形而上学的非批判性。

由此我们可以看到：区分辩证法与形而上学，不能离开哲学的基本问题即思维和存在的关系问题；区分马克思主义的辩证法理论与形而上学（唯心主义辩证法在本质上仍然是形而上学），不能离开以实践的观点去回答思维和存在的关系问题。以实践的观点去看待马克思主义哲学如何回答哲学的基本问题，我们就会真正理解辩证法的“批判本性”，而不是把批判性仅仅看做辩证法的一种“功能”。

在对辩证法的理解中，我们还应当看到，辩证法不仅仅是关于思维与存在的统一和发展的学说，而且还是“一种崇高的人生态度和人生境界。真正掌握辩证法理论和思维方式，要有追求高尚精神生活和追求真理的持久热情和顽强毅力，要有超越狭隘功利目的的哲学态度，要有自我教化、灵魂升华的自觉，这也许是掌握辩证法的更主要的困难”[①]。与此相反，在绝对不相容的两极对立中的思维即形而上学的思维方式，则以知性方式把面向人生的思考变成僵死的规定性，在非此即彼的痛苦和焦虑中无以自拔。超越形而上学思维的辩证法则使人生获得“必要的张力”。

辩证法的自在性与自为性

对于辩证法的存在方式，通常作如下分类：其一是区分为“客观辩证法”和“主观辩证法”；其二是区分为“自然辩证法”、“社会（历史）辩证法”和“认识（思维）辩证法”；其三是区分为“自发辩证法”、“唯心辩证法”和“唯物辩证法”，或“直观形态的辩证法”、“反思形态的辩证法”和“实践论的辩证法”。

第一种区分方式，是认为辩证法有两种基本的表现形式和两个起作用的基本理论。所谓的“客观辩证法”是指“客观世界的辩证运动及其规律”，“主观辩证法”则是指“客观辩证法在人的思维中的反映”即“辩证的思维”。这种区分方式所强调的是，客观辩证法是第一性的，主观辩证法是第二性的，后者依赖于前者并反映前者。

第二种区分方式，是同人们把整个世界划分为自然、社会和思维三大领域相适应，又把辩证法区分为自然的、社会的或历史的、认识的或思维的辩证法。这种区分方式与第一种区分方式的共同之处在于，它以第一种区分方式为前提，同

① 孙利天：《论辩证法的思维方式》，34～35 页。

样是把自然的和社会（历史）的辩证法归结为“客观辩证法”，而把思维（认识）的辩证法归结为“主观辩证法”。这两种区分方式的不同之处是在于，第一种区分方式强调的是辩证法的两种基本存在方式及其相互关系（客观辩证法决定主观辩证法，主观辩证法反映客观辩证法），第二种区分方式则强调的是辩证法的三个基本的存在领域，而不是侧重于客观辩证法与主观辩证法的关系。

第三种区分方式，是在承认前两种区分方式的基础上，专门对“主观辩证法”即“辩证的思维”的理论形态的区分。这种区分的侧重点在于，把人类的理论形态的辩证法划分为不同的历史形态，以说明辩证思维、辩证法理论的历史演化与发展，并说明马克思主义哲学以前的辩证法理论的局限性和马克思主义哲学的辩证法理论在哲学史上的革命性变革。

关于辩证法的上述划分方式是重要的和必要的。但是，对于上述的划分方式，我们还需要深入地思考这样一些问题：（1）客观世界是否存在与“辩证法”相对立的“形而上学”？如果客观世界就是一个自然而然的过程，那么是在什么意义上把这个自然而然的过程称做“辩证法”？（2）人的“认识”和“思维”是否在本性上是“辩证”的？如果人的认识和思维在本性上就是辩证的，为什么会有“形而上学”的思维方式？（3）如果人的认识和思维在本性上就是辩证的，那么是在什么意义上把人的认识和思维的辩证法称做“主观”辩证法？

针对上述问题，我们认为，首先需要使用“自在”和“自为”这两个概念，把辩证法区分为“自在的辩证法”和“自为的辩证法”。所谓“自在的辩证法”，是指包括人的思维活动在内的全部存在的辩证运动过程；与此相对应，所谓“自为的辩证法”，则是指人们用以认识世界的辩证的思维方式和辩证法理论。

在这种区分方式中，“思维”的辩证法具有了二重性：一方面，思维作为物质的特殊形式，它与自然和社会一样，属于“自在的”辩证法，另 方面，思维作为人类的理论思维能力和人类以概念为中介的认识活动，它需要自觉的“发展和锻炼”（恩格斯语），因而又属于“自为的”辩证法。从“自在”和“自为”去理解辩证法，会使我们比较深入地理解辩证法及其与形而上学的对立与斗争。

在《哲学笔记》这部哲学巨著中，列宁集中地论述了辩证法问题。列宁的论述表明，无论是外在于思维的物质世界还是人类思维本身，无论是思维反映存在的认识运动还是主体改造客体的实践活动，它们自在地都是辩证的运动过程。他主要在四层意义上说明辩证法的自在性：

第一，辩证法是物质世界本身所固有的。列宁在《哲学笔记》中反复强调，辩证法首先是“自在之物本身”的“自己运动”、“自生的发展”。世界就是无限多样的物质形态以其无限多样的运动形式所构成的普遍联系和永恒发展的过程。

因此，就物质世界自身说，并不存在与辩证法相对待的形而上学。

第二，辩证法又是物质世界长期发展的产物——人类思维——所固有的。列宁说，客观主义：思维的范畴不是人的用具，而是自然的和人的规律性的表述。人类思维以概念、范畴的普遍性为中介而实现一般与个别的对立统一，因此“在任何一个命题中”都可以（而且应当）发现辩证法一切要素的萌芽，这就表明辩证法是人类的全部认识所固有的。从自在性上看，人类思维也不存在与辩证法相对待的形而上学。

第三，辩证法又是思维与存在的关系所固有的。列宁在《哲学笔记》中提出这样的问题：如果一切都发展着，那么这点是否也同思维的最一般的概念和范畴有关？如果无关，那就是说，思维和存在不相联系。如果有关，那就是说，存在着具有客观意义的概念的辩证法和认识的辩证法。

第四，辩证法同样是人类的实践活动所固有的。实践活动是物的尺度与人的尺度、合规律性与合目的性、世界对人的生成和人对世界的生成的对立统一。人类实践的辩证发展过程即是历史的辩证法。与辩证法相对待的形而上学的“实践”是不可设想的。

通过上述分析，我们可以懂得，在“自在”的意义上，整个世界就是一个辩证的运动过程。现在的问题是：既然辩证法是思维和存在及其相互关系（认识关系和实践关系）所固有的，在它们的自在性上并不存在与辩证法相对待的形而上学，为什么在人们关于世界的理论解释中，在人们反映世界的理论思维方式中，却始终存在辩证法与形而上学的对立和斗争呢？为什么人们不能凭借自在性的辩证法，而只有通过自为性的辩证法才能形成辩证法的世界观和方法论呢？

辩证法是思维和存在及其相互关系所固有的，因而人们在表象意识和经验常识的水平上，就可以承认并证明事物之间的外部联系和一切事物的外部变化，这就是所谓的“朴素的辩证法”。问题在于，作为哲学世界观和理论思维方式的辩证法，是要“提供理解一切现存事物的‘自己运动’的钥匙”，提供理解“飞跃”、“渐进过程的中断”、“向对立面的转化”、旧东西的消灭和新东西的产生的钥匙。对此，仅仅凭借辩证法的自在性而形成的自发形态的（经验层次的）辩证法不仅是无能为力的，而且往往（必定）走向自己的反面即形而上学。

在关于辩证法的论述中，列宁肯定了黑格尔的这种看法：从来造成困难的总是思维，因为思维把一个对象的实际上联结在一起的各个环节彼此分隔开来考察，并深入地予以发挥：如果不把不间断的东西割断，不使活生生的东西简单化、粗糙化，不加以割碎，不使之僵化，那么我们就不能想象、表达、测量、描述运动。思维对运动的描述，总是粗糙化、僵化。正是由于概念所具有的“隔离性”和“僵化性”，当着人们以概念去反映事物时，就难以在现存事物的肯定的理解中，同时包含它的否定的理解、它的必然灭亡的理解，就难以从“对象本质自身中的矛盾”去理解和表达事物的“自己运动”、“自生的发展”。因此，当着人们以概念的“隔离性”和“僵化性”去理解和表达事物，并从而把概念的“隔离性”和“僵化性”对象化给概念所反映的事物，就会否认“对象本质自身中的矛盾”，否认对象的“自己运动”、“飞跃”、“渐进过程的中断”、“向对立面的转化”和“自生的发展”。这就是作为哲学世界观的形而上学的思维方式。

以形而上学的思维方式去把握世界，对世界本身的自在的辩证法就“视而不见”了，由此便构成了哲学层面的形而上学与辩证法的两种世界观的对立与斗争。很显然，这里所说的与形而上学相对待的辩证法，不是世界本身的自在的辩证法，而是作为哲学世界观或理论思维方式的辩证法。这就是辩证法的自为性或自为形态的辩证法。因此，辩证法与形而上学的对立，只能是两种世界观理论、两种理论思维方式的对立。

辩证法的批判性与形而上学的非批判性

辩证法在本质上是批判的，因此，我们需要从批判性本质去深化对辩证法的理解，并从而深化对辩证法与形而上学的对立与斗争的理解。

辩证法的批判本质，集中地表现在它以“批判”的方式去对待“思维和存在的关系问题”。哲学的基本问题是思维和存在的关系问题，哲学世界观的根本矛盾就是思维与存在之间的矛盾。思维与存在之间的矛盾首先表现在，虽然思维和存在这两个系列的规律在本质上是同一的，但是在表现上是不同的。思维是以感性为中介，通过概念的逻辑运动来表达存在的运动规律。因此，思维与存在的统一，并不是思想内容与对象本质的直接的符合，而是思维在概念运动和概念发展中所实现的矛盾的统一，矛盾运动过程中的统一。因此，辩证法的批判本质首先表现在反思概念、范畴、命题和由它们的逻辑联结所构成的诸种理论体系能否以及怎样表述经验对象的本质和规律的问题，反思由思维形式、思维规则和思维方法所构成的思维运演的逻辑能否以及怎样描述存在的运动规律的问题。规律的客观性问题，思想的客观性问题，真理的客观性问题，以及在这种客观性问题中所蕴含的概念、语言、逻辑和意义问题，直接地构成辩证法的批判性反思的主要对象。

思维与存在的世界观矛盾更深刻地表现在，人的思维的最本质最切近的基础，既不是思维本身，也不是与思维相对立的存在，而是把思维和存在现实地联系起来的中介——人的目的性和对象化活动即实践。实践活动既是思维和存在统一的现实基础，又是思维和存在的矛盾无限展开的实质性内容。在人类的实践活动中，蕴含着思维的能动性与对象的现实性、主体的目的性与客体的规律性、人的尺度与物的尺度、认知关系与价值关系等丰富的矛盾关系。人类的实践活动作为历史的展开过程，又蕴含着人作为历史的前提和结果的矛盾、人类文化的正面效应与负面效应的矛盾、认识进程中的真理与谬误的矛盾、人类历史的必然性与偶然性的矛盾、人类思维的至上性与非至上性的矛盾等等。因此，只有达到对思维和存在关系问题的实践论批判，才能真实地揭示世界观的内在矛盾，并对其作出合理的解释。

关于辩证法的批判本质，马克思说，它在对现存事物的肯定理解中同时包含否定的理解，即对现存事物的必然灭亡的理解；它对每一种既成的形式都是从不断的运动中，因而也是从它的暂时性方面去理解。而辩证法之所以能够在对世界上的一切事物的肯定理解中同时包含对它的否定理解，之所以能够为人类提供一种对整个世界进行辩证思考的理论思维方式，从根本上说，是因为辩证法的批判是对“思维和存在的关系问题”的批判性反思。

思维与存在的对立统一，是人类全部活动的最基本的前提。人类的认知活动、评价活动、审美活动和实践活动，人类所创建的数学、自然科学、思维科学、社会科学和人文科学，就其实质内容而言，都是解决思维与存在的统一问题的。只有在对思维和存在的关系的肯定理解中同时包含否定的理解，把思维和存在的统一理解为“不断的运动”过程，才能从根本上把整个自然的、历史的和精神的世界理解为一个过程，才能构成辩证法的理论思维方式。

与辩证法的思维方式相反，作为哲学世界观和方法论的“形而上学”，它的本质则在于它的非批判性。

“形而上学”这个概念有两种含义：其一是在近似于“哲学”或“世界观”的意义上使用这个概念，其二则是在与“辩证法”相对立的意义上使用的“形而上学”，指的是一种以否认矛盾的观点对待世界的理论思维方式。18世纪末至19世纪初的德国古典哲学的集大成者黑格尔，在他的哲学著作中首先在这种意义上使用“形而上学”这个概念，他认为，在以往的“形而上学”理论中，总是把形而上学所寻求的“本体”当做某种永恒不变的东西。他从形而上学的这一特征出发而予以引申，把形而上学作为与辩证法相对立的思维方式。正是在与这种形而上学相对立的意义上，黑格尔提出，“辩证法是现实世界中一切运动、一切生命、一切事业的推动原则。同样，辩证法又是知识范围内一切真正科学认识的灵魂”[①]。

---

① ［德］黑格尔：《小逻辑》，177页。

马克思主义哲学批判地继承了黑格尔的辩证法思想，在两种发展观、两种思维方式相对立的意义上，具体地阐述了形而上学思维方式的本质、特征和根源。马克思提出，辩证法在对事物的肯定理解中同时包含着对它的否定的理解，因而在本质上是批判的、革命的。而形而上学的本质，正如恩格斯所说，它认为“是就是，不是就不是；除此之外，都是鬼话”。形而上学的基本特征，就是在“绝对不相容的对立中思维”。

哲学层面的形而上学理论，或者说，形而上学的理论思维方式，并不是一般地否认“矛盾”和“发展”，而主要是否认思维和存在的矛盾，否认思维和存在的矛盾关系的发展，从而否认哲学世界观的矛盾和发展。

形而上学的思维方式之所以能够在“绝对不相容的对立中思维”，之所以认为“是就是，不是就不是；除此之外，都是鬼话”，是因为它认为思维与存在之间并不是矛盾的统一、发展中的统一，而是直接的统一、不变的统一。

在经验常识中，思维与存在之间并不存在矛盾，因而也更不存在它们之间的矛盾关系的发展。比如，我们说看见了一本书，那就是说，外在于意识的书被反映为意识中的关于书的映象，并被思维的概念规定——书——所把握。在书、书的映象和书的概念之间，达到了直接的统一。再比如，我们说看见了一条奔腾的江河，那就是说，外在于意识的江河被反映为意识中的关于江河的奔流不息的映象，并被思维的概念规定——奔腾的江河——所把握。在奔腾的江河、关于江河的奔流不息的映象以及奔腾的江河的概念之间，也达到了直接的统一。因此，人们在表象意识和经验常识的水平上，虽然可以承认事物之间的外部联系和事物的外部变化，但却否认思维与存在之间存在矛盾。

如果人们在经验常识中发觉思维与存在之间存在矛盾，也只能是把这种矛盾看成是直接的不统一，即发觉概念与对象的不一致。比如公园里新展出的一种动物，虽然人们可以在头脑中形成关于它的映象，却找不到相应的概念去表达它。在这种情况下，人们往往以某种类似的概念去把握对象，如把秃鹫说成是老鹰等等。但是，这种思维与存在的“矛盾”，仍然是以“是就是，不是就不是”为其思维方式的。在这种“矛盾”中，概念只不过是把握事物的“名称”，人们所理解的“矛盾”也不过是“名称”与“对象”的不一致，而没有触及“事物”的内在矛盾和概念的内在矛盾。

作为哲学世界观的形而上学，它否认人类认识的过程性，否认概念和范畴的内在否定性。以这样的思维方式去看待思维和存在及其相互关系，思维的内在矛盾性、存在的内在矛盾性、思维和存在之间的内在矛盾性，就统统不见了。特别是，它以这种“是就是，不是就不是”的思维方式去看待“思维和存在的关系问题”，理论思维前提的内在矛盾性、哲学的“统一性原理”的内在矛盾性，也统统不见了。其结果，它就把理论思维的前提批判，变成了对理论思维前提的“不自觉的和无条件的”承诺；把哲学“统一性原理”的自我批判，变成了对哲学“统一性原理”的非批判信仰，以僵死凝固的思维方式去看待思维与存在、人与世界的关系，从而在本质上把世界看成是没有矛盾和发展的存在。因此，从哲学世界观的层面上看，形而上学的根本特征是在于，它以非批判的方式去对待哲学自身的前提，把哲学的“统一性原理”视为某种永恒的终极真理。正因如此，全部的旧哲学都以“形而上学”而告终。

三　感性与理性：经验论与唯理论

人类存在的矛盾性，直接地表现为人的感觉经验与理性思维的矛盾，或者更为简洁地说，感性与理性的矛盾。

人类自身的独特存在方式——实践活动——就是感性与理性的矛盾性的集中体现：一方面，实践是人的有目的、有意识的自觉活动；另一方面，实践又是人以自己的感性存在（肉体组织）去改变世界的感性存在的客观物质性活动。在实践活动中，人的感性与理性是不可分割地融为一体的。

以实践活动为基础的人类认识活动，则更为明显地是感性与理性的对立统一：一方面，人要以自己的各种感官去感知外部世界以及人自身的存在，形成关于人和世界及其相互关系的感觉经验；另一方面，人则要以自己的理性思维去把握事物的“本质”和“规律”，形成关于人和世界及其相互关系的规律性认识。

然而，值得我们深思的是，无论是在人的实践活动中，还是在人的认识活动中，人的感性与理性总是处于矛盾状态之中。自觉到这种矛盾，并试图从理论上解释这种矛盾，便构成了哲学中的经验主义与唯理主义的论争，以及试图调合这种论争的种种哲学努力。

人的感性与理性的矛盾

人类的感觉经验，它所把握到的只能是认识对象的种种“现象”；人类的理性思维，它所把握到的则只能是认识对象的内在“本质”。因此便构成了人的感觉经验与理性思维的矛盾：对人的感觉经验来说的“存在”，对人的理性思维来说却只能是“非存在”；反之，对人的理性思维来说的“存在”，对人的感觉经验来说也只能是“非存在”。感性“看不见”本质，理性“看不见”现象，而人却既要“看见”现象，又要“看见”本质，因此，人的感性与理性的矛盾是“无处不在”、“无时不有”的。

人的感性与理性的矛盾，使人能够把自己的全部对象都视为矛盾性的存在；或者反过来说，人的全部对象能够被视为矛盾性的存在，根源于人的感性与理性的矛盾。理解这个问题，对于理解人与世界、思维与存在之间的关系是十分重要的。

世界是一个自然而然的过程，世界上的一切事物都如其所是的那样存在着。因此，对于世界的一切事物自身来说，它并不存在“现象”与“本质”、“个别”与“一般”、“内容”与“形式”、“偶然”与“必然”等等的“矛盾”。或者反过来说，事物自身所具有的无限多样的“矛盾”，对于事物自身来说，都不是作为“矛盾”而存在的。能够意识到事物的矛盾性存在，是以人的感性与理性的矛盾为前提的。

在人的感性与理性的矛盾中，人的感性所“看到”的，是对象的“个别”的、“偶然”的、“现象”的存在，人的理性所“思想”的，则是对象的“共性”的、“必然”的、“本质”的存在。因此，在人的感性与理性的矛盾中，人的全部对象被“把握”为个别与一般、偶然与必然、现象与本质的矛盾性存在。

古希腊哲学家在寻求“万物的统一性”即“本体”的过程中，就由人的感性与理性的矛盾而形成了两种不同的基本思路：一种是关注经验世界本身的多样统一性，把“本体”视为“万物所由来、万物所复归”的某种感性存在物，因而以感性经验中的多样统一性去解释万物与本原、变体与本体的对立统一关系。这可以说是古代哲学中所蕴含的“经验论”萌芽。另一种思路则是探寻对象世界的现象与本质的逻辑关系，把“本体”视为某种超越经验、却又能被思维所把握的理性存在物，因而以超越的逻辑关系去解释“可见世界”与“可知世界”的关系。这可以说是古代哲学中所蕴含的“唯理论”萌芽。

人的感性与理性的矛盾，不仅表现为对世界的“个别”与“一般”、“偶然”与“必然”、“现象”与“本质”的矛盾性理解之中，而且更为深刻地表现为对人自身的矛盾性理解之中。在对人与世界相互关系的反省中，古希腊哲学家曾经提出一个著名的命题：“人是万物的尺度”。然而，以人的感性与理性的矛盾为出发点，“人是万物的尺度”这个命题本身便陷入难以解脱的矛盾之中：（1）以人为万物的尺度，那么，这个尺度是人的感觉经验还是人的理性思维？感觉经验中的存在是真实的存在，还是理性思维中的存在是真实的存在？（2）以人为万物的尺度，那么，这个尺度是人的情欲还是人的理智？人作为人自己的思想和行为的尺度，是以情欲为理智的尺度，还是以理智为情欲的尺度？人是“跟着感觉走”，还是“跟着理性走”?（3）人是自然界长期发展的结果，又是人以自身的劳动创造了自己，因而人既是自然的存在又是超自然的存在，既是感性的存在又是理性的存在，人作为万物的尺度和人自身的尺度，究竟是以人的自然性作为人的超自然性的尺度，还是以人的超自然性作为人的自然性的尺度？这就是在“人是万物的尺度”这个命题中所蕴含的感性与理性的矛盾。

人的感性与理性的矛盾，不仅仅是表现在对世界和人自身的矛盾性理解之中，而且还表现在解决感性与理性的矛盾的哲学方法论之中。

西方近代以前的哲学，尚未具体地探讨人的认识如何从经验的个别上升到超验的普遍的问题，而主要是以亚里士多德的演绎逻辑来看待人的思维推理过程。

传统的演绎逻辑，从根本上说，是一种外延逻辑。对于传统的演绎逻辑，人们可以从两个方面提出十分严重的问题：其一：从概念的外延关系上看，传统的演绎逻辑只是从“普遍”推出“个别”，但却无法解决如何从“个别”上升为“普遍”。而人们的认识的直接目的，却正是要从“个别”上升到“普遍”，获得关于普遍必然性的知识。其二，从人的思想内容上看，传统的演绎逻辑是一种撇开思想内容即概念内涵的纯粹的形式推理，它无法回答人类思想发展的逻辑。而人的认识的发展过程，却正是思想内容即概念内涵的发展。因此，随着人类认识的发展，必然要求有两种新的“逻辑”，即：从“个别”上升为“普遍”的归纳逻辑和关于概念发展的内涵逻辑。而这两种新的逻辑，都深刻地显露了人的感性与理性之间的矛盾。

从“归纳逻辑”看，人的认识由个别上升到一般，实现这一过程的基础是什么？能否把这一过程归结为理性现成地对感觉经验的归纳、概括、抽象的过程？如何理解“理性”在这一过程中的能动性和创造性？如何看待这一过程中的联想、想象和直觉？

从“内涵逻辑”看，概念的内涵由单纯上升到复杂、由抽象上升到具体的过程是怎样的？实现这一过程的基础又是什么？能否把这一过程归结为概念内涵的自我逻辑运动？如何看待“感性”（感性存在和感性活动）在概念内涵发展中的作用？

由此我们可以看到，在“逻辑”的层面上，更为集中和更为深刻地显现了人的感性与理性的矛盾，因而也更为尖锐地构成了哲学中的经验论与唯理论的矛盾和斗争。

经验论与唯理论的分歧

在哲学史上，对人的感性与理性的矛盾的哲学反思，形成了经验论与唯理论的分歧与斗争，并主要表现在下述几个方面：

第一，关于知识的来源问题。

近代哲学中的唯理论和经验论所争论的“知识的来源”问题，主要是有无“天赋观念”的问题。一般地说，经验论者都主张知识起源于感觉经验而否认“天赋观念”，与此相反，唯理论者则否认正确的认识起源于感觉经验而以不同的方式肯定“天赋观念”。

经验论者认为，“我们所有的一切知识都是从感觉获得的”①。“我们的全部知识是建立在经验上面的；知识归根到底都是导源于经验的”②。在经验论者看来，一切观念都是思维从感官经验的感性内容中归纳、概括、抽象出来的；全部观念都可以还原为感觉和感觉的不同结合形式，凡在理性中的东西，都存在于感官经验的感性内容中；凡是在感性内容中找不到的东西，或者是错误的，或者是超出人的理性之外的；思维的理解作用，只能是基于感觉的观念去表现对象。③

与经验主义相反，唯理主义者则以不同的形式肯定“天赋观念”。笛卡尔提出，观念的来源有“天赋的”、“外面”得来的和“臆造的”这三种情况；“外面”得来的观念与“臆造的”观念一样，都是没有真理性的，而只有“从我自己的本性得来的”一般观念才具有真理性。这就是说，“真理性”的认识只能是“天赋的”。莱布尼兹进一步提出，感觉经验只能感知个别的偶然的现象，而不能揭示真理的“普遍必然性”。在唯理主义者看来，思维本身具有超越感官经验的先天认识原则，对象只有在先天认识原则的把握下才能被人所认识；认识不能还原为感觉和感觉的不同结合形式，它有多于这种内容的作为认识原则的天赋观念；思维的理解作用是以它自己固有的天赋原则去理解对象。④

通过上述分析，我们可以看到，在关于认识的来源问题上，经验论和唯理论都存在着自己难以解决的问题。“对经验论来说，认识是否单纯是感觉的变形，是否只起源于感性，而不同时起源于理性呢?”“对唯理论来说，思维的能动理解作用是否天赋观念，是否认识只起源于理性，而不同时起源于感性呢?”⑤

第二，关于认识的方法或逻辑问题。

经验论和唯理论在认识来源问题上的对立，已经蕴含着关于认识的方法或逻辑的不同理解。这种不同理解，就是在个别与一般问题上的对立：普遍必然性的认识能否从个别的感性经验中形成?

---

① ［英］霍布斯：《论物体》，见《十六——十八世纪西欧各国哲学》，90页，北京，商务印书馆，1975。

② ［英］洛克：《人类理解论》，见上书，366页。

③④ 参见邹化政：《〈人类理解论〉研究》，60页，北京，人民出版社，1987。

⑤ 同上书，61页。

近代经验论的奠基人弗兰西斯·培根从知识起源于经验这一原则出发，形成了他的由个别的感性经验上升为普遍必然性认识的"归纳法"。这就是培根的"新工具"。

近代唯理论的奠基人笛卡尔的新的演绎逻辑，已经不是传统的演绎逻辑及其在现代西方数理逻辑中的发展。传统的演绎逻辑是一种外延逻辑，即依靠概念之间的普遍性、特殊性、个体性的外延关系而构成大前提、小前提和推出结论。笛卡尔的演绎逻辑则是思想从单纯上升到复杂、从抽象上升到具体的内涵逻辑。这种关于思想自身发展的内涵逻辑，在德国古典哲学集大成者黑格尔那里，构成了概念辩证发展的逻辑即人类思想运动的逻辑。

在理解培根的经验论的归纳法与笛卡尔的唯理论的内涵逻辑的时候，我们还必须看到，作为近代哲学的两个开端，其具有某些不可忽视的共同点：其一，培根创建的归纳法和笛卡尔开拓的内涵逻辑，都是在近代科学的基础上，试图超越传统的演绎逻辑的产物。他们不是彻底否定三段论及其逻辑规则，而是反对把传统的演绎逻辑绝对化和权威化。其二，他们都从破除僵化的概念和偏见出发，力图以新的方法或逻辑去实现思维的创造性。培根关于种族假象、洞穴假象、市场假象和剧场假象的论述，笛卡尔关于清除虚假观念的论述，都是力求防止先入为主的"成见"对人的认识的误导与束缚。

第三，关于认识的可靠性问题，即感觉经验与理性知识何者更为可靠的问题。

经验论者认为："错误或虚假倒不是在感官里，感官并不主动，它只是接受影象，……错误或虚假是在判断里，或是在心灵里；判断或心灵没有给予应有的周密细致的对待，没有注意到离得远的东西只是由于离得远或由于别的原因，而应该比它们离我们较近时显得小和模糊；在别的情况下也是这样。"① 这就把"错误"或"虚假"归咎为"判断"或"心灵"。与此相反，唯理论者则认为感觉是"骗人的"。笛卡尔说，因为我曾经多次观察到：塔远看像是圆的，近看却是方的，竖在这些塔顶上的巨像在底下看却像是些小雕像；像这样，在无数其他的场合中，我都发现外部感官的判断有错误。

经验论和唯理论在近代哲学的发展过程中，逐步地从彻底的两个极端而走向肯定感觉经验与理性知识的各自的合理性，但却一直把感性与理性割裂开来。德国古典哲学的奠基人康德，在总结近代哲学的经验论与唯理论的基础上，提出了感性直观与理性思维相结合的原理。他的名言是：思维无感性则空，直观无概念

① ［法］伽桑狄：《对笛卡尔〈沉思〉的诘难》，75页，北京，商务印书馆，1963。

则盲。德国古典哲学的集大成者黑格尔认为，虽然康德强调感性直观与知性思维的"联合"，但在康德那里，"思维、知性仍保持其为一个特殊的东西，感性也仍然是一个特殊的东西，两者只是在外在的、表面的方式下联合着，就像一根绳子把一块木块缠在腿上那样"①。黑格尔则在哲学史上第一次提出了感性与思维的辩证统一问题。他要求凭借理性思维的能动性而实现由感性到理性的"飞跃"。然而，真正达到对感性与理性相互关系的辩证理解，并真正超越经验论与唯理论的片面性，则需要从人的实践活动及其历史发展出发去看待人的认识问题。这种实践论的认识论是马克思在认识论中的革命性变革。

表象与思想的矛盾运动

超越经验论和唯理论关于感性与理性的相互关系的片面性理解，十分重要的是形成关于表象与思想的矛盾运动的辩证理解。

在认识论中，通常是以"感性"和"理性"来标志认识的机能、形式、过程和阶段等等，如"感性机能"和"理性机能"、"感性形式"和"理性形式"、"感性认识阶段"和"理性认识阶段"。这种以"感性"和"理性"为核心范畴来描述和解释认识论诸种问题的哲学范式，存在着以下亟待探索与回答的问题：(1) 认识论中的"感性"和"理性"是指认识的"形式"，还是指认识的"内容"，抑或认识的形式与内容的统一？(2) 认识过程中的"感性"和"理性"是此消彼长、先后发挥作用的，还是始终并存、共同发挥作用的？具体地说，能否把"感性认识阶段"解释为运用"感觉、知觉和表象"去认识，而把"理性认识阶段"解释为运用"概念、判断和推理"去认识？这样的解释如何说明"感性"和"理性"的"相互渗透"？(3) 如果以"感性"和"理性"的"相互渗透"去描述和解释认识过程的矛盾运动，应当怎样更为合理地区分认识的不同阶段？(4)"感性"和"理性"是人的纯粹自然的认识机能和认识形式，还是具有社会性、历史性和文化性的认识方式？如何在认识的矛盾运动中体现出认识主体的社会历史性？

列宁曾经提出，认识是思维对客体的永远的、没有止境的接近。自然界在人的思想中的反映，应当了解为不是"僵死的"，不是"抽象的"，不是没有运动的，不是没有矛盾的，而是处在运动的永恒过程中，处在矛盾的产生和解决的永恒过程中的。而关于思维向客体接近的矛盾运动，列宁则引证黑格尔的话说，凡是没有思维和概念的对象，就是一个表象或者甚至只是一个名称；只有在思维和概念的规定中，对象才是它本来的那样。对此，列宁的评论是："这是对的！

---

① ［德］黑格尔：《哲学史讲演录》第4卷，271页，北京，商务印书馆，1983。

表象和思想，二者的发展，而不是什么别的”①。这表明，以“表象”和“思想”的矛盾运动来解释认识的运动过程，具有重要的理论意义和实践意义。

以“表象”和“思想”作为描述认识的矛盾运动的核心范畴，首先是因为这对范畴是“感性”和“理性”在人的认识过程中的现实化。作为认识主体的人具有感性和理性，在人的认识活动中，人的感性机能使对象的感性存在变成头脑中的“表象”，人的理性机能则使对象的内在规定变成头脑中的“思想”。因此，在人的现实的认识活动中，感性与理性的矛盾就呈现为“表象”与“思想”的矛盾运动；或者也可以反过来说，“表象”与“思想”的矛盾运动，是感性与理性的矛盾在人的现实的认识活动中的体现。

以“表象”和“思想”作为描述认识的矛盾运动的核心范畴，其次是因为这对范畴合理地表述了认识过程中的内容与形式的统一。“表象”既是再现对象的感性形象的方式，又是对象的感性形象在人的头脑中再现的内容，因而它是感性形式与感性内容的统一；同样，“思想”既是以概念、判断、推理等形式去表述对象的内在本质的方式，又是对象的内在本质在人的头脑中再现的内容。认识过程中的“表象”和“思想”的矛盾运动，就不仅仅是认识形式之间的矛盾，而且更主要的是认识内容的矛盾。因此，以“表象”和“思想”为核心范畴去描述认识的矛盾运动，就能够更为合理地阐释人的认识在内容与形式的对立统一中所实现的基本过程。

以“表象”和“思想”作为描述认识的矛盾运动的核心范畴，还因为这有助于从认识主体的社会性、历史性、文化性去阐释全部认识论问题。现实的认识主体是历史文化的存在，因而总是以其已经具有的“表象”和“思想”进入具体的认识活动之中，而不是仅仅以纯粹的“感性”和“理性”的“认识形式”去反映对象。认识过程中的矛盾运动，在一定的意义上，是已有的“表象”和“思想”同新形成的“表象”和“思想”的矛盾运动。因此，离开“表象”和“思想”的矛盾运动，就会以非历史的观点去看待和解释人的认识运动过程。旧唯物主义之所以陷入所谓“直观的”反映论，就在于它以这种非历史的观点去构建其认识论。

以“表象”和“思想”作为描述认识的矛盾运动的核心范畴，还因为这会帮助我们更为合理地构建关于认识发展过程的解释模式。在人的现实的认识活动中，“表象”与“思想”的矛盾运动，主要地表现为三个基本阶段：一是思想“把握”表象的矛盾运动，这是认识过程中的“感性具体”的阶段；二是思想“蒸发”表象的矛盾运动，这是认识过程中的“理性抽象”的阶段；三是思想

① 《列宁全集》第55卷，194页。

"重组"表象的矛盾运动，这是认识过程中的"理性具体"的阶段。以表象和思想的矛盾运动来表达认识发展过程，凸现了认识运动中的内容与形式的不可分割、认识过程中的感性与理性的相互渗透、认识活动中的历史性与现实性的对立统一，从而形成以"现实的人及其历史发展"为出发点和立足点的关于认识过程的理论模式。

探索认识过程中的表象与思想的矛盾运动，能够深化我们对人的感性与理性的矛盾关系的理解，从而也能够使我们深化对哲学中的经验论与唯理论的派别斗争的认识，并自觉地超越经验论和唯理论对感性与理性相互关系的片面性理解。

首先，认识过程中的表象与思想的矛盾运动表明，在现实的认识活动中，感性的表象与理性的思维始终处于矛盾的运动过程之中。无论是形成感性具体的思想把握表象的过程，形成理性抽象的思想蒸发表象的过程，还是形成理性具体的思想重组表象的过程，都贯穿着思想与表象的矛盾运动。

在通常的解释中，往往把"感性认识"阶段说成是仅仅以"感觉"、"知觉"和"表象"去把握对象的过程。这其实是一种误解。认识中的"感性认识"阶段，是形成"感性具体"的过程，它同样是思想与表象矛盾运动的过程。认识中的形成"感性具体"的过程之所以是"感性认识"阶段，不是因为这个过程没有"概念、判断、推理"的参与，而是因为这个过程是"思想把握表象"的过程。在这个过程中，概念、判断和推理都是围绕表象旋转的，而没有形成新的或更为深刻的概念、判断和推理。例如，关于"灯"的认识，在认识的感性阶段，我们是以"灯"这个概念，"这是灯"的直言判断，"灯是能发光的，它是灯，所以它能发光"的推理，去把握关于"灯"的感觉、知觉和表象。这表明：一方面，认识的感性阶段离不开概念、判断和推理；另一方面，认识的感性阶段还没有形成新的或更为深刻的概念、判断和推理。因此，我们需要以感性与理性、表象与思想的矛盾运动去看待和解释认识的矛盾运动。

其次，认识过程中感性与理性、表象与思想的矛盾运动，总是经由"感性具体"而达到"理性抽象"和"理性具体"。如何看待"感性具体"与"理性抽象"和"理性具体"的关系，特别是如何看待"感性具体"与"理性抽象"和"理性具体"何者为"真实"的问题，构成经验论与唯理论争论的焦点之一。探讨表象与思想的矛盾运动，能够使我们辩证地理解和解释这些认识论中的重要问题。

从经验常识的角度看，作为经验表象的感性具体是真实可靠的，而作为逻辑范畴的理性抽象和理性具体是真伪莫测的。这是因为，经验表象的感性具体是"看得见"的实实在在的"经验"，而逻辑范畴的理性抽象和理性具体则是"看不见"、"摸不着"的"超验"的存在。然而，从理论思维的角度看，作为逻辑范畴的理性抽象和理性具体是真实可靠的，而作为经验表象的感性具体则是变幻莫测的。这是因为，“看得见”的经验表象只不过是“浑沌的关于整体的表象”，并没有关于对象的规定性的认识；而“看不见”的理性抽象或理性具体却是关于对象的各种规定性的认识，并在头脑中形成了关于对象的“许多规定的综合”和“多样性的统一”的认识。

这里的关键问题，是对认识本质及其意义的理解。人类认识的直接目的，是获得关于对象的“普遍性”、“本质性”、“必然性”和“规律性”的认识，从而能够以这种“普遍必然性”的认识去解释千差万别、千变万化的现象，并进而能够依据这种“普遍必然性”的认识“给自己构成世界的客观图画”，“以自己的行动来改变世界”。因此，人的认识必须超越经验表象而达到理性抽象乃至理性具体，才能实现认识的直接目的，并进而使认识的直接目的——普遍必然性的认识——转化为认识的最终目的即改变世界的实践活动。基于上述认识，我们既不能像经验论那样，以感性具体的真实去否定和排斥理性抽象和理性具体；我们也不能像唯理论那样，把理性抽象和理性具体视为与感性具体无涉的“天赋观念”。

最后，超越经验论和唯理论对感性与理性关系的片面性理解，从根本上说，是达到对感性与理性、表象与思想的矛盾运动的实践论理解。人是实践的存在，实践是人的存在方式。人的实践过程，是实现人自身的发展的历史过程。在人的自我发展的历史过程中，人的实践活动的两个尺度——“任何物种的尺度”和人的“内在固有的尺度”——都获得了历史性的发展，使人成为真正的历史的、文化的存在。把人理解为实践的、历史的、文化的存在，这是理解人的认识活动的前提，也是超越经验论和唯理论对感性和理性关系的片面性理解的前提。

经验论和唯理论割裂人的感性与理性，从根本上说，是离开人的实践活动及其历史发展去看待人的认识，特别是离开人的实践性、历史性和文化性去看待作为认识主体的人，也就是把现实的人变成了某种抽象的经验（经验论）或抽象的理性（唯理论）。从现实的人及其历史发展出发，我们就会以历史文化的视野去看待感性与理性、表象与思想的矛盾运动，把人的认识理解为思维向客体接近和逼近的无限的发展过程。

四　事实与价值：科学主义与人本主义

“科学主义”和“人本主义”，是在现代哲学中使用频率颇高的两个概念。人们普遍认为，科学主义与人本主义是现代哲学中双峰对峙的两大哲学思潮，并以科学主义与人本主义的演化趋向来描述和预测哲学的跨世纪走向。因此，在对哲学及其派别斗争的理解中，探讨科学主义与人本主义的内涵及其相互关系，是十分必要的。

科学主义的概念解析

所谓"科学主义"，主要是指近代以来，特别是指19世纪中叶以来逐步盛行起来的一种哲学思潮或哲学运动。近代以来的科学发展及其广泛的技术应用，使一些自然科学家和哲学家认为："精确"的科学是伟大的，而"思辨"的哲学是渺小的；只有忽视甚至侮辱传统的哲学，才能使科学从"形而上学"中解放出来；只有用实证科学（自然科学）的理论和方法去改造哲学，才能使哲学从传统的"形而上学"变成"科学的哲学"。由此可见，哲学中的科学主义思潮的实质，是改变传统的关于哲学与科学的相互关系的理解，"拒斥"传统意义上的哲学，把哲学变成科学的"副产品"。

为了具体地理解"科学主义"，我们需要分析"科学主义"与"科学哲学"、"分析哲学"以及"科学精神"的关系。

首先，我们分析"科学主义"与"科学哲学"的关系。

"科学主义"与现代西方的"科学哲学"具有十分密切的复杂关系，但"科学哲学"并不就是"科学主义"。"事实上，人们是在不同意义上使用词组'科学哲学'的。总的说来，对这个词组有广义的和狭义的两种解释。广义上说，即就其本来的含义来说，'科学哲学'是以科学为研究对象的一个学科，是有关科学的哲学。换句话说，科学哲学是指研究一个领域或一个部门的哲学，这个领域或部门就是科学。科学哲学对科学的方方面面作哲学分析。这种广义的解释是不同哲学派别的哲学家可以接受的"。"但是，只限于对'科学哲学'词组的广义解释就很不够了。欧洲哲学的历史演进给这个术语带来了特殊的意义，使之带有时代的印记。只要不忘考虑哲学史背景，这种特殊的意义便是不能忽视的"。"狭义上说的'科学哲学'是指一个哲学运动、一种哲学思潮，与哲学上划分大派别相联系，在哲学史上有渊源关系，在哲学演变中占有一定的地位。这就是指开始于实证主义的科学主义思潮或哲学运动。"①

通过上述解释，可以初步地明确"科学主义"与"科学哲学"的关系："广义的"科学哲学是关于科学的哲学，它本身并不就是"科学主义"；与此相反，

---

① 舒炜光：《科学哲学研究的方法论初步》，见《现代外国哲学》第5辑，34、35页，北京，人民出版社，1984。

"狭义的"科学哲学，即作为一种试图以自然科学的理论和方法来改造哲学的哲学思潮或哲学运动，则是现代哲学中的"科学主义"思潮。

其次，我们分析"科学主义"与"分析哲学"的关系。

"科学主义"与盛行于当代的"分析哲学"也具有十分密切的复杂关系，但"分析哲学"也不等于"科学主义"。被称做"分析运动"的语言分析哲学，与始于实证主义的"科学哲学"，是部分地交织在一起的。这主要表现在，它们都把传统哲学的"狂妄"和"虚妄"归之为对语言的各种形式的歪曲和误用，都认为哲学的使命不是扩大关于事实的知识领域，而是要增加对事实以及关于事实的知识的理解。在这个意义上，它们都把哲学视为通过语言分析而达到的哲学自我"治疗"。

语言分析哲学与实证主义的区别则在于，"实证主义认为，科学是人类合理认识和论述的准则。它承认还有其他论述形式，但是科学是衡量其他论述是否有意义的标准。在实证主义看来，哲学是科学的哲学。而语言分析、语言学哲学，则自我意识地认识到人类论述还有许多不同的形式，许多除了科学含义以外的别的含义，哲学的任务是去发现各式各样的这类形式，也包括科学的形式是怎样起作用的，而不是用科学准则衡度每件事，然后宣布其他形式无意义"①。

上述分析表明，"分析哲学"与"实证主义"的区别是在于：实证主义把"科学"与否作为衡量一切的标准，并从而把以往的哲学作为"无意义"的"形而上学"予以"拒斥"；分析哲学则不是把"科学"与否作为惟一的标准，去断定各种文化形式的是否"有意义"。

在语言分析哲学家看来，传统哲学的根本弊病，是企图"穿过语言"而达到对自在之物或绝对者的认识。这种根本性的错误导致思维上的各种严重错误。因此，语言分析哲学家给自己提出的任务是，"分析人的思想、分析人们理解和接受这个世界或互相交流的概念的最好办法，就是研究它们的实际应用"②。这样，语言分析哲学就改换了哲学的研究主题以及研究这些主题的方式，把"哲学的技术问题"即对语言的分析提升为哲学的中心问题。

这表明，"分析哲学"作为一种哲学思潮或哲学运动，本质上是"科学主义"的；但由它所标志的现代哲学的"语言转向"，却导致了哲学对语言的更为广泛和更为深切的关注，即对语言的"人文"关注，并由此构成了现代哲学中的"科学主义"与"人本主义"在20世纪末的某种"合流"的契机。

---

① ［英］布莱恩·麦基编著：《思想家——当代哲学的创造者们》，183～184页。

② 同上书，182页。

最后，我们分析“科学主义”与“科学精神”的关系。

“科学主义”作为近代以来的一种哲学思潮和哲学运动，有其特定的理论内涵和历史内涵，不能把“科学主义”混同于对“科学”的崇尚和倡导，更不能把它混同于“科学精神”。“科学精神”是对真理的追求并为之奋斗的精神即“求真”的精神，是面对现实探索规律的精神即“求实”的精神，是以科学成果造福人类的精神即“求善”的精神，是促进人的全面发展并实现人与自然的统一的精神即“求美”的精神。这种求真、求实、求善、求美的“科学精神”本身就是一种“人文精神”，或者说是“人文精神”的重要组成部分。把具有特定内涵的“科学主义”与人类为真理而斗争的“科学精神”区别开来，批判“科学主义”而弘扬“科学精神”，这是我们应有的基本态度。

人本主义的概念解析

在现代哲学中，“人本主义”是与“科学主义”相对待的哲学称谓。一般认为，“人本主义”有三种含义：一是特指14世纪下半期发源于意大利并传播到欧洲其他国家的哲学和文学运动，它构成现代西方文化的一个要素。① 二是专指18世纪末到19世纪初德国古典哲学中的路德维希·费尔巴哈的人本主义哲学。三是泛指承认人的价值和尊严，把人看做万物的尺度，或以人性、人的有限性和人的利益为主题的任何哲学，其中主要是指现代西方哲学中与“科学主义”相对应的，以人的本质、价值、地位等为研究重心的哲学思潮，包括生命哲学、哲学人类学和存在主义等。

在上述“特指”的第一种意义上，人本主义的思想家是力图把人重新纳入自然和历史世界中去，并以这个观点重新解释“人”。因此，这种“特指”的人本主义，或者说历史上的人本主义运动，是同超自然的信仰主义相对立，而不是同近代以来兴起的“科学主义”相对立。在上述“特指”的第二种意义上，人本主义就是费尔巴哈的“人本唯物主义”。为了与“庸俗唯物主义”相区别，费尔巴哈把自己在反对宗教神学和黑格尔唯心主义哲学中所建立的哲学称为“人本主义”或“哲学中的人本主义原则”。这种人本唯物主义只是关于唯物主义的不确切的肤浅的表述。在上述的第三种意义即“泛指”的意义上，现代哲学中倡言“以人为本”的哲学，往往均被冠之以“人本主义”，甚至马克思的哲学也被归结为“人本主义”哲学。这至少是一种很严重的误解。为了理解现代哲学中的“人本主义”，我们需要辨析“人本主义”与“人道主义”、“马克思主义”、“反科学主义”的关系，还需要具体地了解现代哲学中的“存在主义”思潮。

① 参见江天骥：《科学主义和人本主义的关系问题》，载《哲学研究》，1996（11）。

首先，我们分析“人本主义”与“人道主义”的关系。

“人道主义”，通常被解释为“关于人的本质、使命、地位、价值和个性发展等的思潮和理论”。在这个意义上，作为哲学思潮或哲学理论的“人本主义”，或内蕴着“人道主义”的思想和原则，或张扬着“人道主义”的口号和旗帜，人们往往在某种程度上以同等意义去使用“人道主义”和“人本主义”这两个概念。就此而言，对“人道主义”的解释，也是某种程度上对“人本主义”的诠释。

通常认为，“人道主义作为一种时代思潮和理论，它的产生、发展是与西欧资本主义的产生、发展相适应的。在15世纪新兴资产阶级思想家那里，人道主义的最初形式是人文主义，指文艺复兴的精神，即通过学习和发扬古希腊和古罗马文化，使人的才能得到充分发展。人文主义形式的人道主义者大多为艺术家、作家、思想家和科学家，限于文学艺术领域。它提倡人道反对神道，高扬人性贬抑神性，赞美人的自然性否定一切神授，要求重视人的‘个性’、‘自由意志’及世俗的享受，冲破封建的宗教束缚，追求人的解放。18世纪法国启蒙思想家将人道主义扩及到政治、经济和意识形态的各个领域，提出‘自由、平等、博爱’的政治口号，要求建立公正的社会制度，使现实的一切都符合人的理性，成为资产阶级革命的理论前提”①。

其次，我们分析“人本主义”与马克思主义的关系。

显而易见，上述的“人道主义”或“人本主义”，与马克思主义是有原则性的重大区别的。按照恩格斯的解释，马克思主义哲学是关于“现实的人及其历史发展”的哲学，人在马克思主义哲学中占有极其重要的地位。马克思主义从人的存在方式——实践活动——出发去理解思维与存在、人与世界的相互关系，并以实践观点的思维方式去解决全部哲学问题，以人类自身的解放事业为自己的使命。这表明，马克思主义既以历史主义的态度批判地汲取了人道主义的合理内容，但又以科学社会主义而超越了人道主义。20世纪的“西方马克思主义”以人道主义或人本主义来诠释马克思主义，这从根本上说是不恰当的。

再次，我们分析“人本主义”与“反科学主义”的关系。

作为一种哲学思潮和哲学运动，现代哲学中的“人本主义”是作为“反科学主义”的哲学思潮而存在的。20世纪的欧洲大陆哲学，改变了主要以数学、物理学等自然科学知识为对象的研究方式，日益显著地以人以及关于人的人文学科为对象，从而形成了与英美占主导地位的“分析哲学”相抗衡的哲学思潮，即“反科学主义”的哲学思潮。

---

① 李淮春主编：《马克思主义哲学全书》，509～510页。

这种“反科学主义”的“人本主义”思潮，反对把自然科学视为一切文化样式的典范，反对把自然科学的理论和方法供在哲学祭台的中央，要求对“科学”本身的种种预设前提进行批判性反思。特别是在“语言转向”中，欧洲大陆的人本主义哲学反对“科学主义”地对待语言，即反对单纯地强调语言的逻辑性，反对分析哲学把对语言的哲学思考仅仅诉诸概念的确定性、表达的明晰性和意义的可证实性，而要求对语言的“人文主义”理解，即要求考察语词的多义性、表述的隐喻性和意义的可增生性，从而把语言理解为人的存在方式。

最后，我们分析“人本主义”与现代哲学中的“存在主义”思潮的关系。

在现代哲学中，“存在主义”是一种具有典型意义的“人本主义”。作为人本主义的存在主义，它所凸现的是人的存在与其他一切存在的区别，并从而把人的存在作为哲学理解的真正对象。存在主义认为：人以外的一切存在，都是“本质先于存在”，即某种特定的物种的本质预先地规定了该物种的每个个体的存在；与此相反，人的存在则是“存在先于本质”，即人在自身的存在过程中构成自己的本质，人是一种不断地超越自己先前之所是的存在。

在存在主义看来，正是人的存在的特殊性，才需要反思人的存在的哲学；而存在主义以前的全部哲学，却总是像对待其他存在一样，不断地追问人的“本质”，因此，除存在主义之外的全部哲学都是“本质主义”哲学。存在主义认为，寻求“本质”需要科学的研究方式，反思“存在”则需要哲学的研究方式；要求哲学像科学那样去寻求“本质”，必然得出“科学主义”的结论；让哲学反思人的“存在”，则是存在主义的或人本主义的哲学。由此可见，在存在主义这里，集中地表现了“科学主义”与“人本主义”在现代哲学中的对立。

科学主义与人本主义的对峙与融合

首先，科学主义与人本主义的对立，是哲学自我理解的对立，即理解和解释哲学自身的对立。

在科学主义看来，哲学和科学都起源于人类对知识的渴求，都承担着为人类提供普遍性知识的使命，由此便构成了哲学与科学之间的历史地位与作用的演化过程：古代的哲学以“知识总汇”的形式而囊括了全部科学，科学则以萌芽的形式而蕴含于哲学之中；近代的科学纷纷从哲学的母体中独立出来，而哲学则企图以“科学的科学”的姿态而君临于科学之上；现代科学不仅完全获得了自己的独立性，而且承担起不断地提供新的“世界观”或“普遍规律”的职能，因此现代的哲学必须而且只能作为“科学的副产品”即对科学命题进行逻辑分析的方式而存在。

与科学主义相反，人本主义认为，哲学与科学起源于人类的两种不同的渴求，科学寻求的是关于事物的规律，哲学寻求的则是人的自我理解。从哲学史看，古希腊哲学的根本指向就是“认识你自己”。古代哲学对“万物的统一性”的寻求，从根本上说，是以“外投”的形式而寻找“内在”的根据，即通过寻求“万物的统一性”而确立人自身的“安身立命之本”；近代哲学对“意识的统一性”的寻求，则更为明确地从关于世界的思考而转向关于人的思考，“认识论转向”的实质是“主体性转向”；现代哲学以发达的现代科学为前提，把人以外的一切存在都交给科学去进行研究，哲学则专门反思人的存在。

其次，科学主义与人本主义的对立，具体地展现为对哲学的研究对象、理论性质和社会功能的不同理解。

在科学主义看来，现代科学为人类提供关于对象世界的各种规律性的认识，现代哲学的研究对象就是科学本身。由于现代哲学以现代科学为基础，所以现代哲学具有双重性质，即：一方面，由于它以科学为基础，因而它也具有科学的性质；另一方面，由于它是对科学的逻辑的、语言的分析，因而它又具有超科学的哲学性质。这种科学化的哲学，不是为人们提供“普遍规律”，而是为人们消解掉传统哲学“制造”的种种“虚假问题”，并为人们“澄清”语言表达的意义，使人们能够“科学地”思考问题和“科学地”生活。

与科学主义相反，人本主义认为，现代科学的发展既为哲学对人的反思提供了重要前提，又为哲学对人的反思提出了迫切要求。在现代人本主义看来，由于现代科学承担了对人以外的全部存在的研究，因而现代哲学能够集中地反思人这种特殊的存在，并从对人的反思出发去重新理解人与世界的关系；同时，由于现代科学技术的发展，造成了“全球问题”和“人的物化问题”，因而现代哲学的根本任务是反思包括科学活动在内的人的全部活动方式，回答现代人类的存在意义问题。从这种基本理解出发，现代人本主义认为，人是哲学的真正对象，关于人的哲学反思与科学具有不同的理论性质，它的主要社会功能是为人的自我认识提供理论前提。

再次，科学主义与人本主义的对立，还表现为对传统哲学的不同的理解与批判。

以黑格尔哲学为最高代表的传统哲学的本质特征，可以对之作出这样的总体性概括，即：哲学家主要是以个人头脑中的思辨活动去追求思维把握和解释世界的全体自由性。把这句话分解开来，包含两层基本含义：一是传统哲学的追求目标——思维把握和解释世界的全体自由性；二是传统哲学的研究方式——哲学家个人头脑中的思辨活动。

从哲学自身发展的逻辑上说，现代哲学产生于传统哲学的批判。而如何批判传统哲学，则同时规定着新哲学所选取的不同的哲学方向与道路。

“拒斥形而上学”，这是自 19 世纪 30 年代以来的实证主义所开始的科学主义思潮的旗帜和出发点，它标志着科学主义思潮对传统哲学的总体态度，也蕴含着科学主义思潮的基本取向。在科学主义看来，以黑格尔哲学为代表的传统哲学，是一种“狂妄的理性”或“理性的狂妄”，即试图超越科学理性而无限地驰骋人类的理性。因此，科学主义从“谦虚的理性”或“理性的谦虚”出发，试图以科学理性来限定人类理性，用科学即自然科学的理论和方法去“改造”哲学，或通过语言的分析去“治疗”哲学，使哲学成为科学的“副产品”。

与“拒斥形而上学”的科学主义思潮不同，人本主义思潮认为，黑格尔的哲学是一种彻底理性化、逻辑化的“冷酷的理性”或“理性的冷酷”，它把人变成了抽象的、冰冷的逻辑。因此，人本主义从“丰富的人性”或“人的丰富性”出发，把它对传统哲学的批判诉诸关于人的生存意义的“人学”。现代的人本主义哲学，在批判以黑格尔哲学为标志的传统哲学的过程中，具体地探讨了自在的存在与自为的存在、理性与非理性、意识与无意识、语言与文化等诸多矛盾关系，在现代意义上展开了对人的哲学反思。

在概括地了解科学主义与人本主义对立的同时，我们还应看到现代哲学中这两大思潮的某些共同点及其相互融合的趋向。

现代哲学中的科学主义思潮，是以逻辑实证主义为典型代表的。在现代哲学的发展过程中，逻辑实证主义不仅遭到各种人本主义派别的讨伐，而且也受到了其后的各种科学哲学流派的批判。波普的批判理性主义、库恩的历史主义、拉卡托斯的精致证伪主义、费耶阿本德的认识论的无政府主义等等，从不同的角度、在不同的程度上均“缓和”了对传统哲学的批判，从而也微妙曲折地调整了对哲学本身的看法。波普的批判理性主义不仅“容忍”思辨性的猜测，而且认为科学本身就是通过自由创造的、思辨的、尝试性的猜测与观察以及实验的反驳而获得进步的。库恩则以科学家集团所共同遵循的“范式”作为其科学发展历史模型的核心范畴，强调社会文化心理因素在理论选择和科学发展中的作用。至于费耶阿本德，甚至反对科学是按照某种或某些特殊的方式进行的一种理性活动的观点，以至认为现代科学正在扮演与早期欧洲基督教相类似的角色。这种“内部造反”，不能不说是对极端的“科学主义”的一种惩罚。

应当特别指出的是，面对现代科学及其技术应用的迅猛发展，在当代哲学中正在兴起“对科学的人文主义理解”的思潮。这种思潮认为，科学作为人类的一种活动方式，科学理论作为人类这种活动方式的结果，它同人类自身一样，是一种历史性的存在，而不是某种超越人类之外、或凌驾于人类之上的独立自主的实体。科学的认识方式和方法论原则，并不具有永恒的中立性，而总是蕴含着人类的历史性的概念框架、解释原则和价值观念。因此，需要从人文主义的视野去理解科学，并在对科学的人文主义理解中，消弭科学主义与人本主义的对峙。

在《分析的时代——二十世纪的哲学家》一书的结尾，莫尔顿·怀特曾感慨万千地说：只要我们把哲学看成是各部分截然隔开的学科，在那里有感动我们的萨特尔，有为我们做实证工作的卡尔纳普，那么我就必然看到使哲学界分裂的不只是不协调，而是更加令人沮丧的东西，那就是哲学家们完全缺乏能力和方法达到相互之间的了解。他提出，最重要的是把20世纪哲学的两个对立要素重新统一起来，即用那些主要是大陆传统中的高瞻远瞩、明察洞见和比较人道的与有文化修养的事宜来补足最近英、美传统中分析派的、实用主义的和语言学派所关心的事情。他还充满信心地说，当我们一旦弄清楚学科之间没有明确的分界线，而且没有一门学科可以称得起在认识分类表中占有一个惟我独尊的位置时，当我们弄清楚了人类各种经验的形式也和认识同样重要时：只有到那个时候才算打通了最广义的、关于人的哲学研究的道路。① 超越科学主义和人本主义是当代哲学发展的总体趋向。

五 哲学论争的派别性与时代性

哲学的派别冲突是十分复杂的。这种冲突既具有不容否认的派别性，又具有不应忽视的时代性。哲学的派别冲突总是在不同时代进行的，哲学在时代上的递进又总是在派别冲突中实现的。因此，我们需要用派别性和时代性这两个标准去考察哲学理论及其派别冲突。

把全部哲学理论区分为唯物论和唯心论、辩证法和形而上学等等，是运用划分哲学派别的标准考察哲学理论所得出的基本认识。没有这种基本认识，就会模糊甚至混淆哲学发展进程中始终存在的两条认识路线以及其他重大的原则界限，难以自觉地坚持和发展马克思主义哲学。但是，仅仅用划分哲学派别的标准去考察全部哲学理论，却会严重地阻碍马克思主义哲学的繁荣和发展。

在哲学发展进程的每个环节上所进行的唯物论与唯心论等等的斗争，都以先前的哲学成果为基础，都聚焦于人类在其前进的发展中所提出的新问题，都孕育

① 参见［美］M. 怀特编著：《分析的时代》，243～244页。

着新的思维方式的萌芽。因此，每个时代都有自己时代水平的唯物论与唯心论等等的斗争；特定时代的唯物论总是同自己时代的唯心论相比较而存在、相斗争而发展的；离开特定时代水平的哲学斗争，就会把哲学的派别斗争简单化、抽象化和庸俗化，把丰富多彩并且不断深化的哲学思想变成某些僵死凝固的教条，从而在实际上否认了哲学的进步与发展。

哲学史表明，正是由于唯物论哲学是与苏格拉底、柏拉图、亚里士多德、笛卡尔、贝克莱、休谟、康德、黑格尔这样的唯心论大师相斗争，才产生了德谟克利特、培根、斯宾诺莎、洛克、狄德罗、费尔巴哈乃至马克思这样的唯物论巨人。如果把唯心论大师简单化、庸俗化甚至是漫画化，唯物论巨人岂不成了与风车搏斗的唐吉诃德先生！

哲学史还表明，哲学不仅是在不同派别的哲学斗争中发展的，而且是在不同水平的哲学斗争中前进的。其中，包括不同水平的唯物主义对唯物主义的批判，以及不同水平的唯心主义对唯心主义的批判。亚里士多德对柏拉图的批判，黑格尔对康德的批判，马克思对费尔巴哈的批判，列宁对普列汉诺夫的批判，都是如此。正是由于不仅着眼于哲学派别之间的斗争，而且立足于哲学发展的逻辑，列宁才提出“聪明的唯心主义比愚蠢的唯物主义更接近于聪明的唯物主义”，并在这个意义上常常把彻底的唯物主义者马克思同彻底的唯心主义者黑格尔相提并论，如说“辩证法也就是（黑格尔和）马克思主义的认识论”等等。

多年来，我们习惯于仅仅用划分哲学派别的标准去看待哲学史和考察哲学理论，并把运用这个标准所划分的哲学派别简单地归结为进步与反动的对立，结果往往是从两个方面阻碍了马克思主义哲学的发展：其一，虽然把唯物主义哲学分为古代的朴素唯物论、近代的机械的和形而上学的唯物论、马克思主义的辩证唯物论和历史唯物论，但由于简单化地把全部唯物论哲学归结为进步的哲学，因而从来没有像批判唯心论哲学那样去批判旧唯物论，以至抹杀了马克思主义哲学与全部旧唯物论的原则区别，在实际上把马克思主义哲学混同于旧唯物论；其二，由于把唯心论哲学简单化地归结为反动的哲学，就否认了它的历史发展，拒绝对它的具体的、深入的考察，无视现代唯心论哲学的新特点和新成果，把唯心论哲学抽象化和漫画化，以至把马克思主义哲学置于如同唐吉诃德先生与风车搏斗那样的可笑境地。这两方面的共同后果，使马克思主义哲学离开它在哲学史上所实现的革命变革及其随着时代发展而自我更新的生命力，把它变成了最一般的、因而也是最抽象的唯物论，甚至变成了某种空洞而凝固的教条。

因此，如果我们不仅承认哲学始终存在着各种派别之间的斗争，而且承认这种斗争是哲学自我否定的发展进程，那么，我们在肯定划分哲学派别的标准的同时，还必须承认和运用另一个标准——区分哲学水平的标准——去考察全部哲学理论和哲学的派别斗争。

区分哲学水平的标准同区别科学水平的标准具有一致性：其一，先进的哲学也必须具有向上的兼容性，能够对先前哲学所探讨的问题给予理论解释；其二：先进的哲学也必须具有论域的超越性，能够提出和回答先前哲学所没有提出或没有解决的问题。

区分哲学水平的标准又有自己的特殊性：

（1）反思层次的跃迁。在人类把握世界的各种方式中，哲学始终是一种“对思想的思想”、“对认识的认识”，即人类思维反过来以自己为对象而思之。哲学的水平总是同它所反思的思想（知识、科学等等）的水平密不可分。人类思想的发展，促使哲学不断进入更深层次的反思。比如，哲学从对经验常识的反思而进入对科学理论的反思，就引起哲学反思层次的重大飞跃。而科学从近代水平到现代水平的跃升，则导致哲学反思层次新的跃迁。

（2）传统问题的深化。哲学理论是一种历史性的思想，哲学史则是思想性的历史。因此，哲学问题总是自我相关、自我缠绕的。思维与存在的关系问题，自由与必然的问题，真善美的问题，理想与现实的问题，是人类的永恒的问题，因而也是哲学的万古常新的问题。哲学的进步，就在于从新的视角出发，以新的反思对象为基础，对这些万古常新的哲学问题作出符合自己时代水平的反思，从而为人们的理想、信念和行为提供时代水平的最高支撑点。在这个意义上，能否以新的视角、新的材料和新的手段去研究传统问题，并使之获得符合自己的时代水平的回答，是衡量哲学水平的重要标准之一。

（3）思维方式的更新。哲学作为世界观和方法论，它所提供给人类的不是某种在经验层次上加以证明的知识，也不是某种变革具体对象的技能，而是观察现实和接近现实的思维方式。新的思维方式的形成，起码需要以下三个条件：一是通晓思维的历史和成就；二是综合人类把握世界的各种方式——科学、艺术、伦理和宗教等等——的全部成果；三是批判已有的认识成果及其思维方式。历史感、综合性和批判性，以及由这三者所决定的创造性，是衡量哲学水平的根本标准。它把反思层次的跃迁和传统问题的深化熔铸于思维方式的更新。

区分哲学水平的标准表明：其一，哲学的历史同人类的历史一样，在总体上是前进的发展的，后来的哲学优越于先前的哲学，我们要从每个时代的哲学水平出发去考察哲学理论，而不能用划分哲学派别的标准去取代区分哲学水平的标准；其二，哲学的发展水平是不平衡的，同一时代的哲学可能处于哲学发展的不同水平上，我们的目标是促使低水平的哲学升华为高水平的哲学，而决不是相反；其三，由于思维方式的陈腐和僵化，常常出现用低水平的哲学去理解高水平的哲学，从而把高水平的哲学描述为低水平的哲学的现象。以旧唯物论的思维方式去理解和描述马克思主义哲学，并以这样理解的马克思主义哲学去规定哲学的对象、体系、功能和使命，去裁判整个现代哲学，是阻碍马克思主义哲学繁荣和发展的最大障碍。我们之所以在肯定用派别冲突的标准去考察哲学的同时，特别地强调用不同水平的标准去考察哲学，其目的就在于以两个标准的思想去推进哲学的发展。

现代哲学的产生是哲学发展史上空前的大革命。运用划分哲学派别和区分哲学水平的两个标准去考察现代哲学，把握现代哲学的基本特征和基本趋向，是在当代坚持和发展马克思主义哲学的基本前提。

传统哲学的突出特征之一，是从对立的两极——思维或存在——出发去寻求世界的统一性和解释世界的统一性原理。仅就近代西方哲学而言，从“我思”、“感知”、“自我”、“绝对”出发的唯心主义哲学，和从“自然”、“物质”、“人的感性存在”出发的唯物主义哲学，都是如此。由于这种水平的唯心论哲学和唯物论哲学分别从对立的两极出发去寻求解释世界的统一性原理，它们所能达到的也只是对存在的（自然的）统一性或精神的（意识的）统一性的解释，主观与客观、思维与存在、自由与必然、真与善、人与世界都仍然是相互隔绝、相互对立的存在。这样，近代的唯物论和唯心论也就成为片面夸大的两极性理论。

但是，黑格尔以后的现代哲学，以黑格尔所揭示给哲学的新对象——主观与客观、思维与存在相统一的概念世界——为契机，则放弃了从思维或存在的两极出发去寻求世界“本体”的思维方式，致力于探索把思维和存在联系起来的中介环节，并以这些中介环节作为哲学反思的真实对象。这是反思层次的重大跃迁，是传统问题的空前深化，是思维方式的深刻革命。它标志着哲学水平的巨大飞跃。

以“实践”这个中介环节为对象的马克思主义哲学，是现代哲学的最高成果，也是人类迄今所达到的最高的哲学思维方式。坚持和发展马克思主义哲学，最根本的就是从实践这个中介环节出发，以实践的观点去理解和变革人与世界的关系。同时，我们还必须看到，以实践为核心的中介环节是多侧面、多层次的存在。科学、艺术、语言、符号和意义等等，都是主观客观化和客观主观化的中介环节，都以扬弃的形式融主观和客观、思维和存在于一体，自身都具有主观与客观、思维与存在相互融合、相互过渡的性质。在这个意义上，以“科学”为对象的现代科学哲学、以“语言”为对象的现代语言分析哲学、以“意义”为对象的现代哲学解释学、以“符号”为对象的现代哲学文化学等等，都是实践哲学的展开和具体化，即都是实践哲学的题中应有之义。也是在这个意义上，这些哲学是与实践哲学处于同一时代水平的现代哲学；坚持和发展马克思的实践哲学，就不能拒斥这些哲学及其研究成果，而只能通过研究这些哲学和吸收它们的成果来发展实践哲学。

但是，现代西方哲学在对“科学”、“艺术”、“语言”、“意义”、“符号”等等的研究中，往往由于离开实践的思维方式而片面地夸大了某个中介环节，并从这个被片面夸大了的中介环节出发去构造整个哲学体系，以至像他们所猛烈抨击过的黑格尔一样滑进了唯心主义。这就需要我们在重视区分哲学水平的标准的同时，坚持划分哲学派别的标准，同唯心主义进行毫不妥协的斗争。而在这种斗争中，我们又必须时时注意这是以新的形式所表现出来的高级层次上的斗争。如果离开现代哲学所具有的显著的“一致性”，用传统哲学的两极对立的思维方式去看待现代的哲学斗争，就会产生如下结果：一方面是极为可笑地与幻想的论敌即抽象的唯心主义进行搏斗，另一方面则是十分可悲地使自己倒退回旧唯物论的水平而裹足不前。

因此，在探讨哲学派别冲突的过程中，我们需要把哲学的派别冲突同人类存在的矛盾性联系起来，需要用两个标准去衡量哲学的派别冲突，尤其是需要从现代哲学的时代特征出发去深化对现代哲学派别斗争的理解，在当代的水平上推进哲学的发展。

第十三章 时代性的哲学理论

哲学是以时代性的理论去求索人类性的问题。人类性的哲学问题总是表现为时代性的理论内容，反思性的哲学思维总是以时代性的“思想”为其反思的对象，派别性的哲学冲突总是实现于时代性的哲学论争之中，本体论的哲学追求总是为人类提供时代意义的“安身立命之本”，批判性的哲学本质总是体现为对这种时代意义的哲学理念的自我扬弃与自我超越。任何一种哲学理论都具有鲜明的时代性。这正如马克思所说，哲学家的成长并不像雨后的春笋，他们是自己的时代、自己的人民的产物，人民最精致、最珍贵和看不见的精髓都集中在哲学思想里；任何真正的哲学都是自己时代精神的精华。

① 参见《马克思恩格斯全集》第1卷，120、121页，北京，人民出版社，1956。

一 哲学理论的时代内涵

人们常常把哲学区分为"古代哲学"、"近代哲学"、"现代哲学"和"当代哲学"。这是以"大时代"的尺度对哲学理论的划分，因而也标志着哲学的"大时代"的理论内涵。

哲学作为理论形态的人类自我意识，它的时代内涵，首先是与人的存在方式的时代性特征密不可分的。在以"自然经济"为基础的"人对人的依附性"的存在方式中，哲学总是以塑造某种"神圣形象"来理论地表征"人对人的依附性"。这就是"古代哲学"的时代内涵。在以"市场经济"为基础的"人的独立性"的存在方式中，哲学总是以塑造某种"非神圣形象"来理论地表征"以物的依赖性为基础的人的独立性"。这就是"近代哲学"的时代内涵。在反思"市场经济"所造成的人的"异化"的过程中，哲学又以"消解"人在诸种"非神圣形象"中的"自我异化"的方式，理论地表征"现代人的困惑"。这就是"现代哲学"的时代内涵。而在深入反思"现代人的困惑"的进程中，哲学则不仅承担起"消解"人在诸种"非神圣形象"中的"自我异化"的使命，而且承担起为人类重塑崇高的使命，从而理论地表征着人类对超越"以物的依赖性为基础的人的独立性"并实现"每个人的全面发展"的渴望与追求。这大概应当是"当代哲学"的时代内涵。

哲学理论的时代内涵，是以哲学的方式实现的，也就是以哲学的基本问题——思维和存在的关系问题——的历史性发展实现的。我们应当从哲学基本问题历史性转换的视角，深化对哲学理论的时代内涵的理解。

恩格斯在提出"全部哲学，特别是近代哲学的重大的基本问题，是思维和存在的关系问题"之后，紧接着就分别地论述了"思维和存在的关系问题"在"远古时代"、"中世纪"和"近代"的不同状况。在"远古时代"，人们已经"不得不思考这种灵魂对外部世界的关系"，并产生了"灵魂不死的观念"，因此，思维对存在、精神对自然界的关系问题，全部哲学的最高问题，像一切宗教一样，其根源在于蒙昧时代的狭隘而愚昧的观念。而在"中世纪"的"经院哲学"中，哲学的基本问题则是以这种形式提出来的，即："世界是神创造的呢，还是从来就有的?"而在概述了哲学基本问题在"远古时代"和"中世纪"的状况之后，恩格斯集中地论述了近代哲学与哲学基本问题的关系。

一般认为，在西方哲学的发展史上，出现了两次大的“转向”，第一次是从古代哲学到近代哲学的“认识论转向”，第二次是从近代哲学到现代哲学的“实践转向”和“语言转向”。这两次“转向”，就其理论内涵而言，都是转换了对“思维和存在的关系”的理解。

古代哲学，它离开对人类意识及其与世界相互关系的认识论反省，单纯地从对象世界本身去寻求世界的统一性，并直接地断言世界本身，而没有自觉到在这种断言中所蕴含的“思维与存在的关系问题”。因此，哲学的“古代”含义，是指尚未自觉地提出哲学基本问题而直接地寻求和断言世界本身的哲学理论形态。

近代哲学，它之所以被称为“认识论转向”，是因为它以反省人类意识及其与世界的相互关系为出发点，在“思维和存在的关系”中寻求二者的统一性。在这种认识论反省中，“思维和存在的关系问题”被“清楚地提了出来”，并使之获得了“完全的意义”。具体地说，近代哲学主要是提出和研究了客观世界与意识内容、意识内容与意识形式、对象意识与自我意识、外延逻辑与内涵逻辑、知性思维与辩证思维、分析判断与综合判断、思维规律与存在规律、理论理性与实践理性等一系列关于“思维和存在的关系问题”。18世纪末到19世纪初的德国古典哲学，又把这种“认识论转向”发展为对“思维和存在的关系问题”的逻辑学反思，即以概念辩证运动的形式去描述思维和存在的规律层面上的统一。因此，哲学的“近代”含义，是指自觉地提出哲学基本问题并从而寻求思维规律与存在规律统一的哲学理论形态。

现代哲学，它之所以被称为“实践转向”和“语言转向”，是因为它超越了近代认识论转向的主观与客观的二元对立，从思维与存在统一的现实基础（实践）或文化中介（语言）出发，去回答和解决思维和存在的关系问题。马克思的“实践转向”，以人的现实的存在方式——实践活动及其历史发展——为基础去解决思维与存在、人与世界之间的关系问题；现代西方哲学的“语言转向”，则是以人类历史文化的“水库”——语言——为出发点去反省思维与存在、人与世界之间的关系问题。具体地说，现代哲学主要是在“语言转向”中探索了语言的社会性与个体性、语言的逻辑性与人文性、语言的历时性与共时性、语言的人类性与民族性、语义的确定性与模糊性等矛盾，从而在语言文化的层面上凸现了传统与现实、共性与个性、事实与价值、多样与统一、自由与必然等哲学所关注的理论问题。因此，哲学的“现代”含义，是指以人的历史性存在为中介去回答和解决哲学基本问题的哲学理论形态。它与传统哲学（包括古代哲学和近代哲学）的根本区别，在于传统哲学总是以“超历史”的方式去解决哲学问题，而现代哲学则是以“历史的”方式去提出和回答哲学问题。

在哲学的“古代”、“近代”和“现代”的理论形态的历史转换中，实现了哲学的提问方式和理论内涵的历史性发展。古代哲学提出“万物的统一性”问题，这既意味着人类试图以某种最深层的统一性的存在来确定人类生活意义的最高支撑点，又意味着人类尚未达到从思维对存在的关系去反省人类生活的意义。因此，这种哲学实质是表征着人类从自在走向自为的过程。近代哲学提出“意识的统一性”问题，这既意味着人类以反省的认识去寻求人类生活的意义，又意味着人类是以超历史的即抽象的观念去看待存在的意义。这种哲学表征着人类受“抽象”统治的自我意识。现代哲学提出“实践的统一性”以及科学、语言、文化等等的统一性问题，这既意味着人类从历史的即现实的观念去看待存在的意义，也意味着人类在多元文化中的意义的冲突与危机。这种哲学表征着人类的理论理性与实践理性相融合的意识。

对于哲学理论的时代内涵，辩证法大师黑格尔不仅作出过简洁的概括，而且以生动的比喻说明了时代性的哲学所实现的哲学的发展。黑格尔说：“妄想一种哲学可以超出它那个时代，这与妄想个人可以跳出他的时代，跳出罗陀斯岛，是同样愚蠢的。如果它的理论确实超越时代，而建设一个如其所应然的世界，那么这种世界诚然是存在的，但只存在于他的私见中，私见是一种不结实的要素，在其中人们可以随意想象任何东西”①。正因为哲学是“思想中所把握到的时代”，表达新时代的哲学必然要通过对表达旧时代的哲学的批判而获得哲学的统治地位。

关于哲学的历史发展，黑格尔还借用“花蕾、花朵与果实”的关系来予以阐释。黑格尔说：“花朵开放的时候花蕾消逝，人们会说花蕾是被花朵否定掉了；同样地，当结果的时候，花朵又被解释为植物的一种虚假的存在形式，而果实是作为植物的真实形式出而代替花朵的。这些形式不但彼此不同，并且互相排斥互不相容。但是，它们的流动性却使它们成为有机统一体的环节，它们在有机统一体中不但不互相抵触，而且彼此都同样是必要的；而正是这种同样的必要性才构成整体的生命”②。

花蕾孕育了花朵，花朵又孕育了果实；但花朵的怒放正是否定了花蕾，果实的结出也正是否定了花朵，这个否定的过程，正是以新的形式与内容肯定了先前的存在。这样来看哲学史，它就不是一个徒然否定、一无所获的过程，而恰恰是一个“扬弃”的过程，结出果实的过程。这样理解的哲学史，才是哲学的发展史。

---

① ［德］黑格尔：《法哲学原理》，12页，北京，商务印书馆，1961。

② ［德］黑格尔：《精神现象学》上卷，2页。

黑格尔关于“花蕾、花朵和果实”的比喻，还启发我们用“否定之否定”的观点去看待每个哲学体系自身的发展。在黑格尔自己的哲学体系中，每个概念都是作为“中介”而存在的，它否定了前面的概念，却又被后面的概念所否定。这就像花朵否定花蕾，花朵又被果实否定一样，概念自身处于生生不已的流变之中，并不断地获得了愈来愈充实的内容。而这种概念自我否定的辩证运动，正是深刻地展现了人类思想运动的逻辑，哲学发展的逻辑。应当看到，在哲学的“花蕾、花朵和果实”的自我否定的运动中，矛盾着的双方往往是“高尚心灵的更迭”和“思想英雄的较量”。这种“更迭”与“较量”本身，就是对人类思维的撞击，对人类精神的升华。

二　时代精神的理论表征

任何一种哲学理论，都凝聚着哲学家所捕捉到的该时代人类对人与世界相互关系的自我意识，都贯穿着哲学家用以说明人与世界相互关系的独特的解释原则和概念框架，都熔铸着哲学家用以观照人与世界相互关系的价值观念、审美意识和终极关怀。因此，任何一种真正的哲学理论，都是黑格尔所说的“思想中所把握到的时代”，都是马克思所说的“时代精神的精华”。

关于“时代”、“时代精神”及其“精华”，人们有各种不同的理解与解释。但是，如果从人类的全部“生活活动”及其所创造的“生活世界”的历史发展去思考，我们就会比较清楚地看到：所谓“时代”，就是人类的全部“生活活动”及其所创造的“生活世界”具有相对的质的区别的社会发展阶段；与这个“时代”概念相对应，所谓“时代精神”，就是标志社会不同发展阶段的、具有特定历史内涵的“生活世界”的“意义”；与这个“时代精神”概念相对应，所谓“时代精神的精华”，就是对时代性的生活世界的“意义”的理论把握。

一般说来，任何时代的“时代精神”都以三种基本方式存在：(1) 人类把握世界的各种方式所创造的具有时代内涵的生活世界的“意义”，其中主要是该时代的科学精神、艺术精神、伦理精神等等；(2) 该时代的普遍性的、倾向性的“意义”的个体自我意识，即该时代占主流的关于“意义”的个体自我意识，如普遍的社会心理等等；(3) 该时代的理论形态的关于“意义”的社会自我意识，即关于时代“意义”的哲学理论。

每个时代的哲学精神，当然是该时代的“时代精神”；但是，作为一种“时代精神”的“哲学精神”，却不仅仅是一种“时代精神”，而且是“时代精神”的“精华”。这是因为：其一，每个时代的哲学精神，既是“聚焦”人类把握世界的各种方式所创造的具有时代内涵的生活世界的“意义”的“普照光”，又是对该时代的普遍性的、倾向性的“意义”的个体自我意识的理论升华。这就是说，在“时代精神”的三种基本的存在方式中，作为“意义”的社会自我意识，哲学最为集中地、最为深刻地、最为强烈地表现了每个时代的时代精神，因而成为“时代精神的精华”。其二，哲学作为人类的反思的思维方式，它以“社会的自我意识”的理论形态，批判性地反思“时代精神”，创造性地塑造和引导“时代精神”，因而成为“时代精神的精华”。

西方学者曾经以哲学所表征的时代精神为依据，把西方的历史划分为“信仰的时代”（中世纪）、“冒险的时代”（文艺复兴时期）、“理性的时代”（17世纪）、“启蒙的时代”（18世纪）、“思想体系的时代”（19世纪）和“分析的时代”（20世纪）。

欧洲的中世纪，哲学和科学都成为神学的“婢女”，哲学正是以其对上帝的论证而表征着“信仰的时代”的时代精神。欧洲的文艺复兴时期，是一个“需要巨人而且产生了巨人”（恩格斯语）的时代，是一个开启资本主义市场经济的“冒险的时代”。而欧洲的17世纪，正是近代实验科学兴起，科学理性精神扩展和深化的时代。近代实验科学和近代唯物论的奠基人弗兰西斯·培根，以破除“四假象”的科学精神而理论地表征着17世纪的“理性”的时代精神，这就是破除倾向于只看到和相信所赞同的东西的“种族假象”，由于个人的偏爱所造成的“洞穴假象”，围绕语词和名称的争论而造成的“市场假象”，由于采纳特殊的思想体系、特别是忠于特定的哲学或神学体系而造成的“剧场假象”。培根认为，只有消除这些“成见”、“偏见”或“假象”，才能进行真正的科学实验和科学研究。他认为，采取正确的探索方法，最重要的是把经验主义与理性主义、仔细的观察与正确的推理结合起来。他非常形象地把单纯的经验主义者比做“蚂蚁”，把超验的理性主义者比做“蜘蛛”，而把探索方法正确的科学家比做“蜜蜂”。培根说，“实验家像蚂蚁：它们只知采集和利用；推理家犹如蜘蛛，用它们自己的物质编织蜘蛛网。但蜜蜂走中间路线；它从花园和田野里的花朵采集原料，但用它自己的力量来变革和处理这原料”。由此我们可以看到，“科学方法必须从系统的观察和实验开始达到普遍性有限的真理，再从这些真理出发，通过渐缓的逐次归纳，达到更为广阔的概括”①。这就是弗兰西斯·培根所表达和引导的时代的

---

① ［英］沃尔夫：《十六、十七世纪科学、技术和哲学史》，710页，北京，商务印书馆，1985。

科学精神，也是他所概括和塑造的以科学精神为底蕴的时代精神。

近代以来的西方哲学——无论是文艺复兴时期的“冒险”精神，还是17世纪的“理性”精神和18世纪的“启蒙”精神——都集中地表达和塑造了以“理性”为核心的时代的科学精神。这种时代的科学精神，就是弘扬人的理性权威，确立人的主体地位，发挥人的主观能动作用。

恩格斯曾经深刻地指出，近代科学的发展经历了从“搜集材料”的科学到“整理材料”的科学的历程，到19世纪，经验自然科学积累了如此庞大数量的实证的知识材料，以致在每一个研究领域中有系统地和依据材料的内在联系把这些材料加以整理的必要，就简直成为无可避免的。建立各个知识领域互相间的正确联系，也同样成为无可避免的。正因如此，人们把19世纪称做“思想体系的时代”。德国古典哲学的集大成者黑格尔正是以其创建的概念发展的辩证法，深刻地阐释了人类思想运动的逻辑，集中地表现了这个“思想体系的时代”的时代精神。

诞生于19世纪中叶的马克思主义哲学，以“实践转向”为标志而理论地表征着新时代的时代精神。整个近代哲学始终在思维与存在、主观与客观、主体与客体的二元对立中去寻求思想的客观性，因而始终是在“认识论”的意义上去回答作为哲学基本问题的思维和存在的关系问题。这表明，近代哲学对哲学基本问题的理解存在着一个根本性的缺陷，这就是离开人的实践活动及其历史发展去回答“思维和存在的关系问题”。正是针对这种状况，马克思尖锐地指出：哲学家们只是用不同的方式解释世界，而问题在于改变世界。

马克思主义哲学认为，人的思维的最本质最切近的基础是人类自己的实践活动，“思维和存在的关系问题”所蕴含的全部矛盾关系都根植于人类的实践活动之中，“思维和存在的关系问题”的历史演化和历史发展都展开在人类实践的历史过程之中。因此，只有从现实的人及其历史发展出发，达到对哲学基本问题的实践论理解，才能正确地理解和解释“思维和存在的关系问题”。这就是马克思主义哲学所实现的“实践转向”。

在这种“实践转向”中，马克思主义哲学所理解的“思维和存在的关系问题”，既不是黑格尔的“无人身的理性”与其“逻辑规定”的关系，也不是费尔巴哈的“抽象的个人”与其“感性的直观”的关系，而是“现实的人”以“感性的活动”为基础的与“现实的世界”的关系。马克思主义实践论所理解的“现实的人”就是从事实践活动的人，“感性的活动”就是人的社会实践，“现实的世界”就是人类实践活动的对象。这样，作为哲学基本问题的“思维和存在的关系问题”，在马克思主义哲学中，就是以实践为基础的人与世界之间的、现实的和历史地发展着的关系。以“实践转向”的观点去看待“思维和存在的关系问题”，我们就会形成动态的而不是静止的、发展的而不是凝固的关于哲学基本问题的认识。

人们常常把马克思主义哲学的革命性变革称做“实践转向”，与此同时，人们还常常把现代西方哲学的特征概括为“语言转向”。这种“语言转向”在文化层面上展现了“思维和存在”的丰富的矛盾关系。了解“语言转向”的基本内容，对于在当代的水平上认识哲学基本问题，是十分必要的。

近代哲学的“认识论转向”，它所批判的是，离开“思维和存在的关系问题”而直接断言“世界”；它所要求的是，在建立关于“世界”的理论之前，必须先有关于“认识”的理论；这种要求的实质是，哲学家必须把反省“思维和存在的关系”作为最重大的“基本问题”。因此，所谓的“认识论转向”可以概括为一个基本命题：“没有认识论的本体论为无效”。现代西方哲学的“语言转向”，它所批判的是，离开对人类“语言”的考察而直接断言“思维和存在的关系”；它所要求的是，哲学家在建立关于人类意识和世界及其相互关系的理论之前，必须先有关于“语言”的理论；这种要求的实质是，哲学家必须把作为“文化的水库”的“语言”作为研究“思维和存在的关系问题”的出发点。因此，所谓的“语言转向”也可以概括为一个基本命题：“没有语言学的认识论和本体论为无效”。

在现代西方哲学的“语言转向”中，显示出对“思维和存在”、“人和世界”的“中介环节”的寻求，显示出现代西方哲学对“思维”、“语言”和“存在”三者关系的总体理解。这种总体理解就是：人类必须而且只能用“语言”去理解“世界”和自己的“意识”，并用“语言”去表述对“世界”和自己的“意识”的理解；虽然“世界”在人的“意识”之外（世界不依赖于人的意识而存在），但“世界”却在人的“语言”之中（人只能在语言中表述世界和表达对世界的理解）；“语言”既是人类“存在”的消极界限（语言之外的世界对人来说是存在着的无），“语言”又是人类“存在”的积极界限（世界在人的语言中变成属人的世界）；“语言”中凝聚着“思维和存在”、“主观和客观”、“主体与客体”的对立统一，因而其也是消解主—客二元对立的文化结晶。

由此我们可以看到，在寻求思维与存在、人与世界的“中介环节”的意义上，在实现思维与存在、人与世界的文化层面上的统一的意义上，“语言转向”具有不容忽视的积极意义。我们应当以马克思主义哲学的实践论的观点，批判地汲取现代西方哲学“语言转向”的积极成果，在当代的水平上深化对思维与存在关系问题的理解，并丰富哲学基本问题的理论内容。

20世纪的西方哲学，实现了人们通常所说的“语言转向”。如果对比近代哲学的“认识论转向”和现代哲学的“语言转向”，对比近代哲学所“转向”的“观念”和现代哲学所“转向”的“语言”，我们会深切地体会到20世纪哲学所表征的新的时代精神。

从哲学形态上看，“观念”与“语言”何者成为人的存在方式的理论表征，是表现了人的存在方式的划时代性的变革：

“观念”体现的是个体理性把握世界的英雄主义时代，“语言”则体现的是社会理性把握世界的英雄主义时代的退隐。这是因为，以公共性的“语言”表征人的存在方式，意味着社会理性的普遍化，它代替了“观念”所表征的某些“英雄人物”对理性的垄断与统治。

“观念”体现的是个人私德维系社会的精英社会，“语言”则体现的是社会公德维系社会的公民社会。这是因为，历史性和公共性的“语言”表征的人的存在方式，意味着社会公德的普及化，它代替了以“观念”所表征的某些“精英人物”的私德的表率作用。

“观念”体现的是个体的审美愉悦的精英文化，“语言”则体现的是社会的审美共享的大众文化。这是因为，“语言”所表征的人的存在方式，是主体间性的普遍化和多样性，它代替了以“观念”所表征的某些“精英文化”的文化垄断。

“观念”体现的是交往的私人性的封闭社会，“语言”体现的则是交往的世界性的开放社会。这是因为，“语言”所表征的人的存在方式，是主体间的开放性的广泛交流与沟通，它代替了以“观念”所表征的狭隘的交流空间。

“观念”体现的是主体占有文化的教育的有限性，“语言”体现的则是文化占有主体的教育的普及性。这是因为，“语言”所表征的人的存在方式，是人被历史文化的“水库”所占有，而这种“占有”的前提则是教育的普及，它代替了以“观念”所表征的有限的教育及其对主体的占有。

“观念”体现的是客体给予意义的对“思想的客观性”的寻求，“语言”则体现的是主体创造意义的对“人的世界的丰富性”的寻求。这深刻地表现了近代哲学与现代哲学的重大区别。在“观念论”中，“意义”是客体给予主体的，因此近代的观念论的根本问题是寻求“思想的客观性”。在“语言转向”中，“意义”离不开主体的创造活动，因此现代哲学诉诸人的存在方式及其所创造的人与世界之间的丰富关系。

“观念”体现的是“人类征服自然”的“实践意志的扩张”，“语言”则体现的是“人与自然的和谐”的“实践意志的反省”。近代哲学的“观念论”，它的突出特征是张扬人的理性的能动性，表现了人类征服自然的欲望与能力。“语言”

所表征的人的存在方式，则是以对语言的批判性反思而反省人与世界的关系、反省人类实践的结果，从而促进人类的新的世界观的形成。

三　塑造和引导新的时代精神

任何真正的哲学，它作为“自己时代精神的精华”，并非仅仅是“反映和表达”时代精神，而且尤为重要的是“塑造和引导”新的时代精神。这集中地体现了哲学的批判性和理想性。我们应当从哲学的特性与新世纪的时代特征的统一中展望21世纪的哲学。

探索新世纪的哲学主题

20世纪哲学，以“拒斥形而上学”为口号和旗帜，在对“哲学”自身的“终结”、“治疗”和“消解”中，走过了它的百年历程。现代哲学对“哲学”的“消解”，是以讨伐和批判黑格尔哲学为共同的出发点的。早在19世纪80年代，恩格斯就明确地提出“哲学在黑格尔那里终结了”。进入20世纪，美国哲学家莫尔顿·怀特以分析黑格尔的“绝对理念之衰微与没落”而展开其对“20世纪哲学家”的论述，德国哲学家赖欣巴哈以嘲弄黑格尔“绝对理念”的“狂妄”而论证“科学哲学的兴起”，英国哲学家艾耶尔则干脆以“叛离黑格尔”这个更具刺激性的口号为开端而阐述整个“20世纪哲学”。这表明，反思20世纪哲学的“消解”运动，应当首先诉诸对黑格尔哲学的前提性批判。

恩格斯曾经指出，黑格尔“以最宏伟的形式概括了哲学的全部发展”。这意味着，讨伐黑格尔哲学，是对整个传统哲学的清算；“哲学”在黑格尔那里的“终结”，则是以“黑格尔主义”为标志的整个传统哲学的“终结”。传统哲学的本质，在恩格斯看来，就是试图为人类提供一种永恒的终极真理，而这无非就是要求一个哲学家完成那只有全人类在其前进的发展中才能完成的事情，那么全部以往所理解的哲学也就终结了。传统哲学向自己提出的问题是：什么是绝对的真？什么是至上的善？什么是最高的美？这在认知取向上，就是固执于对绝对之真的追求；在价值取向上，就是执着于对至上之善的向往；在审美取向上，就是沉湎于对最高之美的幻想。而从根本的思维方式上看，则是一种非此即彼、抽象对立、超越历史的思维方式。它把人类以哲学的方式所实现的理想性追求，异化为“哲学”以“绝对真理”的化身而遏制人类的创造性追求。现代哲学对传统哲学的“消解”源于传统哲学自身的异化。

传统哲学的自我异化，是同它所表征的时代精神密不可分的。以自然经济为基础的传统社会，其基本特点是经济生活的禁欲主义、精神生活的蒙昧主义和政治生活的专制主义的“三位一体”。在传统社会中，人类存在方式的根本特征就是马克思所概括的“人对人的依附性”。哲学作为理论形态的人类自我意识，传统哲学以自我异化的方式，表征了自然经济中的人对人的“依附性”的存在方式，即以“绝对真理”的化身而表征着人对神化了的权威的“依附性”。

近代哲学作为传统哲学的高级形态，它的深厚的生活根基，在于它所表征的是人类社会由自然经济向市场经济的转换、人的存在方式由“人对人的依附性”到“以物的依赖性为基础的人的独立性”的转换。相对于自然经济，市场经济所要求的、并且形成的是新的“三位一体”：经济生活的反对禁欲主义要求现实幸福，精神生活的反对蒙昧主义要求理性自由，政治生活的反对专制主义要求民主法制。“市场经济”的这种基本要求和基本原则的理论表达，构成了近代哲学的重要的基本命题，这就是：“我欲故我在”（要求现实幸福）；“我思故我在”（要求理性自由）；“我生而为人”（要求天赋人权）。

市场经济按照自己的规律去塑造全部社会生活，从而也就更新了人的存在方式（人在市场经济中的存在方式）。对于人的这种存在方式的本质与特征，马克思作出了精辟的理论概括：以物的依赖性为基础的人的独立性。人的这种存在方式具有显著的二重性：与自然经济相比，市场经济使人的存在方式由“人对人的依附性”转变为“人的独立性”，这是人类存在方式的历史进步；然而，市场经济中的“人的独立性”，只能是“以物的依赖性为基础”，因而这又只是由“人的依赖关系”转变为“物的依赖关系”，并没有真正实现“人的独立性”。近代哲学以理论的方式表征这种“以物的依赖性为基础的人的独立性”的存在方式，就不能不具有显著的理论的二重性：既以“自由”的原则表征“人的独立性”，又以“绝对”的理念表征“对物的依赖关系”。这正如马克思所说，黑格尔以“抽象”统治哲学，根源于当时的人类正在受“抽象”的统治。

近代以前的哲学，是以理论的方式表征人在自然经济中的“依附性”的存在方式，因而它需要塑造某种“神圣形象”来表征自己的时代精神；近代哲学在批判这种“神圣形象”的过程中，则以塑造“非神圣形象”的方式，理论地表征人在市场经济中的“物的依赖关系”。在这个意义上，包括近代哲学在内的整个传统哲学，都是以理论的方式表征着人对人或人对物的“依赖关系”，因而总是把“哲学”异化为某种“神圣的”或“非神圣的”绝对的“理念”。现代哲学，它以理论的方式表征人类对市场经济中的“人的独立性”与“物的依赖关系”的矛盾的自我意识，因而它合乎逻辑地走上了“消解哲学”之路。

关于现代哲学，马克思曾经明确地提出，彼岸世界的真理消逝以后，历史的任务就是确立此岸世界的真理。人的自我异化的神圣形象被揭穿以后，揭露具有非神圣形象的自我异化，就成了为历史服务的哲学的迫切任务。于是，对天国的批判变成对尘世的批判，对宗教的批判变成对法的批判，对神学的批判变成对政治的批判。① 马克思在这里所说的"彼岸世界"，就是"以宗教为精神慰藉的那个世界"，也就是以"神圣形象"的塑造来实现"人对人的依附性"；这里所说的"此岸世界"，则是指人的现实生活世界，它在市场经济的条件下，表现为以"非神圣形象"的塑造来实现"对物的依赖性"。因此，马克思提出，为历史服务的哲学的迫切任务，是在揭穿人的自我异化的神圣形象之后，揭露非神圣形象中的自我异化。

从哲学史上看，作为"后神学文化"的近代以来的哲学，其根本的时代内涵就是"消解"人在超历史的"神圣形象"中的自我异化，把异化给"上帝"（或"君主"）的人的本质归还给人本身，也就是把人从"人对人的依附性"中解放出来。这就是近代哲学的"人的发现"。它以市场经济的反对禁欲主义、蒙昧主义和专制主义为根基，以哲学理念的"先自我而后上帝、先理解而后信仰"的理性主义精神为内容，实现了对表征"神圣形象"的近代以前的哲学的"消解"。

近代哲学的现实根基是市场经济。市场经济所实现的"以物的依赖性为基础的人的独立性"，并没有解决"人的自我异化"问题，而是把人在"神圣形象"中的自我异化，变成人在"非神圣形象"中的自我异化。而这种表征人在市场经济中的自我异化的"非神圣形象"，首先就是以黑格尔哲学为标志的"本质主义"哲学。它的突出特征是以普遍（共相）规范特殊（个别）、以本体（本质）凌驾变体（现象）、以统一（理念）排斥选择（事件）、以必然（规律）支配偶然（可能）、以根源（本原）解释现实（存在）、以崇高（终极价值）取代平凡（相对价值），并把这种"规范"、"凌驾"、"排斥"、"支配"、"解释"和"取代"推向极端，从而造成了现代的存在主义哲学所说的"泛逻辑主义的泛滥"和"本质主义的肆虐"。

现代哲学是以"消解"这种"泛逻辑主义的泛滥"和"本质主义的肆虐"为己任的，其实质也就是以"消解"马克思所说的"非神圣形象"为己任的。就此而言，现代哲学的"消解哲学"是承担起了自己的历史任务。所谓的"后现代主义哲学"，就其所承担的历史任务而言，只能说是现代哲学的"消解哲学"的合乎逻辑的延伸。"后现代主义"的"反表象主义"，就是以"消解"认识论的主—

① 参见《马克思恩格斯选集》第1卷，2页。

客二元对立为前提，“消解”哲学所追求的“思想客观性”，也就是“消解”真理观的绝对主义；“反本质主义”就是“消解”本体论的“在”与“在者”的逻辑二元对立，“消解”哲学对“终极存在”的寻求，也就是“消解”哲学理念的绝对主义；“反基础主义”就是“消解”知识分类表上的“深层”与“表层”的文化二元对立，“消解”哲学的“思想王国的王后”地位，把哲学变成“思想共和国的公民”。

包括“后现代主义”在内的整个“现代哲学”的长达百年的“消解”运动，它的自我期待是“消解”一切造成人的自我异化的“超历史”的或“非人”的存在，“消解”一切已有的或可能的束缚“人的独立性”的“神圣形象”或“非神圣形象”；然而，现代哲学在“消解”传统哲学的“本质主义的肆虐”的同时，却又造成了它自己的“存在主义的焦虑”。这就是：现代哲学以其对“哲学”的“消解”而造成了真理观的多元主义、价值观的相对主义和历史观的非决定主义，并使得一切的“根据”、“标准”和“尺度”都失去了绝对的意义；因此，人们在多元主义或相对主义的“选择”中，却难以确认选择的“标准”，从而造成了“没有标准的选择的生命中不能承受之轻的存在主义的焦虑”，也就是当代哲学所面对的“信仰的危机”、“形上的迷失”和“意义的失落”，因而当代哲学向自己提出了“重建哲学”的使命——为新世纪的人类重建精神的“家园”。这就是“消解哲学”之后的新世纪哲学的主题。

超越存在主义的焦虑

在人类文明的精神坐标上，哲学一向是以充任人类思想和行为的根据、标准和尺度而自期自许的，也就是以“崇高”的理论表征而自期自许的；因此，在人类文明的发展史上，哲学总是把自己定位为对终极存在、终极解释和终极价值的寻求，也就是定位为对“崇高”的寻求。然而，20 世纪哲学却在“消解哲学”的进程中，把哲学对崇高的寻求指斥为“理性的狂妄”，把哲学对“本体”的探寻判定为“语言的误用”。“躲避崇高”，这大概是对现代哲学基本取向的颇为贴切的概括。

“躲避崇高”是对市场经济中的人的自我意识的理论表征。它表征的是一种人对自己的生存境况的二律背反的自我意识：个人的独立性、文化的多样性和选择的可能性与对物的依赖、意义的失落和标准的弱化的自相矛盾的自我意识。这种二律背反的自我意识，具体地表现为两极对立模式的消解，英雄主义时代的退隐，高层精英文化的失落，理性主义权威的弱化和人类精神家园的困惑。一言以蔽之，就是“没有标准的选择的存在主义的焦虑”。

两极对立模式的消解，这是当代人的最为强烈的自我意识。在以自然经济为基础的传统社会中，人们的经济生活、政治生活、文化生活和精神生活都处于两极对立的状态之中，人们总是以两极对立的思维方式去思考一切问题。传统哲学作为传统社会的“思想中的现实”，它集中地体现了这种两极对立的生存方式及其思维方式，它总是试图在真与假、善与恶、美与丑的绝对对立中去寻求某种绝对的确定性。由于传统哲学总是把这种绝对的确定性对象化为某种确定的存在并使之神圣化，从而造成了马克思所说的“人在神圣形象中的自我异化”。现代市场经济日益深刻地消解掉了这些“神圣形象”的灵光，使得人们的生存方式发生了“从两极到中介”的变革，把真善美理解为时代水平的人类自我意识，把人类已经达到的认识成果理解为时代水平的“合法的偏见”，把人类的存在视为“超越其所是”的开放性的、未完成的存在，已逐步成为当代人类的共识。这种“中介化”的自我意识，使得“历史性”、“过程性”、“层次性”、“过渡性”、“融合性”、“超越性”的哲学观念，成为人们思考问题和理解问题的哲学基础。然而，由于“两极对立模式的消解”消解掉了传统社会所悬设和承诺的绝对确定的种种思想的根据、价值的尺度和行为的标准，因此，面对这种“两极对立模式消解”的社会思潮，需要当代哲学重新寻求人的思想与行为的根据、尺度和标准，也就是必须以理论的方式重新确定崇高的位置。

两极对立模式的消解，它的直接后果之一是所谓“英雄主义时代的退隐”。在以自然经济为基础的传统社会中，“上帝”是神秘化了的“神圣形象”，“英雄”则是“神圣形象”的世俗化存在。“人在神圣形象中的自我异化”，不仅仅是在“彼岸世界”的“神圣形象”中的自我异化，而且也是在“此岸世界”的“神圣形象”中的自我异化。历代的帝王将相、圣人先哲都涂抹着“神圣形象”的灵光，以超世或救世的“英雄”的方式而凌驾于人民之上，并被描绘成创造历史的主人。现代的市场经济则不仅消解了“彼岸世界”的“神圣形象”，而且也消解了“此岸世界”的“神圣形象”。在现代社会中，每个人都是普通的个人，又都可以是显示个人能力的“英雄”。人们越来越强烈地感受到：现代民主社会的“政治领袖”已不再是超然于历史之上的救世主式的“英雄”，而是承担重要责任的“公务员”；现代科学共同体中的任何一个“科学家”，已不再是凭借个人才智而给予人类以划时代发现（或发明）的“英雄”，而只能是依据某种“科学范式”进行科学研究的科学家集团中的“优秀分子”；现代文学艺术的丰富多彩和日新月异，以及“接受主体”的“解读”方式的多样化和多元化，使得当代的“文学家”和“艺术家”已不再是“鹤立鸡群”的“文学大师”和“艺术巨匠”，而是不断地否定和超越自我的“探索者”；同样，现代思想的日新月异和丰富多彩，也使得当代的“思想家”和“理论家”不再是某种不容置疑的“思想伟人”，而只能是不断地向人们展现新的可能世界的“思想者”；随着现代人的“公民意识”的增强和“社会公德”的普及，各种各样的“行为楷模”也失去了往昔的难以企及的神圣性，而越来越成为现代社会中的“好男好女”。

这种“英雄主义时代的退隐”，从整个社会的层面上改变了传统社会的“英雄”与“奴隶”、“君子”与“小人”的对立，把人们从“英雄创造历史”的误区中解放出来，使得每个人都成为追求实现自我和在社会中做“优秀分子”的社会成员，使得“公民意识”成为每个人的最基本的也是最重要的自我意识，这无疑是社会历史的巨大进步，它标志着人从“传统人”变成了“现代人”。然而，这种市场经济所造成的“英雄主义时代的退隐”，是“以物的依赖性为基础的”。这正如马克思所说，资本主义市场经济抹去了一切向来受人尊崇和令人敬畏的职业的灵光；撕下了罩在家庭关系上的温情脉脉的面纱，把这种关系变成了纯粹的金钱关系；一切固定的古老的关系以及与之相适应的素被尊崇的观念和见解都被消除了，一切新形成的关系等不到固定下来就陈旧了。一切固定的东西都烟消云散了，一切神圣的东西都被亵渎了。因此，只有超越“以物的依赖性为基础的人的独立性”，人才能获得真正的个性，才能真正实现每个人的全面发展。

两极对立模式的消解，它的又一直接后果是所谓“高层精英文化的失落”。在禁欲主义、蒙昧主义和专制主义“三位一体”的自然经济的生存方式中，“文化”是在教育不发达的状态下，将“文化”分为“化”者（教人者）与“被化”者（被教者）对立的两极，从而把“文化”视为是向“被化”者灌输至高无上、千真万确、不容置疑、天经地义的“真理”。因此，这种“文化”只能是属于特定阶级（和阶层）的作为“经典”的“高层精英文化”。以功利主义的价值取向、工具理性的思维方式和民主法制的社会体制的“三位一体”为标志的市场经济，则从根本上改变了自然经济条件下的“文化”状况。市场经济的发展，科学技术的进步，教育程度的普及，生活水平的提高，闲暇时间的增多等众多因素，使“文化”变成了“大众文化”，即不再是属于某些特定阶级（或阶层）的文化。在这个意义上，“大众文化的兴起”和“精英文化的失落”，不能不是一种历史的巨大进步。

然而，市场经济中的“文化”，同样体现的是一种“以物的依赖性为基础的人的独立性”。市场经济文化的突出特征，在于它是一种以文化商品化为基础的泛审美形象的全面增殖。广告形象、时装模特、明星效应、通俗作品日益成为文化的主体。这种商品化的文化又以工业化的方式而得以最广泛的生产与推售，并通过电视等现代媒体得以极为迅速和广泛的传播。“接受主体”已经变成这种商业化的文化的“被动客体”。市场经济文化已经成为“平面化”的大众化、“媚俗”的商业化、“控制”的工业化和“宣泄”的世俗化的统一。而市场经济文化中的知识分子则分化为“技术官僚”、“文化明星”和“孤寂的学人”。在这种文化中，哲学作为“时代精神”之“精华”的地位与作用受到了前所未有的蔑视，“消解哲学”由此而表现了它的负面意义。

两极对立模式的消解，还表现为“理性主义的弱化”。在以“哲学文化”取代“神学文化”的近代“后神学文化”中，哲学和科学取代了神学，从而使“理性”成为人类普遍的自觉意识。这种“理性”的观念发展到作为德国古典哲学顶峰的黑格尔哲学，则成为一种取代“上帝”的“绝对精神”。对此，恩格斯曾经深刻地指出：要知道，当这个黑格尔发现，他借理性不能得到另一个凌驾于人之上的真正的上帝时，他是多么为理性而感到自豪，以致他干脆宣布理性为上帝。这样，作为“非神圣形象”的“理性”就变成了“神圣形象”的“上帝”。因此，以“理性”为标志的哲学（首先是黑格尔哲学）遭到了现代哲学的激烈批判。这种批判，包括马克思主义的以“现实的理性”（实践）对黑格尔的“抽象的理性”的批判，科学主义的以“谦虚的理性”（科学）对黑格尔的“狂妄的理性”的批判，以及人本主义的以“丰富的人性”对黑格尔的“冷酷的理性”的批判。被近代哲学奉为圭臬的“理性”的权威在现代社会及其哲学中被不断地“弱化”了。

近代哲学的“理性主义”在现代社会中的“弱化”，首先是意味着现代社会中的人的主体意识和个性的觉醒。然而，这种以“两极对立模式的消解”、“英雄主义时代的退隐”和“高层精英文化的失落”为前提的“理性主义权威的弱化”，却使当代人类陷入“没有标准的选择的生命中不能承受之轻的存在主义的焦虑”之中。这就是“现代人的困惑”。

“现代人的困惑”，是寻求人类“精神家园”的困惑。市场经济把它的等价交换原则渗透到全部社会生活当中，并成为现代人的生存方式，由此便造成了人与自然的异化（无休止的攫取造成的“全球问题”）、人与社会的异化（社会对人的全面发展的扭曲）、人与他人的异化（金钱关系所形成的人际关系的冷漠与紧张）、人与自我的异化（人异化为金钱的奴隶而造成的自我的失落）。现代人的这种“物化”或“异化”，使人愈益深切地感受到“精神家园”的失落：世界的符号化和自然的退隐所形成的“无根”的意识；价值尺度的多元化和不确定性所形成的“没有标准的选择”；终极关怀的感性化所形成的“信仰缺失”、“形上迷失”和“意义失落”。

现代哲学作为人对自己的“以物的依赖性为基础的人的独立性”的自我意识的理论表征，它在跨世纪的转向中，痛切地感受了“躲避崇高”之后的“焦虑”与“失落”。超越这种“存在主义的焦虑”，对时代性的“意义危机”作出全面的反应、批判的反思、规范性的矫正和理想性的引导，构成了21世纪哲学的历史任务。

恢复“爱智”本性的新世纪哲学

哲学的自我“消解”，从根本上说，是为哲学的自我超越创造理论的前提；就此而言，哲学自我“消解”得越深刻，新的哲学便越是具有强大的生命力。经过20世纪的长达百年的“消解哲学”的历程，跨入新世纪的哲学已经获得了“涅槃”后的再生的坚实基础。这就是以“思想”为对象、以“批判”为使命、以“爱智”为本性的新时代的哲学定位。

20世纪的哲学曾经是以某种惶惑的耻辱感而进行自我“消解”的。它面对着蓬勃发展的科学技术及其给人类带来的新世界，不能不对自己存在的“合法性”提出诘难：如果人类有效地解释世界的方式只能是科学，如果人类的现代图景只能是科学的世界图景，如果人类的实践只能用科学来指导，那么，人们对世界的种种哲学解释不都是“理性的狂妄”吗？人们所描绘的种种哲学图景不都是“语言的误用”吗？这样的“哲学”不是应当（而且必须）予以“治疗”、“拒斥”、“终结”和“消解”吗？正是对自身存在的“合法性”的诘难，促使现代哲学进入了空前的哲学自我批判。

现代哲学对自身存在“合法性”的诘难，首先是对哲学的研究对象的追问：自然科学的兴起把哲学“驱逐”出了自然领域，社会科学的兴起又把哲学“驱逐”出了社会历史领域，而思维科学的兴起则把哲学“驱逐”出了它的最后一个“世袭领地”——思维的领域；在被“驱逐”出“整个世界”的“三大领域”——自然、社会和思维——之后，哲学将“何以为家”？这是整个现代哲学殚精竭虑思考的首要问题。

现代科学把哲学从它的全部“世袭领地”——自然、社会和思维——中“驱逐”出来，从而以科学的方式构成了关于自然、社会和思维的思想。然而，科学自身却把构成思想的前提——思维与存在的同一性——当做“理论思维的不自觉的和无条件的前提”，仅仅致力于具体地实现思维与存在在思想中的统一。不仅如此，哲学之外的人类把握世界的各种方式，诸如宗教、艺术、伦理等等，也是以各自的方式去构建自己的“宗教的世界”、“艺术的世界”和“伦理的世界”，同样是把“思维和存在的同一性”当做“理论思维的不自觉的和无条件的前提”。被“驱逐”出了自己的全部“世袭领地”的哲学，则自觉地把这个“理论思维的不自觉的和无条件的前提”作为自己的对象，反思包括科学在内的人类把握世界的各种方式所构成的关于世界的思想。“思想”，人类文明所达到的关于世界的“思想”，日益明确地成为现代哲学的研究对象。以“思想”为对象的现代哲学，为新世纪的哲学展现了“四海为家”的前所未有的广阔前景。

思想，不仅仅是关于思想对象的思想内容，而且包括构成思想的各种思想前提。思想前提制约着、规范着、决定着人们想什么和不想什么、怎么想和不怎么想、做什么和不做什么、怎么做和不怎么做，也就是规范着人们的思想内容、思维方式、行为内容和行为方式，即规范着人们全部的所思所想和所作所为。以“思想”为对象的哲学，就是通过对“思想前提”的揭示和审讯，追究人们生活信念的前提，探寻构成思想的根据，反思评价真善美的标准，从而变革人们的思维方式、价值观念和审美情趣，进而改变人们的存在方式，塑造和引导新的时代精神。这既是新时代的哲学所自觉到的自己的研究对象，也是新时代的哲学所自觉到的自己的理论使命。

批判地反思“思想前提”的哲学，是以重构思想的前提为使命的。人们用以构建思想的诸种“前提”，总是自己时代的产物；哲学对“思想前提”的批判与重建，则是以新的时代精神去变革旧时代的思想前提和塑造新时代的思想前提。当代解释学大师伽达默尔曾经提出，“理论就是实践的反义词”，“对理论的赞美构成了对实践的反驳”，“一切实践的最终含义，就是超越实践本身”①。哲学的历史使命，就在于它揭示人类的存在方式——实践活动及其历史发展——的内在矛盾，“反驳”实践，促成实践的自我超越，从而把人的世界变成对人来说是更加理想的世界。这是新时代的哲学所自觉到的批判性与理想性的统一，也是新时代的哲学所承担起的“反映和表达”时代精神与“塑造和引导”时代精神的统一。而这种批判性与理想性相统一的新哲学，恰恰是哲学在新的世纪所展现的对“智慧”的强烈、真挚、忘我之爱，也就是哲学的“爱智”本性在新世纪的自觉实现。

---

① ［德］伽达默尔：《赞美理论》，21、46页，北京，三联书店，1998。

第十四章 创造性的哲学探索

爱智的哲学是反思的智慧、批判的智慧、变革的智慧，是人类思想的批判性的反思的维度、理想性的创造的维度。它要激发而不是抑制人们的想象力、创造力和批判力，它要冲击而不是强化人类思维中的惰性、保守性和凝固性，它要推进而不是遏制人们的主体意识、反思态度和创造精神。学习哲学，需要不断地激发自己的理论兴趣，拓宽自己的理论视野，撞击自己的理论思维和提升自己的理论境界。

一 哲学的品格与哲学思维的训练

学习和研究哲学，首先需要认识和体会哲学的品格。爱智的哲学，是以其深厚的历史感、强烈的现实感、巨大的逻辑感和博大的境界感而形成其独特的理论魅力；学习和研究哲学，需要以"爱智”的态度进行真实的研究、真诚的探索和真切的思考。

哲学的历史感与“面向本文”

任何一种真正的哲学理论，都是人类认识史的结晶，都积淀着人类智慧的理论成果。每个时代的哲学都必须以巨大的历史尺度去批判地考察全部哲学史，吸收哲学史的全部积极成果，揭露先前哲学所蕴含的内在矛盾，发现先前哲学所遇到的真实的理论困难，从而以解决这种理论困难的方式去推进哲学的发展。

恩格斯曾经提出，黑格尔哲学的理论力量，在于它的“巨大的历史感”。读一读黑格尔的《精神现象学》、《哲学史讲演录》与《逻辑学》，我们不能不折服于一种历史性的思想与思想性的历史的相互辉映的理论征服力量。在黑格尔哲学中，尽管有许多“猜测”的甚至是“神秘”的东西，但是，这种由“史论结合”所形成的理论力量，却是发人深省的。正是在系统总结和深刻反思包括黑格尔哲学在内的人类思想史的基础上，恩格斯明确地指出，所谓“辩证哲学”，就是一种“建立在通晓思维的历史和成就的基础上的理论思维”。通晓思维的历史和成就，这不仅使哲学自身获得了深厚的历史感，而且也为哲学的现实感、逻辑感和境界感奠定了坚实基础。

哲学自身所具有的深厚的历史感告诉人们，离开古今中外的哲学家所提供的汗牛充栋的哲学“本文”，仅凭个人的“思辨”或“体悟”去苦思冥想，是不可能形成“建立在通晓思维的历史和成就的基础上的理论思维”的。

关于哲学“本文”的重要性，我们有必要体会一下恩格斯曾经作过的一段评论。恩格斯说，由于“对哲学史的不熟悉”，在哲学中几百年前就已经提出了的、早已在哲学上被废弃了的命题，常常在研究理论的自然科学家那里作为全新的智慧出现，而且在一个时候甚至成为时髦的东西。由于缺乏面向“本文”的长期努力，许多人苦思冥想出来的“哲学创见”，恰恰是“早已在哲学上被废弃了的命题”。

在阅读“本文”的过程中，人们会发现，对于同一“本文”，会产生迥然有别甚至是截然相反的理解。对哲学“本文”的不同理解和解释，最为直接的是取决于阅读者的“通晓思维的历史和成就”的程度或水平。阅读者的“背景知识”越宽厚，“参照系统”越丰富，他对“本文”的理解就越全面、越深刻。反之，则会偏狭地或浅薄地对待哲学“本文”。这恰好表明，学习哲学首先必须是认认真真地、踏踏实实地“面向本文”。

哲学的现实感与“面向现实”

哲学从来不是超然于世界之外的玄思和遐想，而是“思想中所把握到的时代”，即“思想中的现实”。这就是哲学所具有的“强烈的现实感”。

哲学是“思想中的现实”，这个命题具有两层含义：其一，任何一种真正的哲学都具有时代性的内容，而不是纯粹的思辨的产物；其二，任何一种真正的哲学又都是以“思想”即“理论”的方式所把握到的“现实”，而不是简单的关于“现实”的“表象”。哲学是“思想中的现实”的第一层含义，表明了哲学与现实的不可割裂的密切关系，因此，人们只有从时代的历史性特征及其历史性转换出发，才能理解哲学的理论内容及其历史演化；哲学是“思想中的现实”的第二层含义，则是表明了哲学与现实之间的关系的特殊性，即，哲学家以理论的形式所表现的现实，蕴含着哲学家用以观察和解释现实的概念框架和解释原则，因此现实在哲学理论中会得到不同的表现和解释。

哲学作为世界观理论，它同现实之间是有“间距”的。全部理论、特别是哲学理论与现实之间具有并保持一定的“间距”，这是全部理论、特别是哲学理论得以产生、发展和对现实发挥作用的基本前提。正是由于这种“间距”，哲学才能使人超越感觉的杂多性、表象的流变性、情感的狭隘性和意愿的主观性，才能全面地反映现实，深层地透视现实，理性地解释现实，理想地引导现实，理智地反观现实，才能实现“思想中所把握到的时代”，才能成为“时代精神的精华”。

学习哲学，需要以理论的方式面向现实，这既是强调哲学必须面向现实，又是强调哲学必须用自己的方式——理论的方式——面向现实。这二者是不可分割的。由于人们常常以两极对立的思维方式去理解哲学与现实的关系，所以在哲学“面向现实”的问题上，常常陷入两种“误区”：一是把“哲学”当做某种不变的“原理”和抽象的“教条”，以教条主义的方式去“应用”哲学，即用既定的理论模式去回答和解决各种现实问题；二是把“现实”中的某些具体问题（而不是具有时代意义的问题）作为哲学研究的出发点，使哲学思考沉湎在琐屑细小的各种事件的纠缠之中。由此所造成的后果是严重的。许多人苦于哲学理论无法直接地、具体地解决各种现实问题，因而或者放弃哲学面对现实的责任而去追求所谓的“纯学术”，或者放弃对哲学的理论研究而去搞哲学的“对号入座”。

哲学所面向的现实，是时代的现实，是每个时代的人类关于自身存在的自我意识。然而，只要我们面对这样的现实，就会发现，每个时代都存在着极为错综复杂的各种各样的矛盾的现象与趋势，每个时代的人类自我意识也都处于纷繁复杂的矛盾状态，每个时代的是非、利害、福祸、毁誉、荣辱、进退，总是纷至沓来，扑朔迷离。这就要求面向现实的哲学，既要具有深厚的历史感，又要同现实保持“间距”。

具有理论力量的哲学，总是形成于两个基本向度的统一，即“向上的兼容性”与“时代的容涵性”的统一。“向上的兼容性”，是以巨大的历史尺度和恢宏的历史内容去观照哲学所面向的现实；“时代的容涵性”则是以敏锐的洞察力审度时代的种种矛盾，理论地再现时代的本质及其发展趋势。哲学的历史感规范着自己在何种程度上洞察到现实的本质和趋势，哲学的现实感则规范着自己在何种程度上实现自己。哲学的历史感由于其现实感而获得把握和表征时代的意义，哲学的现实感则由于其历史感而获得把握和表征时代的力度。离开历史感的所谓现实感，只能是一种外在的、浅薄的、时髦的赝品；离开现实感的所谓历史感，也只能是一种繁琐的、经院的、教条的说教，它只能作为学究式的自我欣赏，而不能构成“思想中的时代”和“时代精神的精华”。

哲学的逻辑感与“撞击思维”

任何一种真正的哲学理论，都表现为概念发展的有机组织，因此，理论的深厚的历史感和强烈的现实感，都实现在它的逻辑化的概念展开过程之中。哲学的力量，是一种理论的逻辑力量，一种理论的说服力量，一种撞击人的理论思维的力量。“逻辑感”是哲学的最为基本的重要品格。

哲学的逻辑力量，首先是一种撞击人的理论思维的力量。人类思维面对千差万别、千变万化的世界，总是力图在最深刻的层次上把握到世界的统一性，并以此去解释世界上的全部现象。宇宙之谜，历史之谜，人生之谜，对于具有理论思维能力和求知渴望的人类来说，是一种巨大的、不可遏止的精神上的诱惑和智力上的挑战。面对这种种的诱惑和挑战，人类以思维的逻辑去揭开笼罩着自然、历史和人生的层层面纱，并以思维的逻辑去展现自然、历史和人生的本质与规律。哲学的逻辑，是智力探险的逻辑，思维撞击的逻辑，理性创造的逻辑，它对人类智力具有巨大的吸引力。

哲学的逻辑力量，又是一种人类理性自我反省的力量，理论思维自我批判的力量。“批判”，是人类特有的活动方式。人类既以“实践批判”的方式现实地否定世界的现存状态，从而把世界变成自己所要求的现实，又以“精神批判”的方式在观念上否定世界的现存状态，为实践批判提供理想性图景和目的性要求。“哲学批判”则是对“实践批判”和“精神批判”的出发点——这两种批判活动得以进行的根据、标准和尺度——的批判。这样的批判，是对人类的全部活动——实践活动和认识活动——的“前提”批判。在哲学的“前提批判”中，改变了人类的思维方式、价值观念、审美意识和整个生活方式。

“向前提挑战”，这是哲学家的“爱智”，也是哲学家的“高明”。镌刻在人类思想史上的苏格拉底式的机智，亚里士多德式的渊博，笛卡尔式的怀疑，康德式的批判，黑格尔式的深刻，尼采式的苦痛，弗雷格式的明晰，维特根斯坦式的锐利，卡西尔式的通达，海德格尔式的深沉，都是在执著的自我反思中对常识、科学和哲学的前提挑战，都是在睿智的前提批判中表达出各自时代的人类对自己的生存状况、焦虑与期待的自我意识。正是这种“前提批判”的逻辑力量，实现了哲学推进人类文明的历史作用。

哲学的逻辑力量，还是一种人类思想构建自己、否定自己和发展自己的力量。古希腊哲人苏格拉底、柏拉图和亚里士多德，曾经分别地探寻概念的定义、类概念的意义和思维的形式逻辑。培根、笛卡尔以来的近代哲人则以人类理性自我反省的方式去开拓施展理论力量的广阔道路。在康德、费希特、谢林和黑格尔的德国古典哲学中，则以批判地反省形式逻辑的“同一律”为出发点，深化和发展了笛卡尔所开创的“内涵逻辑”，并在黑格尔的哲学中，形成了人类思想运动的逻辑——概念发展的辩证法。

“撞击”理论思维的哲学，要求人们在学习哲学的过程中必须“撞击”自己的理论思维。这就需要培养自己的“激活背景知识”的能力以及发现和提出哲学问题的能力。

“激活背景知识”的能力，就是思维的创造能力。人的“智力”主要地是由观察能力、记忆能力、思维能力、想象能力、直觉能力和实践能力等等构成的。其中的“思维能力”，又包括抽象能力、概括能力、分析能力和综合能力等等。而超越于所有这些能力之上、并融会于所有这些能力之中的最重要的能力，则是创造能力。它能使观察变得敏锐，记忆变得灵敏，思维变得敏捷，想象变得丰富，直觉变得深刻，实践变得卓有成效。

“激活背景知识”，就要以被“激活”的知识为基础，驰骋自己的想象力。几千年来，哲人们以其“爱智之忱”去寻求“万物的统一性”、“意识的统一性”和“文化的统一性”。古代的哲人就以其“想象的真实”，把“万物的统一性”归结为“水”、“火”、“数”、“理念”……。正是这种哲学的“想象的真实”，不仅激发了人们对追本溯源、寻根究底的哲学智慧的热爱与追求，而且培养和锻炼了人类的理论思维能力的进步与发展。

“激活背景知识”，更为重要的是以“激活”的知识为基础，提出具有重要意义的哲学问题。哲学的历史，就是发现问题和提出问题的历史；哲学的历史之所以是发展史，就在于它历史地发现新的问题和提出新的问题，并历史地转换自己的提问方式和理论“范式”。而在哲学的发现问题和提出问题的历史发展进程中，最根本的就是不断地发现隐含在哲学自我理解中的问题，不断地向自己提出“哲学究竟是什么”的问题。在追究和回答“哲学究竟是什么”的过程中，历代的哲人不断地发现和揭示出对“哲学”的不同理解，也就是不断地发现和揭示出人类自己对人与世界关系的不同理解，从而历史地转换了作为哲学的解释原则的

“范式”。

培养发现哲学问题和提出哲学问题的能力，应当注重于以下方面：一是要善于从各种“本文”中捕捉到别人视而不见的问题，善于从逻辑分析中提出别人漠然置之的新问题；二是敢于向人们习以为常的观念提出挑战，善于对“自明性”的观念进行“前提批判”；三是敢于驰骋“想象的真实”，善于联想人们认为是没有任何关系的思想，以自己的真切体会去提出新的问题。

哲学的境界感与“提升境界”

哲学是一门寻根究底、追本溯源的学问。这种永无止境的求索，这种思想的永远的开放性，构成了哲学的博大的境界感。

哲学思想的开放性，首先是由哲学思维的反思性质所决定的，并突出地表现为哲学的反思过程。哲学是人类思想的反思的维度，这不是具体地去实现思维和存在的统一，而是把常识、科学、艺术等等所实现的思维与存在相统一的认识成果，作为再思想、再认识的对象。不仅如此，作为前提批判的哲学反思，它总是不断地追究思想构成自己的诸种前提，批判地反思蕴含在思想之中的思维方式、价值观念和审美意识等等。这种指向思想前提的批判是无尽无休的，因而哲学思想自身是无限开放的。

哲学思想的开放性，又是由哲学理论的理想性决定的。人类的实践活动具有无限的指向性。人类总是不满足于现实的存在，而力图把现实变成更加理想的现实。基于人类实践本性的哲学思维，总是竭力在最深刻的层次上或最彻底的意义上把握世界、解释世界和确认人在世界中的地位与价值。因此，哲学总是寻求“天人合一”、“知行合一”、“情景合一”的理想境界。正是这种永无止境的理想性追求，使得哲学思想具有无限的开放性，并使哲学获得了最为博大的境界感。

哲学思想的开放性，更深层地源于哲学自身发展的逻辑——哲学的自我追问、自我批判和自我超越。在哲学家关于“什么是哲学”的追问中，历史地构成了各种“类型”的哲学；历史上的每一种“类型”的哲学，又在新的哲学自我追问中，遭到无情的批判，从而实现了哲学思想的历史性的自我超越。这就是哲学思想的无限的开放性，这也是由哲学思想的开放性所构成的哲学的博大的境界感。

按照中国传统哲学的看法，所谓“哲学”应该“判天地之美，析万物之理”，“为天地立心，为生民立命”，因此所谓“哲人”应该“究天人之际，通古今之变，成一家之言”，为人们提供“安身立命之本”。哲学是要使人超越“自然境界”、“功利境界”和“道德境界”而达于“天地境界”。

按照西方传统哲学的看法，所谓“哲学”应该以“寻取最高原因的基本原理”为己任，并以“使人崇高起来”为目的。古希腊哲人苏格拉底提出，未经反省的生活是无价值的生活。另一位哲人柏拉图认为，在人的“爱财富”、“爱荣誉”和“爱智慧”的欲求中，“爱智慧”是人的最重要也是最高尚的需求。整个西方传统哲学的集大成者黑格尔满怀激情地提出：“追求真理的勇气，相信精神的力量，乃是哲学研究的第一条件。人应尊敬他自己，并应自视能配得上最高尚的东西”①。

哲学是一门为人类寻求“安身立命之本”和“使人崇高起来”的学问。学习和研究哲学，需要有与“哲学”相称的博大的胸怀、开阔的视野和“万物皆备于我”的气概。这就是学习和研究哲学所需要的高远的气度和高举远慕的心态。

学习和研究哲学的高举远慕的心态，首先是一种坚忍不拔的理想性追求。人类的“哲学”，根植于人类的实践活动和理论思维的无限的指向性。它永远是以理想性的追求去反观现实的存在，永远是以“历史的大尺度”去反省历史的进程，永远是以人类对真善美的渴求去反思人类的现实。哲学，它使人由眼前而注重于长远，由“小我”而注重于“大我”，由现实而注重于理想，从而使人从琐屑细小的事物中解放出来。哲学是赋予人的生活以目的和意义的世界观，它永远是理想性的。它要求学习哲学的人永葆理想性的追求。

二　哲学的创新意识与实践论的反思方式

学习和研究哲学，是一种创造性的理论活动，它需要坚忍不拔的创新意识。

哲学创造，从根本上说，就是哲学家从新的视角、以新的方式为人类展现新的世界，提示新的理想。因此，哲学创造内含着以否定性的思维去对待人类的现实，揭示现实所蕴含的多种可能性；以否定性的思维去检讨各种理论的前提，揭示理论前提的多种可能性；在现实与理论多种可能性的某种交错点上，揭示人与世界之间的新的意义，提示可供人们反省和选择的新的理想。

哲学创造，是哲学家的“爱智之忧”的结晶。它熔铸着哲学家对人类的存在状况焦虑和期待的真切的感受、体验、领悟和反思，而决不是个人的空疏虚幻的玄想和聪明智巧的卖弄。它需要的是呕心沥血的思考和愈挫愈奋的探索，而不是追赶时尚的炫耀和随波逐流的仿造，这就要求哲学研究者以自己的独特的心灵体

① ［德］黑格尔：《小逻辑》，36页。

验、独立的反思意识和独到的理论解释去创建作为“时代精神”之“精华”的哲学。

科学巨匠爱因斯坦曾经提出，真正的科学探索，既不是显示个人的智力和才能，也不是为了纯粹的功利目的，而是一种“抑制不住的渴望”。[①] 作为“真有见者”的哲学家，他的“抑制不住的渴望”，是对人类的生存与发展的关切与思考。因此，哲学家的主体自我意识，主要包括两个方面：一是哲学家作为社会的自我意识所具有的对现实和理论进行否定性思维的忧患意识和对象批判意识，二是哲学家作为个人的自我意识所具有的对个人占有的理论进行否定性思维的创新意识和自我批判意识。正是这种强烈的主体自我意识，促使哲学家百折不挠地以其创造性的哲学思考去塑造和引导新的时代精神。

哲学创造，需要哲学的方式即反思的方式。马克思的实践论的反思方式，为我们进行哲学创造奠定了坚实的基础。

马克思的哲学变革，既是哲学世界观的变革，也是哲学思维方式的变革，这就是由马克思所创立的实践论的反思方式。所谓实践论的反思方式，就是从人的思维的最本质最切近的基础——实践——出发，以实践观点的思维方式去揭示思维与存在、人与世界之间的矛盾关系，从而达到对思维与存在、人与世界之间的否定性统一的辩证理解。

实践论的反思方式，是基于人的悖论性存在的反思方式。人依赖于自然又超越于自然，人创造自己的历史又不能随心所欲，人是现实的存在又总是以自己的理想去改变现实，因而人总是处于矛盾之中。实践论的反思，正在以人的实践的存在方式和发展方式为基础，不断地揭示人的悖论性的存在，从而深化人对自身存在方式的理解。

实践论的反思方式，是基于“为我关系”的反思方式。马克思和恩格斯提出，凡是有某种关系存在的地方，这种关系都是为我而存在的；动物不对什么东西发生“关系”，而且根本没有“关系”；对于动物说来，它对他物的关系不是作为关系而存在的。“为我关系”，是人的实践的存在方式和发展方式所创造的人与世界之间的关系。实践论的反思，是从这种“为我关系”出发的关于人与世界之间的关系的反思。

人的“生活”是“自己的意志和意识的对象”，人的“生产”是“用内在固有的尺度来衡量对象”的生产，因此，人的“生活”和“生产”是以“我”的“自我意识”为前提的活动过程，是在改造世界的活动中“实现自我”和“发展

---

① 参见《爱因斯坦文集》第1卷，100～101页，北京，商务印书馆，1994。

自我”的过程，是把自在的世界变成“人化了的自然”或“属人的世界”的过程。实践论的反思方式，既是基于人对世界的“为我关系”的反思，又是以这种“为我关系”作为实质内容的反思方式。

实践论的反思方式，是基于人的存在方式和发展方式的“从后思索”的方式。马克思说，对人类生活形式的思索，从而对它的科学分析，总是采取同实际发展相反的道路。这种思索是从事后开始的，就是说，是从发展过程的完成结果开始的。① 人是历史性的存在，也就是不断地变革自己和重塑自己的存在。正因如此，马克思说，整个历史也无非是人类本性的不断改变而已。马克思以前的哲学，总是试图以“还原论”的思维方式去寻求“始基”、“本原”、“本体”、“本性”，也就是试图从某种“原始状态”来解释人的存在与发展。然而，人的存在方式和发展方式，恰恰是“人类本性”、“原始状态”的“改变”的方式。因此，实践论的反思方式，是一种“从后思索”的方式，是一种从发展了的形态去思索整体发展过程的方式。这正如马克思所说，人体解剖对于猴体解剖是一把钥匙。

实践论的反思方式，是“对现存的一切进行无情的批判”的彻底的辩证法的思维方式。人类作为创造性的存在，人及其世界永远处于不断创造的过程之中，“现存的一切”都具有“暂时性”，都是“必然灭亡”的。因此，实践论反思的辩证法，就要在对事物的“肯定”的理解中，同时包含对它的“否定”的理解，也就是从历史的“暂时性”去看待现存的一切。因此，实践论的反思方式也就是辩证法的思维方式。

马克思以实践观的思维方式去思考问题，也就是以“合理形式”的辩证法的思维方式去思考问题。他对宗教的批判、对德国古典哲学的批判、对英国古典政治经济学的批判和对英法空想社会主义的批判，为我们提供了实践论的（也就是辩证法的）反思方式的典范，并引导我们永远敞开人类自我批判和自我超越的空间。

三 培养哲学的生活态度

哲学是一种思维方式，更是一种生活态度。学习和研究哲学，需要训练哲学的思维方式，更需要培养哲学的生活态度。具体地说，就是要培养高远的气度、

① 参见《马克思恩格斯全集》第23卷，92页，北京，人民出版社，1972。

高明的识度和高雅的风度，对宇宙之谜、历史之谜和人生之谜进行永无止境的求索，对思想的“地基”即“自明性”的思想前提进行永无止境的批判性反思。

高举远慕的心态

学习和研究哲学，首先需要一种高远的气度，即高举远慕的心态。

关于哲学，黑格尔曾作过这样的比喻，他说，一个有文化的民族，如果没有哲学，“就像一座庙，其他各方面都装饰得富丽堂皇，却没有至圣的神那样”①。

按照黑格尔的比喻，“庙里的神”是使“庙”成其为庙的“灵光”，哲学则是使人类的“文化殿堂”和“精神家园”成其为文化殿堂和精神家园的“灵光”。这就是说，哲学，它就像普照大地的阳光一样，照亮了人类的生活；如果失去了哲学，人类的生活就会变得暗淡无光。正因如此，黑格尔说：“凡生活中真实的伟大的神圣的事物，其所以真实、伟大、神圣，均由于理念”。又说：“人应尊敬他自己，并应自视能配得上最高尚的东西。”②

在黑格尔看来，人类应当追求高尚的东西，应当过一种高尚的生活。而这种“高尚的东西”，就是规范人类生活的“理性”。这样的“理性”，并不是个人的理性，而是一种“普遍理性”；这种“普遍理性”，需要一种特殊的文化形式，这就是“哲学”。哲学是照亮人类生活的“普照光”，也就是人类的文化殿堂和精神家园所以成其为“文化”和“精神”的“灵光”。正因如此，黑格尔把哲学比喻为“庙里的神”。

哲学理论从来不是一种冷冰冰的逻辑，而是熔铸着哲学家的理想、信念和情操，体现着哲学家的向往、憧憬和追求的。在马克思主义哲学中，更是熔铸着它的创建者及其后继者的崇高理想、坚定信念和深厚教养，因而具有一种气势恢宏、博大精深、睿智通达的理论境界。学习和研究哲学的过程，并非仅仅是学习某种“知识”、“思想”和“理论”的过程，而是把自己培养成“人”的过程。

慎思明辨的理性

学习和研究哲学，既需要高远的气度，又需要高明的识度。凡事望得远一程，看得深一层，想得透一成，阐幽发微而示之以人所未见，率先垂范而示之以人所未行，这就是哲学的“高明的识度”。

哲学的高明，源于哲学的沉思。许多人在谈论哲学的时候，都喜欢引用黑格尔把哲学称为“密涅瓦的猫头鹰”的比喻。在黑格尔看来，哲学就像密涅瓦的猫头鹰一样，它不是在旭日东升的时候在蓝天里翱翔，而是在薄暮降临的时候才悄

---

① ［德］黑格尔：《逻辑学》上卷，2页，北京，商务印书馆，1966。

② ［德］黑格尔：《小逻辑》，35、36页。

然起飞。

这里的“密涅瓦”即希腊神话中的智慧女神雅典娜，栖落在她身边的猫头鹰则是思想和理性的象征。黑格尔用密涅瓦的猫头鹰在黄昏中起飞来比喻哲学，意在说明哲学是一种“反思”活动，是一种沉思的理性。

按照黑格尔的说法，“反思”是“对认识的认识”，“对思想的思想”，是思想以自身为对象反过来而思之。如果把“认识”和“思想”比喻为鸟儿在旭日东升或艳阳当空的蓝天中翱翔，“反思”当然就只能是在薄幕降临时悄然起飞了。

黑格尔把哲学比喻为在黄昏中起飞的猫头鹰，意在说明哲学的反思必须是深沉的，自甘寂寞的，不能搞“轰动效应”。黑格尔说：“时代的艰苦使人对于日常生活中平凡的琐屑兴趣予以太大的重视，现实上很高的利益和为了这些利益而作的斗争，曾经大大地占据了精神上一切的能力和力量以及外在的手段，因而使得人们没有自由的心情去理会那较高的内心生活和较纯洁的精神活动，以至许多较优秀的人才都为这种艰苦环境所束缚，并且部分地牺牲在里面。因为世界精神太忙碌于现实，所以它不能转向内心，回复到自身”①。因此黑格尔提出，“精神上情绪上深刻的认真态度也是哲学的真正基础。哲学所要反对的，一方面是精神沉陷在日常急迫的兴趣中，一方面是意见的空疏浅薄。精神一旦为这些空疏浅薄的意见所占据，理性便不能追寻它自身的目的，因而没有活动的余地”②。

哲学的反思需要“精神上情绪上深刻的认真态度”，需要从“日常急迫的兴趣”中超脱出来，需要排除“空疏浅薄的意见”，这就是黑格尔把哲学比喻为“黄昏中起飞的猫头鹰”的深层含义。

体会真切的情感

学习和研究哲学，不仅需要“沉思”，而且需要“体验”；“体验”愈深切，“沉思”才会愈深刻。对此，黑格尔曾经以对同一格言的不同理解来说明这个道理。

人们在生活中常常用格言来说明生活的意义。黑格尔认为，同一句格言，在一个饱经风霜、备受煎熬的老人嘴里说出来，和在一个天真可爱、未谙世事的孩子嘴里说出来，含义是根本不同的。黑格尔还具体地提到，“老人讲的那些宗教真理，虽然小孩子也会讲，可是对于老人来说，这些宗教真理包含着他全部生活的意义。即使这小孩也懂宗教的内容，可是对他来说，在这个宗教真理之外，还

---

① ［德］黑格尔：《哲学史讲演录》第1卷，1页，北京，商务印书馆，1959。

② ［德］黑格尔：《小逻辑》，32页。

存在着全部生活和整个世界"[①]。

黑格尔的这个比喻告诉人们，哲学不仅仅是一种慎思明辨的理性，而且是一种体会真切的情感，不仅仅是一系列的概念的运动与发展，而且蕴含着极其深刻的生活体验。因此，真正地进入哲学思考，还必须要有中国传统哲学所提倡的体会、领悟、品味、咀嚼乃至顿悟。哲学不是现成的知识，不是僵死的概念，不是刻板的教条，学习哲学不能"短训"，不能"突击"，更不能"速成"。哲学是一个熏陶的过程，体验的过程，陶冶的过程，它是人把自己培养成人（而不是"某种人"）的"终身大事"。

永无止境的求索

哲学是对智慧的真挚、强烈、忘我之爱，是人类的"爱智之忱"的集中体现。这种"爱智之忱"，是探索宇宙的奥秘和洞察人生的意义的渴望，是促进历史的发展和提升人类的境界的渴望，是超越现实和向前提挑战的渴望，是悬设新的理想和创建新的生活世界的渴望，是为人类寻求"安身立命之本"和确认"最高的支撑点"的渴望。正是这种"抑制不住的渴望"，燃烧起古往今来的伟大哲人对"哲学"的永无止境的求索热情。"爱智之忱"和"抑制不住的渴望"是哲学的修养与创造的原动力。

哲学是"对假设的质疑"、"向前提的挑战"，因而它是永无止境的反思。哲学所进行的思想的自我反思和自我批判，是指向思想的"前提"的反思与批判，是追究"理论思维的不自觉的和无条件的前提"的反思与批判，因而它探索各种知识的根据，反思历史进步的标准，追问生活信念的前提，审讯评价真善美的尺度，防止信仰变成教条、想象变得呆滞、智慧陷入贫乏、社会陷入僵化。哲学对"前提"的反思与批判是无穷无尽的。正是在对"前提"的无穷无尽的反思与批判中，人们实现了哲学的修养与创造。

哲学以时代性的内容、民族性的形式和个体性的风格去求索人类性的问题，因此，它求索的问题是永无止境的，它对问题的回答总是具有时代性的。从人类存在的历史性出发，我们应当这样来理解哲学对真善美的寻求，即：人类在自身的历史发展中所形成的具有时代特征的关于真善美的认识，既是一种历史的进步性，又是一种历史的局限性，因而它孕育着新的历史可能性。就其历史的进步性而言，人们在自己的时代所理解的真善美，就是该时代的人类所达到的人与世界的统一性的最高理解，即该时代人类全部活动的最高支撑点，因此具有绝对性；就其历史的局限性而言，人们在自己的时代所理解的真善美，又只是特定历史时

---

① ［德］黑格尔：《小逻辑》，423页。

代的产物，它作为全部人类活动的最高支撑点，正是表现了人类作为历史的存在所无法挣脱的片面性，因而具有相对性；就其历史的可能性而言，人们在自己的时代所理解的真善美，正是人类在其前进的发展中所建构的“阶梯”和“支撑点”，它为人类的继续前进提供现实的可能性。真善美永远是作为中介而自我扬弃的。它既不是绝对的绝对性，也不是绝对的相对性，而是相对的绝对性——自己时代的绝对、历史过程的相对。因此，只有在永无止境的求索中，哲学才能不断地为人类提供符合时代要求的哲学理念，并塑造和引导新的时代精神。

参考文献

1. 马克思恩格斯选集. 2版. 第1～4卷. 北京：人民出版社，1995

2. 列宁. 哲学笔记. 北京：人民出版社，1974

3. ［法］ 科尔纽. 马克思的思想起源. 北京：中国人民大学出版社，1987

4. ［德］ 黑格尔. 小逻辑. 北京：商务印书馆，1980

5. ［苏］ 柯普宁. 马克思主义认识论导论. 北京：求实出版社，1982

6. ［英］ 艾耶尔编. 哲学中的变革. 上海：上海译文出版社，1985

7. ［美］ M. 怀特编著. 分析的时代. 北京：商务印书馆，1981

8. ［澳］ 查尔默斯. 科学究竟是什么?. 北京：商务印书馆，1984

9. ［美］ 宾克莱. 理想的冲突. 北京：商务印书馆，1986

10. [德] 卡西尔. 人论. 上海：上海译文出版社，1985
11. [德] 海德格尔. 形而上学导论. 北京：商务印书馆，1996
12. [美] M.W. 瓦托夫斯基. 科学思想的概念基础. 北京：求实出版社，1982
13. [英] 罗素. 西方哲学史. 上下册. 北京：商务印书馆，1963
14. [德] 施太格缪勒. 当代哲学主流. 北京：商务印书馆，1992
15. [美] 理查德·罗蒂. 后哲学文化. 上海：上海译文出版社，1992
16. [德] 卡西尔. 启蒙哲学. 济南：山东人民出版社，1988
17. [德] 伽达默尔. 哲学解释学. 上海：上海译文出版社，1994
18. [英] 布莱恩·麦基编著. 思想家——当代哲学的创造者们. 北京：三联书店，1987
19. [美] 威尔·杜兰特. 哲学的故事. 北京：三联书店，1997
20. [美] J.P. 蒂洛. 哲学——理论与实践. 北京：中国人民大学出版社，1989
21. [美] 约翰·罗尔斯. 正义论. 北京：中国社会科学出版社，1988
22. [法] 米盖尔·杜夫海纳. 美学与哲学. 北京：中国社会科学出版社，1985
23. [美] T. 丹齐克. 数，科学的语言. 北京：商务印书馆，1985
24. [美] 苏珊·朗格. 艺术问题. 北京：中国社会科学出版社，1983
25. [苏] 苏霍金. 艺术与科学. 北京：三联书店，1986
26. 冯友兰. 中国哲学简史. 2版. 北京：北京大学出版社，1996
27. 贺麟. 文化与人生. 北京：商务印书馆，1988
28. 刘放桐. 现代西方哲学. 修订本. 北京：人民出版社，1990
29. 全增嘏. 西方哲学史. 上册. 上海：上海人民出版社，1983
30. 高清海主编. 马克思主义哲学基础. 上下册. 北京：人民出版社，1985、1987
31. 高清海. 哲学与主体自我意识. 长春：吉林大学出版社，1988
32. 李淮春主编. 马克思主义哲学全书. 北京：中国人民大学出版社，1996
33. 陶德麟主编. 当代哲学前沿问题专题研究. 武汉：武汉大学出版社，1998
34. 邹化政.《人类理解论》研究. 北京：人民出版社，1987
35. 李德顺. 价值论. 北京：中国人民大学出版社，1987
36. 杨耕.“危机”中的重建——历史唯物主义的现代阐释. 北京：中国人

民大学出版社，1995
37. 刘大椿．科学哲学．北京：人民出版社，1998
38. 宋文坚主编．逻辑学．北京：人民出版社，1998
39. 陈晏清、王南萬．现代唯物主义导引．天津：南开大学出版社，1996
40. 韩震．重建理性主义信念．北京：北京出版社，1998
41. 陈庆坤主编．中国哲学史通．长春：吉林大学出版社，1999
42. 赵敦华．西方哲学通史．第1卷．北京：北京大学出版社，1996
43. 叶秀山．思·史·诗．北京：人民出版社，1988
44. 赵汀阳．论可能生活．北京：三联书店，1994
45. 孙利天．论辩证法的思维方式．长春：吉林大学出版社，1994
46. 孙正聿．理论思维的前提批判．沈阳：辽宁人民出版社，1992
47. 孙正聿．哲学通论．沈阳：辽宁人民出版社，1998

后 记

为繁荣我国哲学事业和推进哲学教育改革，中国人民大学出版社策划出版一批以“导论”为特征的哲学系列丛书，并约我作该套丛书中《哲学导论》一书的撰稿人。

近年来，一些高等院校的哲学专业先后增设了一门称之为“哲学导论”或“哲学概论”或“哲学通论”的课程，并陆续地出版了一些相应的著作和教材。从 1994 年底起，我在吉林大学设计并讲授了“哲学通论”这门课程，并在此基础上撰写和出版了《哲学通论》一书。在授课与写书的过程中，我向自己提出这样一个问题：我所讲的和我所写的“通论”，与“导论”和“概论”是何关系？我的想法是：作为哲学的“导论”、“概论”或“通论”，它们的根本出发点和基本内容都应当是“论哲学”，即都是以“哲学”自身为对象而予以论述；但是，它们“论哲学”的侧重点又应当是各不相同的。“导”，侧重于“引导”和“导入”，因而应该着重于深入哲学研究之前的知识性的和思想性的准备工作，即着重于分析或梳理有关哲学自身的若干重要问题，如哲学的学科状况，哲学的研究领域，哲学的社会功能，特别是哲学的主要特性等等；“概”，侧重于“概括”和“概述”，因而应该着重于概略地叙述哲学的相关领域，即着重于概括或归纳哲学各主要学科或分支的理论内容，如分述自然哲学、历史哲学、道德哲学、文化哲学、宗教哲学等等；“通”，侧重于“通达”或“疏通”，因而应该着重于对哲学自身的追问，即着重于从学理上探讨“哲学究竟是什么”。已出版的《哲学通论》一书，就是依据上述的理解撰写的。

由于哲学的“导论”、“概论”和“通论”的根本出发点都是“论哲学”，都不能不贯穿作者对“哲学”的理解，因此，在出版哲学的“通论”之后，再来写关于哲学的“导论”，这对我来说，实在是一件困难的任务，甚至是一件勉为其难的事情。我之所以接受这个任务，主要有两个原因：一是因为中国人民大学出版社的这套以“导论”为特征的哲学丛书，在繁荣我国哲学事业和推进哲学教育改革中有其独立的意义与价值；二是因为出版社关于这套丛书有一个明确的指导思想，就是要出版一套“专著性的教材”，并鼓励作者在已有成果的基础上予以论述。在撰写这部“导论”的过程中，我从新的角度思考和论述了一些重要的哲学问题，充实和深化了自己对这些问题的理解，并有机会以较为通俗的方式来叙述这些思想，这是使我感到欣慰的。

在这部书中，我以自己对“导论”的理解为出发点，首先是对哲学的理论性质、学科状况、研究对象和社会功能进行了论述，对哲学与宗教、艺术、常识和科学的相互关系进行了具体的比较，然后从哲学的对象与特性这两方面分别地梳理和论述了有关哲学的重要问题，特别是较为详细地阐发了哲学的人类性、时代性、民族性、反思性、批判性、派别性和创造性等重要特性，引导读者多侧面地思考哲学，并为读者深入地学习和研究哲学打开思路，奠定一个高起点的基础。当然，由于种种原因，这本“导论”一定会存在诸多需要改进之处，希望读者予以指正。

最后，我向盛情约稿的中国人民大学出版社总编辑杨耕教授和精心编辑此书的张玉梅同志表示诚挚的感谢！

孙正聿

1999 年 11 月 15 日于长春

图书在版编目（CIP）数据

哲学导论/孙正聿著
北京：中国人民大学出版社，1999
21世纪哲学系列教材
ISBN 978-7-300-03271-9

Ⅰ.哲…
Ⅱ.孙…
Ⅲ.哲学理论-教材
Ⅳ.B0

中国版本图书馆CIP数据核字（1999）第56109号

21世纪哲学系列教材
哲学导论
孙正聿 著

出版发行	中国人民大学出版社		
社　址	北京中关村大街31号	邮政编码	100080
电　话	010－62511242（总编室）		010－62511770（质管部）
	010－82501766（邮购部）		010－62514148（门市部）
	010－62515195（发行公司）		010－62515275（盗版举报）
网　址	http：//www.crup.com.cn		
经　销	新华书店		
印　刷	天津鑫丰华印务有限公司		
开　本	720 mm×1000 mm　1/16	版　次	2000年1月第1版
印　张	16	印　次	2024年6月第17次印刷
字　数	292 000	定　价	39.00元